WESTEND

Fabian Reicher & Anja Melzer

Die Wütenden

Warum wir im Umgang mit dschihadistischem Terror radikal umdenken müssen

WESTEND

Illustrationen by Calimaat

Titel und Cover inspiriert vom Film *Die Wütenden – Les Misérables* von Ladj Ly
Mehr (pädagogische) Materialien, Texte, Hintergründe unter:
www.diewuetenden.com
Instagram: @diewuetenden

Mehr über unsere Autoren und Bücher:
www.westendverlag.de

Die Deutsche Nationalbibliothek verzeichnet diese Publikation in der Deutschen Nationalbibliografie; detaillierte bibliografische Daten sind im Internet über http://dnb.d-nb.de abrufbar.

MIX
Papier aus verantwortungsvollen Quellen
FSC® C083411

ISBN 978-3-86489-363-6

Umschlaggestaltung: Calimaat
Satz: Publikations Atelier, Dreieich
Druck und Bindung: CPI – Clausen & Bosse, Leck
Printed in Germany

Für Đenifer

Inhalt

PROLOG: **Die Nacht** 9

KAPITEL 1: **Die Jungs von der Donaupromenade** 17

Der Herr der Fliegen 17
Ich bin ein Taliban 23
Die Kultur des Schweigens 28
Die Ebene der Erfahrungen 33

KAPITEL 2: **Dzamal** 37

Helden 37
Letters from Abu Ghraib 45
Mit Marmelade gegen den Globalen Dschihad 53
Die Ebene der Handlung 63

KAPITEL 3: **Outis** 67

Kalifat 67
Zur Entstehung extremistischer Weltbilder 74
Das Recht des Stärkeren 82
Die Ebene der Werte 92

KAPITEL 4: **Adam** 95

Beziehungsarbeit 95
Shahid 104
Tötet sie, wo immer ihr sie findet 110
Die Ebene der Emotionen 120

Kapitel 5: **Sebastian** 123

»Fick den Richter« 123
Scharia 133
Rechtsstaat 142
Die Ebene der Transformation 156

KAPITEL 6: **Aslan** 159

Kulturkampf im Klassenzimmer 159
Macron vs. Erdo an 169
Der Weg des Konach 178
Die Ebene des Vertrauens 190

KAPITEL 7: **»Wir« und »die Anderen«** 195

Terror in Wien (Die Nacht II) 195
RacheXGerechtigkeit 204
Die Pädagogik der Wütenden 212
Die Ebene der Verantwortung 223

Dank 227

Anmerkungen 229

PROLOG: Die Nacht

Montag, der 02.11.2020, mitten in Wien. Die letzten Monate waren schwer genug, doch das Schlimmste in diesem wahnsinnigen Corona-Jahr 2020 sollte den Bewohner:innen dieser Stadt erst noch bevorstehen. Dieser Montagabend war insofern auch besonders, da nur noch wenige Stunden der Freiheit übrig waren, bevor ab Mitternacht wieder Ausgangsbeschränkungen im ganzen Land gelten und alle Geschäfte, Lokale und Restaurants schließen sollten.

Es war ein ungewöhnlich lauer Abend, auch darum waren die Außenbereiche sämtlicher Kneipen (in Wien nennen wir sie »Beisln«) bis auf den letzten Platz gefüllt. Laute Stimmen, gelöstes Lachen, das gefährliche Virus schien für einen Moment fast vergessen. Weltuntergangsstimmung auf Wienerisch, irgendwo zwischen Hektik und Ausgelassenheit, Zynismus und Grant – noch ahnte niemand, was in dieser Nacht über Wien hereinbrechen sollte.

Ich war der Letzte im Büro. Direkt unter meinem Fenster fließt der Donaukanal und teilt die Stadt. Auf der gegenüberliegenden Seite befindet sich der Schwedenplatz und das sogenannte Bermudadreieck mit den vielen kleinen Bars und Nachtlokalen. Dahinter baut sich der erste Bezirk auf, das Zentrum von Macht, Reichtum und Erfolg. Auch wenn die Wiener Innenstadt keine Skyline hat – wer es »geschafft hat«, lebt und arbeitet hier. Doch auch wenn mein Büro in Sichtweite dieses Glanzes liegt – meine Arbeit führte mich in den vergangenen Jahren immer hinaus an die Ränder der Stadt, in die sogenannten »Brennpunktbezirke«. Und wenn ich ehrlich bin: Dort fühle ich mich auch wohler.

Es wurde gerade dunkel, nur meine Schreibtischlampe leuchtete noch hell. Kurz nach 20 Uhr ertönte plötzlich eine Polizeisirene, dann noch eine, und dann ganz viele auf einmal. Eine Lautsprecherdurchsage folgte, aber ich konnte das Gesagte nicht verstehen. Wenige Augenblicke später war mein gesamtes Büro in Blaulicht getaucht.

Ich blickte aus dem Fenster. Dort drüben am anderen Ufer standen überall Polizeiautos. Das hier ist etwas Großes, dachte ich mir sofort. Hastig nahm ich mein Handy, öffnete im Browser »oe24.at« – *Österreich*, die wohl schlimmste aller österreichischen Boulevardzeitungen. Im Vergleich dazu könnte die deutsche *BILD* beinahe als Qualitätsmedium durchgehen. Doch genau deshalb hat die Zeitung meist auch die allerschnellsten Schlagzeilen. Und da war sie auch schon: »Schüsse am Schwedenplatz«. Und direkt darunter: »Terroranschlag«.

Ein Terroranschlag? Hier in Wien, direkt gegenüber? Das wird alles verändern, schoss es mir durch den Kopf. Das, womit ich mich die letzten zehn Jahre meines Berufslebens intensiv beschäftigt hatte, spielte sich gerade vor meinem Fenster ab. Der erste dschihadistische Anschlag in Wien.

Meine Gedanken überschlugen sich. Panik kroch in mir hoch. »Hoffentlich war es keiner von meinen Jungs«, dachte ich und zuckte fast in der gleichen Sekunde innerlich zusammen. Durfte ich so etwas überhaupt denken, meinen Schützlingen derart misstrauen? Ich musste. Im Kopf ging ich alle meine Fälle durch … hatte ich eventuell irgendwas übersehen? Nein, das war doch unmöglich … Oder?

Ich bin Jugendsozialarbeiter im Bereich der Extremismusprävention, der Ausstiegs- und Distanzierungsarbeit. Ich arbeite mit Jugendlichen, die extremistische Positionen und Vorstellungen in ihr Weltbild übernommen haben. »Die auf den ersten Blick einfachste Betrachtungsweise der Deradikalisierung ist die als Umkehrung des Prozesses, durch den eine Person zum Extremisten wurde.«[1] So beschreibt der deutsche Politikwissenschaftler und Terrorismusforscher Peter Neumann den Prozess der Deradikalisierung.

Aber was heißt das eigentlich? Und wie soll das gehen, kann man Jugendliche überhaupt deradikalisieren?

Es gibt zahlreiche Antworten auf diese Fragen, aber auch viele Missverständnisse. Die meisten »Terrorexpert:innen« und »Islamkritiker:innen«, die die Diskussion in den letzten Jahren dominierten, haben immer wieder denselben, entscheidenden Fehler gemacht: Sie reden über die Betroffenen – aber nicht mit ihnen. Ihre Erfahrungen, ihre Selbstbilder, ihre Vorstellungen – diese Themen werden im Diskurs über »Islam und Terror« vernachlässigt. Aber genau dort finden wir die wichtigsten Antworten auf die Frage, was zum Beispiel einen jungen Mann in Paris dazu bringt, einen Lehrer zu ermorden, der seinen Schüler:innen im Rahmen einer Unterrichtsstunde über Meinungsfreiheit Mohammed-Karikaturen zeigte. Dieses Attentat lag an diesem Abend erst wenige Wochen zurück.

Eines ist klar: Es gibt keine einfachen Antworten. Die Welt ist nicht schwarz-weiß, sie ist unglaublich komplex, so auch bei diesem Thema: Es gibt viele Wege in den Dschihad. Alle Jugendlichen, mit denen ich während der letzten Jahre gearbeitet habe, hatten ihre individuellen Wege, die zum Einstieg und später auch zum Ausstieg aus der extremistischen Szene führten. Was aber alle Geschichten miteinander verbindet, sind die immer gleichen gesellschaftlichen Rahmenbedingungen. Wiener Innenstadt oder »Brennpunktbezirk«, davon hängt viel ab. Für diese Jugendlichen, mit denen ich arbeite, steht die Frage »Wer will ich sein?« meist hinter »Wer kann ich überhaupt sein?« Und das macht einen großen Unterschied.

Es gibt noch eine weitere Gemeinsamkeit, nämlich (marginalisierte) Männlichkeitskonstruktionen, also Bilder davon, was es heißt, »ein echter Mann« zu sein.[2] Die Welt ist geprägt von patriarchalen und vergeschlechtlichten Strukturen, was zu Benachteiligung von Frauen, Lesben, Nichtbinären und Transpersonen auf fast allen Ebenen führt – keine Frage.

Aber auch junge Männer leiden unter diesen Strukturen, unter jenen männlichkeitsbezogenen Bildern, denen sie glauben entsprechen zu müssen. Es sind zum allergrößten Teil Jungen und Männer, die sich extremistischen Gruppierungen anschließen. Und da ich persönlich nur mit Jungs zu diesem Thema wirklich intensiv gearbeitet habe, kann ich auch nur über ihre Welt authentisch berichten.

Manches davon funktioniert möglicherweise auch in der Arbeit mit jungen Frauen oder Erwachsenen.

Die Geschichte, die ich hier erzählen will, ist nicht nur meine Geschichte. Es ist die Geschichte von Menschen, deren Stimmen viel zu wenig gehört werden. Begonnen hat alles mit der Durchsicht meiner Mitschriften, Protokolle und den Kommunikationsverläufen diverser Messenger. Die daraus entnommenen wörtlichen Zitate und Aussagen sind kursiv gekennzeichnet und bilden den Kern dieses Buches. Es ist die Geschichte von Dzamal, Outis, Adam, Sebastian, Aslan und anderen, die ich über die letzten Jahre als Sozialarbeiter begleiten durfte. Um sie nicht zu gefährden, haben sie sich für diese Geschichte selbst Pseudonyme gegeben. Jeder von ihnen hat sein eigenes Kapitel, das er kennt und bei dem er hinter dem Gesagten steht.

Es ist eine Geschichte über eine Welt, die von Boulevardmedien gerne als »Parallelgesellschaft« bezeichnet wird. Meine Perspektive ist eine andere: Als Jugendsozialarbeiter muss ich immer auf der Seite der Jugendlichen stehen, anders ist diese Arbeit nicht möglich. Das bedeutet natürlich nicht, dass ich all ihre Ansichten und Positionen unterstütze – ganz im Gegenteil, viele davon stehen den meinen diametral gegenüber, zumindest zu Beginn unserer Arbeit.

In den letzten zehn Jahren habe ich versucht, in ihre Welt einzutauchen, sie zu verstehen und gemeinsam mit ihnen Antworten auf Fragen rund um den Diskurs »Islam und Terror« zu finden. Dafür war es manchmal notwendig, den eigenen Rahmen, mit all den Bildern und Vorstellungen, den bekannten pädagogischen Konzepte und gängigen sozialarbeiterischen Methoden, zu verlassen und Neues auszuprobieren – in die schwierigen Grauzonen zu gehen. Manches davon hat funktioniert, manches nicht, über beides möchten wir schreiben. Fest steht: Ich habe viel von den Jungs gelernt. Es ist daher vor allem unsere gemeinsame Geschichte.

Was mir an jenem Novembertag 2020 auch sofort bewusst wurde: Die nächste Zeit würde richtig anstrengend für mich werden. Ein bisschen schämte ich mich zwar für diesen Gedanken, nur wenige Meter entfernt von meinem sicheren Büro waren gerade Menschen erschossen worden. Die Anschläge von Dresden, Nizza und Paris lagen nur wenige Wochen zurück. Vor allem die Ermordung des Lehrers Samuel Paty hatte etwas in mir ausgelöst. Ich begann an meiner Arbeit zu zweifeln. Ein Lehrer, der in den Banlieues unterrichtet hatte, an den Rändern der Stadt, auf offener Straße enthauptet, mitten am Tag. Auch wenn ich es damals ungern zugeben wollte, nahm ich es irgendwie persönlich. Der Terrorist hatte mir und meiner Lebensweise den Krieg erklärt. Hatten diverse »Islamkritiker:innen« mit ihren Thesen um einen angeblichen »Kampf der Kulturen« doch recht?

Denn auch die Jugendlichen reagierten anders auf diesen Fall, einige von ihnen rechtfertigten den Mord: »Samuel Paty hatte die Ehre des Propheten beleidigt, das können wir uns nicht gefallen lassen!« Die Gespräche waren so schwierig wie selten zuvor. Es fühlte sich ähnlich an wie damals – wie nach dem Anschlag auf die Redaktion von *Charlie Hebdo*. Und jetzt der erste dschihadistische Terroranschlag in Wien. Das würde alles verändern.

Es war genau 20:22 Uhr. Mein Handy vibrierte. Eine Nachricht von Aslan. Er schrieb: »*Wallah, diese dreckigen Dawla-Hundesöhne!*[1] *Die Konsequenzen müssen wir dann wieder tragen. Das wird furchtbar werden.*«[2] Er war zu diesem Zeitpunkt gerade unmittelbar in der Nähe des Schwedenplatzes, ein Lokalbesitzer hatte ihn und einen Freund

1 »Dawla(h)« ist die Kurzform der Selbstbezeichung des sogenannten Islamischen Staates (IS). Der Begriff allein bedeutet so viel wie »Dynastie«. Allgemein sollte an dieser Stelle angemerkt werden, dass der IS in diesem Buch stets als »sogenannter Islamischer Staat« bezeichnet wird, denn ihm fehlt bis heute die Legitimierung sowohl staatsrechtlich als auch innerhalb der muslimischen Welt (mehr dazu im vierten Kapitel dieses Buches). In der arabischsprachigen Welt hat sich unter anderem deshalb auch der Begriff »Daesh« für den IS durchgesetzt, was zwar einerseits als Akronym der arabischen Schreibweise gesehen werden kann, andererseits auch einen Seitenhieb auf das brutale Wesen des IS, denn übersetzt bedeutet der Begriff so viel wie »einer, der die Dinge zertritt«.

2 Generelle Anmerkung zur Zitierweise in diesem Buch: Bei allen Zitaten, die kursiv gesetzt sind, handelt es sich um Wortlaute aus den Gesprächen mit den Jungen, die den Gedächtnisprotokollen entnommen sind.

reingeholt, als die ersten Schüsse fielen. *»Jetzt ist erst mal wichtig, dass ihr sicher nach Hause kommt, dann überlegen wir uns was!«*, antwortete ich ihm. Es dauerte nur ganz kurz, bis eine weitere Nachricht von ihm kam. *»Wir müssen uns was richtig Gutes überlegen«*, schrieb Aslan. Ich hielt mein Handy in der Hand, langsam begann ich zu tippen: *»Ich fürchte, du hast recht.«*

Ich konnte die Schlagzeilen auf OE24 und Konsorten schon vor mir sehen: »Jetzt aber Schluss mit der falschen Toleranz!« Oder: »Mit voller Härte des Gesetzes«, und so weiter. Und das in Österreich, dem Land mit den wohl härtesten Antiterrorgesetzen Europas. Zwanzig Jahre sogenannter Krieg gegen den Terror, zehn davon arbeite ich in diesem Bereich, in der Gewalt- und Extremismusprävention. Es ist nichts besser geworden, ganz im Gegenteil. Die Strategie des sogenannten Islamischen Staates geht auf. Vielleicht wäre es endlich Zeit umzudenken?

In diesem Moment und jener Nacht beschloss ich, die Kriegserklärung der Terroristen nicht anzunehmen – und wir begannen dieses Buch zu schreiben.

KAPITEL 1: Die Jungs von der Donaupromenade

Der Herr der Fliegen

Mein erster Sommer »auf der Straße«. Alles war aufregend und neu. Damals dachte ich, mein Weg hätte mich bereits ans Ziel gebracht, dass ich angekommen wäre in meiner Welt als Sozialarbeiter. Meine Chefin Mella hatte mich ein Jahr zuvor ins Team von Back Bone geholt, die Mobile Jugendarbeit in der Brigittenau, einem der kleinsten und ärmsten Bezirke in Wien, aber auch dem schönsten, jedenfalls für mich. Über 85 000 Menschen leben auf dieser kleinen Insel zwischen Donau und Donaukanal. Eine Insel der Seligen? Nicht ganz.

Das Konzept der Mobilen Jugendarbeit wurde in den frühen Neunzigerjahren bekannt.[1] Damals ging ein Ruck durch die rechtsextreme Szene in ganz Deutschland. Die Wiedervereinigung funktionierte nirgends so gut wie in diesem Milieu. Als die Mauer fiel, fingen auch die Neonazis wieder an zu träumen: von der Braunen Revolution, einem Systemsturz, der zentral in ihrer Version der Geschichte von der Überlegenheit der Weißen, der großen rechtsextremen Erzählung, ist. Aus ganz Deutschland und auch aus Österreich sammelten sie sich. Gottfried Küssel, der bis heute als einer der aktivsten Neonazis der Alpenrepublik gilt, war damals schon dabei. Die Mission: Eine Gefolgschaft für ihren Traum zu gewinnen, für ein vereinigtes, nationalsozialistisches Deutschland. Im Vakuum der Wendejahre schien auf einmal alles möglich.

Und tatsächlich: Es gelang ihnen, Jugendliche für diese Vorstellung zu begeistern. Was folgte, war eine Welle der Gewalt. Straßenschlachten, Morde, Angriffe auf Asylbewerber:innenheime. Hoyerswerda, Rostock-Lichtenhagen, Cottbus-Sachsendorf, die progromartigen Gewaltexplosionen in diesen Orten verschwanden leider viel zu schnell von den Titelseiten der großen Zeitungen.

»Baseballschlägerjahre«, vor allem in den Boulevardmedien wird diese Zeit heute so genannt. In der allgemeinen Diskussion war man sich schnell einig: Benachteiligung und Desillusionierung waren die Gründe für die rechtsextreme Orientierung und Gewaltbereitschaft so vieler Jugendlicher. Mit dem damals gerade neu etablierten westdeutschen Konzept der Mobilen Jugendarbeit wollte man die »armen, ungebildeten Ostjungs« erreichen und sozialarbeiterisch unterstützen und machte dabei Fehler, die in der Diskussion über die Geschichte von der Überlegenheit der Weißen leider immer noch eine wesentliche Rolle spielen. Dazu später mehr.

Im sich gerade erst entwickelnden Feld der Extremismusprävention gab es viel wertvolle Kritik.[2] Das Konzept der Mobilen Jugendarbeit blieb, der Ansatz wandelte sich, schaffte es wenig später auch nach Wien und blieb bis heute bestehen Die »Baseballschlägerjahre« waren zwar vorbei, aber es gab genug zu tun. Unser Job als Streetworker:innen: auf der Straße sein. Jugendliche erreichen, die schwer erreichbar sind. Mit ihnen in Beziehung gehen. Vertrauen aufbauen. Da sein, wenn sie Hilfe brauchen, sei es bei Arbeitslosigkeit, bei Problemen in der Schule oder bei Stress zu Hause. Doch es ging um noch viel mehr: Nämlich auch darum, ihnen positive Erfahrungen zu ermöglichen, beispielsweise durch das Organisieren von Fußballturnieren oder Ausflügen. Die Hauptaufgabe ist, Jugendliche durch die Adoleszenz und all den Wahnsinn dieser Zeit zu begleiten. Das klingt vielleicht einfach, aber das ist es nicht. Ganz und gar nicht.

An einem Abend im Jahr 2012 sollte sich vieles ändern in meiner Welt. Wirklich verstanden habe ich das jedoch erst viel später. Ich erinnere mich noch genau an die erste Begegnung mit Yasin, Aslan, Adam, Outis, Dzamal und den anderen Jungs. An diesem Tag war ich mit meiner Kollegin Birgit auf Streetwork. Wir spazierten gerade auf der Donaupromenade entlang, dem wohl schönsten Arbeitsplatz der Welt. Die Sonne ging schon unter. Eigentlich wollten wir nach einem langen Tag endlich Feierabend machen. Doch daraus wurde nichts.

Wir sahen sie schon von Weitem: Outis, Dzamal und Aslan saßen auf der Bank, Yasin stand vor ihnen, er nahm gerade einen tiefen Zug von seiner Zigarette. Links neben ihm hockte Adam. Vor jedem diese typische Spucke-Pfütze, rundherum leere, verbeulte Energydrink-Dosen und riesige Haufen Sonnenblumenkernhülsen. Kein ungewöhnliches Bild für Wiener Jungs ihres Alters. Doch etwas an ihnen stach hervor: ihre Kleidung. Wir schauten genauer hin: Jack-Wolfskin-Jacken. Und das im August. Birgit und ich waren im T-Shirt unterwegs. Dazu Cargo-Hosen im Camouflage-Look, die sie alle über die Knöchel aufgekrempelt hatten. Ein paar trugen »Dschalabija«, eine Art Kleid für Männer, eine traditionelle Kleidung in vielen mehrheitlich muslimischen Ländern. Birgit und ich, unwissend wie wir waren, tippten spontan auf eine neue Modeerscheinung, für die wir schon zu alt waren.

Als wir uns näherten, präsentierte Adam den anderen gerade etwas auf seinem Handy. Die gesamte Aufmerksamkeit der Gruppe war auf den kleinen Bildschirm in seiner Hand gerichtet, die Jungs schienen förmlich damit zu verschmelzen. Sie waren in ihrer eigenen Welt und bemerkten uns gar nicht.

Ich gebe es zu: Es ist gar nicht so einfach, fremde Menschen anzusprechen. Das geht nicht nur anderen so, auch für Sozialarbeiter:innen ist es stets eine Überwindung. Aber da müssen wir durch, es ist unser Job. Dieser kleine Hauch von Unsicherheit schwingt immer mit: Wie werden sie reagieren? Ablehnend? Aggressiv?

Birgit und ich sprachen uns ab, dann gingen wir auf sie zu. Jetzt gab es kein Zurück mehr. Ich war nervös, schluckte kurz. »*Hallo*«, sagte ich, »*ich bin Fabian, Sozialarbeiter bei der Jugendarbeit hier im Bezirk.*« Ich hatte es geschafft, meine Stimme zu kontrollieren. Vorsichtig streckte ich Yasin meine Hand entgegen. Er sah von dem Bildschirm auf und musterte mich von oben bis unten. Dann trafen sich unsere Blicke. Eine Mischung aus Langeweile und geladener

Feindseligkeit lag in seinem. Ich zuckte innerlich zusammen, versuchte mir aber nichts anmerken zu lassen. Meine Hand blieb ausgestreckt, hing aber noch immer einsam in der Luft. Er schaute zu den anderen, dann wieder zu meiner Hand. Es fühlte sich an wie eine halbe Ewigkeit. Endlich nahm er sie an. Und dann drückte er richtig hart zu. »*Yasin*«, sagte er kurz, sein Blick blieb gesenkt. Erleichtert atmete ich aus. Wir begrüßten uns alle gegenseitig. Hier, wie wir da standen, am Donauufer im 20. Bezirk, hat alles begonnen. Einige von diesen Jugendlichen begleite ich bis heute.

In diesem Sommer sollten wir sie fast täglich an ihrem Ort auf der Promenade besuchen und langsam tiefer in ihre Welt eintauchen, in ihre Welt des Kampfes. Denn in Wahrheit war es eigentlich immer dasselbe Bild: Sie hingen gelangweilt herum. Leicht ablenkbar, immer auf der Suche nach irgendeiner Action, nach dem nächsten Kick. Die meiste Zeit sahen sie sich Videos auf ihren Handys an. Deutschrap, Hollywood, Bollywood, oder kurze Clips aus weit entfernten Kriegsgebieten, aus Afghanistan, Tschetschenien und Bosnien, wie sie uns erklärten. Es gab nur eine Gemeinsamkeit: In all diesen Videos wurde immer gekämpft. Auch sie selbst betrieben allesamt Kampfsport. »Mixed Martial Arts«, ein Vollkontaktsport, bei dem fast alles erlaubt ist, war gerade richtig groß geworden, sie waren wie besessen davon.

Um sich herum hatten die Jugendlichen eine Mauer aus Gewalt und Härte aufgebaut. Sie mussten sich ständig beweisen. Wer schafft die meisten Liegestütze? Wer schafft den höchsten Highkick? Wer schlägt härter zu? Eine knisternde Anspannung lag ständig in der Luft. Es war unglaublich anstrengend. Gegenseitiges Anmachen. Gegenseitiges Austesten. »Fick deine Mutter, du Hurensohn!« Sie reagierten äußerst explosiv, wenn ihre Grenzen überschritten wurden. Vor allem dann, wenn ihre Männlichkeit infrage gestellt wurde. Das war das Allerschlimmste. Wo genau diese Grenze lag, war uns dabei nie ganz klar. Und ich glaube, nicht einmal ihnen selbst.

Aus Spaß wurde Ernst, ganz schnell. Ein falscher Kommentar innerhalb der Gruppe oder auf einer Facebookseite genügte und schon ging es los. Und zwar so schnell, dass wir es oft gar nicht mitbekamen. Innerhalb von Sekunden waren sie weg und ließen uns verwundert zurück, zwischen den Spucke-Pfützen, den leeren Energydrink-Dosen und den Haufen von Sonnenblumenkernhülsen. Was dann folgte? Zerbrochene Fensterscheiben oder beschmierte Polizeiautos. Manchmal kam es auch zu Kämpfen mit anderen Gruppen. *»Wallah, Adrenalin ist einfach das beste Gefühl«*, da waren sie sich alle einig. Furchtlose junge Löwen, echte Männer, die bereit waren, sich auf jeden Kampf einzulassen. So sahen sie sich selbst in diesem Sommer.

Warum, könnte man an dieser Stelle fragen, haben so viele Jungs diesen unglaublichen Drang, Grenzen zu durchbrechen, dauernd verrückte Dinge zu tun? Die Antwort ist simpel: Sie müssen es tun. Mit dreizehn Jahren betreten wir eine Welt, die wir erst mit neunzehn wieder verlassen – die Adoleszenz.[3] Es ist eine leidenschaftliche, unmittelbare Zeit, voller Träume, Fantasien und Utopien. Und natürlich ganz viel Drama – quasi eine Mischung aus Soap Opera und Actionfilm.

In dieser Zeit sind junge Männer auf der Suche nach ihrer eigenen Wahrheit, danach, wer sie sein wollen. Sie entwerfen Bilder, und zwar Bilder von sich selbst, Bilder davon, was es heißt, ein »echter Mann« zu sein. Was sie selbst dabei nicht bemerken: Diese Bilder können am Ende nur unerreichbar sein. Sie sind viel zu groß, um ihnen entsprechen zu können, bräuchte man surreale Superkräfte. Und genau das verursacht Stress.

Getrieben von ihren Hormonen und dem Wunsch nach Anerkennung, bewegen sich viele Jungs in diesem Alter zumeist in Horden, wenn sie durch die Straßen und Einkaufszentren ziehen oder in Parks und Bahnhöfen abhängen. An den meisten dieser Orte sind sie nicht wirklich willkommen. Wo sie auftauchen, sind sie nicht erwünscht, und das merken sie.

Aber warum stören uns Gruppen von pubertierende Jungs im öffentlichen Raum eigentlich oft so? Die einfachste Antwort ist: Wir hätten gerne, dass sie sich anders verhalten. Nicht so laut, nicht so wild, nicht so gewalttätig – lieber so wie die meisten Mädchen in ihrem Alter. Unser Bild auf Gruppen von jungen Männern ist geprägt von Büchern wie *Der Herr der Fliegen*. William Golding erfand diese Geschichte 1951 – sein Roman verkaufte sich millionenfach, wurde in mehr als dreißig Sprachen übersetzt und gilt heute noch als Jugendbuchklassiker. 1963 wurde das Buch zum ersten Mal verfilmt, 1990 erfolgte eine Neuverfilmung. Wie so viele andere habe auch ich den Film in der Schule gesehen. Er hat mich entscheidend geprägt.

Die Story im Schnelldurchlauf: Ein Flugzeug stürzt irgendwo im Pazifik ab. Die einzigen Überlebenden sind eine Gruppe von Jungen einer Militärakademie, gestrandet auf einer einsamen Südseeinsel. Zu Beginn läuft alles gut, eigentlich wie im Traum: keine Eltern, keine Schule, und vor allem keine Mädchen. Die Jugendlichen schaffen es, sich zu organisieren und auch eine Art demokratische Struktur zu entwickeln. »*Wer das Kommando hat, ist doch völlig unwichtig, wir müssen zusammenhalten, sonst geht es nicht*«, sagt der Protagonist Ralph, nachdem er zum Anführer gewählt wird. Sie errichten ein Lager, machen ein Feuer auf der höchsten Stelle der Insel. Doch nach und nach wird aus dem Traum ein Albtraum. Der Großteil der Jungs ist mehr am Schlemmen und Herumtollen interessiert als an der Pflege des Feuers. Sie halten sich nicht mehr an die Gruppenregeln. Die Gruppe spaltet sich, ein zweites Lager wird gebaut, dessen Mitglieder militanter auftreten und auf die Jagd gehen. Nachdem sie ein Wildschwein erlegt haben, erwacht ihre dunkle Seite. Sie waschen sich nicht mehr, tragen Kriegsbemalung, erfinden düstere Rituale. Abgeschnitten von der Welt der Erwachsenen, verlieren sie mit der Zeit jeden Bezug zu Zivilisation und Gesetz, es herrscht das Recht des Stärkeren. Schließlich eskaliert die Gewalt, drei Kinder werden getötet. »*Ich verstehe das nicht, wir haben alles richtig gemacht, genau wie die Erwachsenen. Warum hat es nicht funktioniert?*«, wird Ralph von einem der Jugendlichen gefragt. Aber war nicht vielleicht genau das der große Fehler?

Laut, unangepasst, wild, potenziell gefährlich? Diese Bilder tauchten an diesem Abend an der Donaupromenade auch in meinem Kopf auf. Adam und die anderen brauchen in meinen Augen unbedingt eine Struktur, irgendeine Form der pädagogischen Betreuung, jemanden, der einen positiven Einfluss auf sie hat.

Das Erfolgsgeheimnis von *Der Herr der Fliegen* ist klar. Golding hatte die meisterhafte Fähigkeit, die dunkelsten Abgründe der Menschheit zu schildern. Gewalt hat eine starke Anziehungskraft auf uns alle, darum sind auch die Boulevardmedien voll damit. Doch bei Adam und seinen Freunden war es anders. Ganz anders.

Ich bin ein Taliban

Zurück zu den Jungs. »*Was wollt ihr von uns?*«, fragte Adam. Wir versuchten, unser Angebot vorzustellen, also was Mobile Jugendarbeit eigentlich praktisch heißen kann. Dass wir zum Beispiel bei der Jobsuche oder bei schulischen Problemen helfen können. Oder beim Organisieren von Fußballturnieren. Oder Proberäume zur Verfügung stellen. Eigentlich coole Angebote – doch uns schlug eine Welle aus Verachtung und Ablehnung entgegen. All das interessierte sie überhaupt nicht. Adam drehte uns demonstrativ den Rücken zu. Die volle Aufmerksamkeit der Gruppe galt nun wieder dem Rapvideo auf seinem Handy.

Spätestens seit Beginn des neuen Jahrtausends ist Deutschrap die populärste Musik bei jungen Männern. Es begann mit Aggro Berlin und Sido, dann war lange Bushido angesagt, mittlerweile verehren sie Capital Bra. Viele der Texte strotzen vor Gewalt, Homophobie und Sexismus. Aber es lohnt sich dennoch, genauer hinzuhören. Denn die Geschichte, um die es eigentlich geht, ist im Prinzip immer dieselbe: Im Mittelpunkt steht ein mutiger, kleiner Junge, der seine Welt verlassen muss. Er ist, wie wir alle, auf der Suche nach Erfolg und Anerkennung. Und Erfolg bedeutet in unserem kapitalistischen System vor allem Geld, Macht und Einfluss. Der gesellschaftlich anerkannte Weg dorthin ist für den Jungen aber unerreichbar, das merkt er ziemlich schnell. Daher schlägt er einen anderen Weg ein, den Weg der Kriminalität. Also wird viel gekämpft, gegen innere Dämonen und äußere Feinde. Es geht um wahre Werte, hinter denen man bedingungslos stehen muss: Stärke, Loyalität, Ehre und Gerechtigkeit. Man darf sich auf keinen Fall verbiegen. Verrat ist das Allerschlimmste. Der kleine Junge möchte es all jenen zeigen, die nicht an ihn geglaubt haben, die ihm nie eine Chance gegeben haben. Es ist die Analogie zu David gegen Goliath, der kleine Junge gegen den Rest der Welt.

Wie aber konnten wir mit Adam und den anderen ins Gespräch kommen? Ein richtiges Gespräch, eines, das über das klassische »Wie geht's dir?« – »Eh gut!« hinausgeht? Ich wollte mich mit Adam darüber austauschen, was in ihm vorging, was ihm wirklich wichtig war. Das war gar nicht so leicht. Aber eine Sache klappt immer, das habe ich in den letzten Jahren gelernt: Darüber reden, was gerade da ist.

»*Dürfen wir mitschauen?*«, fragte ich Adam. »*Ich glaub nicht, dass das was für euch ist*«, meinte er skeptisch, während er uns das Handy reichte. Ich schaute auf den verschmierten Bildschirm. Ein tiefer Sprung verlief quer durch die Mitte. Dieses Gerät hatte schon einiges erlebt, dachte ich mir und drückte auf Play.

Der Song startet. Das Bild ist schwarz-weiß. Ein düsteres Gitarrensample erklingt. Wir sind in einem Hotelzimmer. Die Kamera fährt auf ein Fenster zu, dahinter ist die Skyline von Frankfurt zu erkennen. Ein Mann steht vor dem Fenster, in der Hand hält er eine Waffe. Nicht irgendeine, eine Kalaschnikow. »Meine Stimme, meine Waffe«, sagt der Rapper. SadiQ aus Frankfurt, bis dahin hatte ich noch nie von ihm gehört. Dann beginnt der Beat von »Kalaschnikow Flow«:

> Jauuu, Block Bladi Gangsta
> Du sagst mein Volk ist so radikal, bombt für die Taliban
> Rap für die Brüs, für mein Block bring' ich Kapital
> Guck, die Welt pumpt die Schwuchteln von Amerika
> Während Akhis kämpfen in den Schluchten von Khorasan
> Helikopter, sie können nicht landen
> Schieß auf den Westen, New York und Compton

Da ist sie wieder, die Geschichte vom kleinen Jungen, der seine Heimat verlassen muss. Auch im Fall von Rapper SadiQ. Sein Weg hatte ihn von den Bergen Afghanistans auf die Straßen Frankfurts geführt. Worum geht es in diesem Part? Die Geschichte Afghanistans ist geprägt von Invasionen: Zwischen 1839 und 1919 versuchte das British Empire dreimal das Land zu erobern, 1979 folgte der Einmarsch der Sowjetarmee, nach den Anschlägen vom Elften September 2001 die von den USA geführte Militärinterventionen »Operation Enduring Freedom« und »Operation Freedom's Sentinel«.

Nach dem Einmarsch der US-Armee zog sich die damalige Regierung der Taliban in die Berge zurück. Das war ihr Gebiet, niemand außer ihnen kannte sich in dem Geflecht von Höhlen und Steinhängen aus. Am Boden hatten die amerikanischen Streitkräfte keine Chance, daher versuchten sie es mit Luftangriffen, blieben aber relativ erfolglos. Um feindliche Stellungen aufzuspüren, mussten sie die Flughöhe senken. Dabei wurden einige ihrer Helikopter abgeschossen – teilweise nur mit einfachen Maschinengewehren. Kalaschnikows gegen Blackhawks, David gegen Goliath. Von den Schluchten Khorasans geht es im nächsten Part des Songs wieder zurück in die Hochhäuserschluchten Frankfurts.

> Rapper so wie Kollegah bekommen einen Nackenschlag
> […]
> Mach' nicht auf hart gegen Azad, Frankfurt-Verbot, ich zerlege dein Arsch
> Jeder will lutschen, ich ficke dich Fotze
> Jetzt komm' doch in meine Gegend und blas'
> Zuhälterrap machst auf YouTube auf Star
> Doch in Wahrheit studiert dieser Kufr Jura

Ein richtig harter »Diss«. »Dissen« bedeutet so viel wie »jemanden beleidigen«. Ausgehend vom US-amerikanischen Hip-Hop wurde das Dissen auch im Deutschrap zu einer eigenen Stilrichtung, dem sogenannten Battle-Rap. Die härteste Abwertung, der krasseste Diss gewinnt. Das Recht des Stärkeren, Aufwertung durch Abwertung. Auch Rapper wie Sido und Bushido lieferten sich langjährige Fehden. Sieben Jahre lang wurden Diss-Tracks veröffentlicht, Mütter beleidigt und gegenseitige Drohungen auf Twitter hin und her geschickt. Nach der Versöhnung folgte ein gemeinsames Album.

Der oben zitierte Part beinhaltet einen Diss gegen den Deutschrapper Kollegah. Die Geschichte von Kollegah ist ganz anders als die von SadiQ. Kollegahs bürgerlicher Name lautet Felix Martin Andreas Matthias Blume. Er besuchte das Gymnasium, machte Abitur und studierte Rechtswissenschaften an der Johannes-Gutenberg-Universität Mainz. Er war auf dem Weg zu Erfolg, Macht und Reichtum, der von unserer Gesellschaft anerkannt wird. Und dennoch entschied er sich für einen anderen: Bereits mit fünfzehn Jahren konvertierte er zum Islam, begann zu rappen und konstruierte für sich selbst ein szenegängiges Bild als Bösewicht: Aus dem Studenten Felix Blume wurde der Zuhälter und Drogendealer Kollegah. Mit großem Erfolg. 2018 gewann er den Echo, einen der wichtigsten deutschen Musikpreise. Mittlerweile vermarktet er unter anderem absurd teure Coaching-Programme, in denen er Jugendliche in die Geheimnisse seines Erfolgs einführen will.

Ein Jurastudium wäre für SadiQ unerreichbar gewesen. SadiQ rappte nicht übers Drogenverkaufen, weil es cool klang, er rappte darüber, weil es Teil seiner eigenen Geschichte war. Er musste sein Image nicht konstruieren, die Straßen Frankfurts waren seine Welt. Und er brauchte auch keinen Künstlernamen. Der in Hessen gestrandete Rächer aus den Bergen Afghanistans, die perfekte Analogie zu David gegen Goliath.

> Block-Bladi-G, ich bin ein Taliban
> Turkey, Maghreb, Jugoslaviya, Afghanistan
> Denn mein Rap ist der Kalaschnikow-Flow
> Ballert wie Jean Claude mit Arabs wie Tong Po

Ich musste schlucken, versuchte, Birgits Blick zu finden. Ihr ging es ähnlich. Was wir da hörten, war richtig heftig – obwohl wir doch einiges gewohnt waren. »Ich ficke dich, du Fotze.« Und dann dieses Wort: »Kufr«.

Zu diesem Zeitpunkt kannte ich die Bedeutung des Begriffs noch nicht, aber das sollte sich im Laufe des Abends ändern. Das Lied strahlte etwas Düsteres, Unheimliches aus. Eine Menge Trostlosigkeit. Und vor allem eine unglaubliche Wut.

»*Ich hab' euch ja gesagt, das ist zu hart für euch*«, lachte Adam triumphierend, in der einen Hand eine Zigarette, in der anderen sein Butterflymesser. Sie waren, wie wir mit der Zeit herausfanden, immer alle schwer bewaffnet. »Zum Schutz«, behaupteten sie. Zugegeben: Ich fühlte mich überhaupt nicht sicher, wenn wir sie an ihrem Ort auf der Donaupromenade besuchten, ganz im Gegenteil. Ihre Faszination für Waffen und Gewalt beunruhigte mich. Andererseits: Wer hat in seiner Kindheit nicht auch gerne Krieg gespielt? Cowboys gegen »Indianer« (mittlerweile indigene Bevölkerung Nordamerikas) oder Räuber und Gendarm. Später dann am Computer: Counter-Strike, Terroristen gegen Spezialeinheiten. Auch ich habe Tage und Nächte damit verbracht. Pfeil und Bogen, Spielzeugarmbrust, Holzspeere, Plastikschwerter, ich habe alles besessen. Zu meinem damaligen Leidwesen haben mir meine Eltern weder Spielzeugpistolen noch Gewehre erlaubt. Geprägt von der Friedensbewegung der Siebzigerjahre wollten sie meine Geschwister und mich in diesem Geist erziehen. Unsere Kinderzimmer wurden regelmäßig entmilitarisiert, Krieg sollte kein Spiel sein. Später zog ich in Tarnklamotten mit meinen Freunden durch die Nachbarsiedlung oder wir streiften durch die Wälder Salzburgs. Um welche Geschichte es bei diesen Spielen ging, war mir eigentlich ziemlich egal, ich wollte immer der Bösewicht sein, das war das Allerwichtigste. Das war viel spannender.

Warum eigentlich? Jugendliche weisen eine höhere Kriminalitätsbelastung auf als Erwachsene.[4] Egal an welchem Ort der Welt, egal zu welcher Zeit, egal in welcher Gesellschaft, im Grunde passiert überall das Gleiche: Junge Männer streben in der Adoleszenz nach Autonomie, um ihre eigene, persönliche Macht zu entdecken. Um diese Macht in ihnen kennenzulernen, müssen sie sich auf unsicheres Terrain begeben. Sie suchen nach extremen Herausforderungen – um sie zu spüren und herauszufinden, wie sie sich einfügen können zwischen all den anderen Kräften in der Welt. Sie wissen noch nichts von ihren Grenzen. Sie müssen sich langsam heranarbeiten, und manchmal schießen sie übers Ziel hinaus.[5] Bei vielen anderen jungen Männern steckt das Bedürfnis nach Action und Abenteuer hinter dem, was wir im Sozialarbeitsstudium

»jugendliche Delinquenz« genannt haben. Sie sind auf der Suche nach dem Kick, denn, wenn wir ganz ehrlich sind: Unsere Welt ist langweilig. Auch wenn Boulevardmedien wie OE24 täglich andere Geschichten erzählen – uns begegnet kaum noch eine konkrete Gefahr, wenn wir das Haus verlassen.

Mein eigener Weg führte mich von den Salzburger Wäldern über das Studium der Sozialen Arbeit hierhin zu Adam und seinen Freunden auf die Wiener Donaupromenade. Für welchen Weg würden sie sich entscheiden? Den der Kriminalität? In diesem Moment schien mir das ehrlicherweise die wahrscheinlichste Variante. Dabei waren sie noch so jung, ihr Leben lag im Grunde noch vor ihnen. Wohin auch immer ihr Weg sie bringen würde, vieles davon würde sich in den nächsten Jahren entscheiden. Und ich wollte sie dabei begleiten, denn genau das war mein Job. Aber dafür mussten wir sie erst mal erreichen.

Die Kultur des Schweigens

»*Habt ihr schon einmal Probleme mit der Polizei gehabt?*«, fragte Birgit in die Runde. Es mag vielleicht seltsam klingen, aber auf der Straße funktioniert diese Frage fast immer. Mobile Jugendarbeit basiert auf dem Prinzip der Freiwilligkeit. Wir können und wollen die Jugendlichen nicht dazu zwingen, mit uns zu reden – im Gegensatz zu den meisten Deradikalisierungsprogrammen (aber dazu später mehr). Fußballturniere interessierten sie nicht, das hatten sie uns bereits ziemlich deutlich gezeigt. Nach dem Video auf Adams Handy war ich mir sicher, dass die Polizei-Frage funktionieren würde. »*Wisst ihr, wir begleiten nämlich auch Jugendliche zu Polizeieinvernahmen, wenn sie Hilfe brauchen*«, fügte Birgit hinzu.

Es folgte ein höhnisches Lachen. »*Warum sollten wir euch vertrauen? Ihr arbeitet doch auch für den Staat. Ihr arbeitet doch mit denen zusammen!*« Fundamentalopposition – auch das überraschte uns nicht. Gegenseitiges Austesten, als Streetworker:in muss man da durch. Respekt und Vertrauen muss man sich auf der Straße verdienen. Immerhin hatten wir wieder ihre Aufmerksamkeit, also erzählten wir weiter von unseren Arbeitsprinzipien: Vertraulichkeit und Anonymität. Davon, dass wir keine Informationen ohne ihre ausdrückliche Zustimmung an Dritte – egal ob Polizei, Jugendamt, Schule oder Eltern – weitergeben dürfen und dass unsere Parteilichkeit immer auf der Seite der Jugendlichen ist, im Grunde wie bei Rechtsanwält:innen.

»*Trotzdem, ich vertraue sicher keinem Kufr*«, sagte Adam. Da war es wieder: »Kufr«. Dieser Begriff, den auch SadiQ in seinem Rap verwendet hatte, um Kollegah zu dissen. Birgit und ich tauschten verwunderte Blicke aus. Die Jungs lachten über unsere offensichtliche Unkenntnis. »*An was glaubst du?*«, fragte mich ein anderer aus der Gruppe, Dzamal, unvermittelt. Er lächelte verschmitzt. Ich merkte, dass er dieses Spiel nicht zum ersten Mal spielte. Ich bin Agnostiker, das heißt simpel ausgedrückt, dass ich mir nicht sicher bin, ob es einen Gott gibt oder nicht – auf Anhieb gar nicht so einfach zu erklären. Ich versuchte es trotzdem. Adam spuckte zu Boden. »*Also bist du ein Ungläubiger, ein Kufr!*«, sagte er und drehte sich wieder um. Die Mauer war zurück.

Das Aufwachsen zwischen Atheist:innen oder Agnostiker:innen war in meiner Welt normal. In der Welt dieser Jugendlichen ist es das nicht. Es macht sie misstrauisch, dass ich kein Buch mit moralischen Richtlinien habe, an das ich mich halten muss, dass ich nicht an eine Belohnung im Jenseits für guten Taten im Diesseits glaube. Das habe ich erst viel später verstanden.

Wie sollte ich zu ihnen durchdringen? Plötzlich hatte ich eine Idee. Ich verließ die Welt der Pädagogik und redete Klartext: »*Nein, ich bin kein Ungläubiger! Ich glaube daran, dass alle Menschen gleich viel wert sind und dass es viele Ungerechtigkeiten gibt auf der Welt. Zum Beispiel Polizeigewalt. Ich glaube an viele Dinge, ich glaube an Freiheit, Gleichheit und Geschwisterlichkeit. Das sind doch Werte, die euch auch wichtig sind, oder?*« Kurze Stille. Dann drehte Adam sich wieder um, sichtlich überrascht. Ich meinte es so, wie ich es sagte. Das spürten sie. In dem Moment begannen sie uns als Birgit und Fabian wahrzunehmen, die auf Augenhöhe mit ihnen sprachen. Nicht als Erwachsene, nicht als Pädagog:innen. Die Mauer begann zu bröckeln. Ich hatte ein »Window of Opportunity« geöffnet, eine Gelegenheit, ein Fenster zu ihrer Welt zu öffnen. Jetzt konnten wir sie erreichen.

Mir fiel dazu das Buch *Die Pädagogik der Unterdrückten*[6] von Paulo Freire ein, das ich zum ersten Mal gelesen habe, als ich ungefähr so alt war wie die Jungs. Freire sollte Mitte der Sechzigerjahre Alphabetisierungsprogramme für Erwachsene in brasilianischen Slums entwickeln. Es gelang ihm aber nicht, an die Menschen heranzukommen. Die pädagogischen Ansätze, all das, was er in seinem Studium gelernt hatte, funktionierten in den Slums nicht. In Brasiliens Schulen war die Sprache der einfachen Bevölkerung durch die Sprache der portugiesischen Kolonialherren ersetzt worden. Die unterschiedlichen Sprachen und Dialekte waren über hunderte Jahre hinweg systematisch abgewertet und durch eine »Kunstsprache der Gebildeten« verdrängt worden. In dieser Sprache gab es keine Wörter für ihre Erfahrungen, es war ihnen nicht möglich, das auszudrücken, was für sie wirklich von Bedeutung war. Wo Erfahrung sprachlos bleibt, wird Sprache sinnlos: »Die Kultur des Schweigens« – so nannte er das, was in der damaligen Welt der Pädagogik als »Bildungsunfähigkeit des schwachbegabten Proletariats« bezeichnet wurde. »Bildungsfern«, »sozial schwach« oder »integrationsunwillig« sagen wir heute dazu. Paulo Freire suchte nach Wegen, dieses Schweigen zu brechen. Es gab nur einen: Er machte das Schweigen und seine Ursachen selbst zum ersten Thema des Unterrichts. Der Lernstoff bestand aus den Bildern, Vorstellungen und Erfahrungen, die seine Schüler:innen in sich trugen. Indem sie in ihrer Sprache über ihre Themen sprechen konnten, konnte er eine Verbindung zu ihnen herstellen. Der Durchbruch seiner pädagogischen Arbeit, achtzig Prozent seiner erwachsenen Schüler:innen lernten mit diesem Ansatz innerhalb von nur dreißig bis achtzig Stunden lesen. Ich habe noch nie von einer Schule in Deutschland oder Österreich gehört, in der so etwas möglich ist.

»*Wallah, was für Polizei*«, sagte Outis. »*Wenn sie kommen, fick ich die Scheißbullen!*« Alle lachten. Aber sie zögerten. Wie würden wir reagieren? Sie kannten dieses Spiel und hatten bereits eine Vorstellung davon, was jetzt kommen würde. Doch ihre Erwartungen wurden enttäuscht. Ich antwortete: »*Ich hoffe, du benutzt ein Kondom, ich glaube nicht, dass du schon Vater werden willst, oder?*« Die ganze Gruppe verstummte auf einen Schlag. Mit großen Augen sahen sie mich alle an. »*Hast du gehört, was er gesagt hat?*«, flüsterte Aslan Dzamal zu. Der begann zu lachen. Und dann lachten alle. Birgit, ich und die Jungs. Durch das gemeinsame Lachen löste sich die Anspannung und mit ihr die Mauer aus Härte und Gewalt. Das Schweigen war gebrochen, sie begannen zu erzählen. Von ihren Erfahrungen, ihren Träumen, darüber, was in ihnen vorgeht, was sie wirklich bewegt. Ein richtiges Gespräch.

Das Schweigen, das Paulo Freire vor über fünfzig Jahren entdeckt hatte, gibt es nicht nur in den Slums von Brasilien. Aggressivität, Sprachlosigkeit, ständige Gereiztheit, ein Übermaß an Explosionsbereitschaft, ein Leben in tiefster Depression und Ohnmacht, das gibt es überall. Tausende Männer, in Deutschland, Österreich und anderswo, stecken in diesen Mechanismen. Man findet sie zum Beispiel in Wettlokalen und Kneipen, in Facebookgruppen und an Straßenecken. Adam, Outis, Dzamal, Yasin, Aslan, vermutlich stand auch ihnen dieses Leben bevor. Und vielleicht ahnten sie es schon. Sie waren wütend. Auf die Welt, auf die Polizei, auf ihre Eltern, ihre Lehrer:innen – und auch auf sich selbst.

David gegen Goliath, der kleine Junge gegen den Rest der Welt. SadiQ hatte Kollegah als Kufr bezeichnet. Adam hatte dasselbe mit mir gemacht. Ohne es zu wissen, hatte er ein Konzept angewandt, das ein zentraler Bestandteil der Geschichte ist, die ein paar Jahre später eine fast schon unheimliche Anziehungskraft auf ihn haben würde: die Geschichte vom »Globalen Dschihad«. Gut und Böse, Schwarz und Weiß, »Wir« und »die Anderen« – in dieser Geschichte gibt es keine Grautöne. Es gibt nur zwei Seiten und man kann nur auf einer davon stehen.

Die Grenzziehung zwischen diesen beiden Seiten erfolgt über das sogenannte »Takfir-Konzept«.[7] Seine Anwendung bedeutet, jemanden des Unglaubens (Kufr) zu bezichtigen und damit zum Abtrünnigen vom Glauben (Murtadd) beziehungsweise zum Ungläubigen (Kufr/Kafir) zu erklären. Diese Idee stammt aus der islamischen Frühzeit, gelangte durch das Wahhabitentum im 18. und 19. Jahrhundert in den muslimischen Mainstream und wurde in den Achtzigerjahren von Al-Qaida und später vom sogenannten Islamischen Staat (IS) erneut aufgegriffen und weiterentwickelt. Im IS-Kontext bedeutet seine Anwendung nichts Geringeres als diesen zum Töten freizugeben.[8]

Das war damals, als SadiQ den Text für Kalaschnikow Flow schrieb, noch kein Thema. Der sogenannte Islamische Staat war noch eine kleine dschihadistische Gruppierung, die ihr Wirken auf den Irak beschränkte. Im Gegensatz zu seinem ehemaligen Deutschrap-Kollegen Deso Dogg, der zur wichtigsten deutschen IS-Propagandafigur werden sollte, vertrat SadiQ stets eine nationalistisch-islamistische Position. Auch wenn sich einige Elemente überschneiden, gibt es grundlegende Unterschiede zur Geschichte vom Globalen Dschihad. Dazu kommen wir noch.

Adam hatte an diesem Abend noch keinen Plan von den unterschiedlichen Takfir-Konzepten, damals kannte er diesen Begriff noch nicht einmal. Den wenigsten Jugendlichen, mit denen ich in den vergangenen Jahren gearbeitet habe, ist diese Bedeutung wirklich bewusst, wenn sie jemanden als Ungläubigen bezeichnen. Aber sie können sie spüren. Und genau das macht dieses Konzept so anziehend für sie: Es verleiht ihnen Macht.

Adam und die anderen waren mit ihren vierzehn oder fünfzehn Jahren schon bis oben hin vollgestopft mit Abwertungserfahrungen. Ihre Sprache, ihre Selbstbilder, darauf hatten sie in unserer Welt bisher hauptsächlich negative Bewertungen erfahren. Wild, unangepasst, potenziell gefährlich – ihre Umgebung sah in ihnen den Albtraum aus *Der Herr der Fliegen*. Immer wieder wurde ihnen vermittelt, dass sie nicht dazugehören oder dass sie sich ändern müssten. »Du bist nicht okay, so wie du bist!« Diese Botschaft kommt bei Jungs in diesem Alter ziemlich schnell an, selbst bei gutgemeinten, pädagogischen Ratschlägen. Sie sind sehr sensibel und unsicher, wenn es um ihre Selbstbilder geht. Ohnmächtig, nicht in der Lage sich auszudrücken, stehen sie den ständigen Bewertungen ihrer Umgebung gegenüber. Ihre Erfahrungen, das, was wirklich in ihnen vorging, blieb meist sprachlos in unserer Welt, und damit auch ohne Bedeutung.

Und auf einmal konnten sie den Spieß umdrehen: Das Takfir-Konzept eröffnete ihnen die Möglichkeit, Menschen in Gruppen einzuteilen, in »Wir« und »die Anderen«. Die Grenze dazwischen konnten sie damit selbst ziehen, auf ihre Art und Weise, in ihrer eigenen Sprache. Es war eigentlich wie beim Battle-Rap. Aufwertung durch Abwertung. Die härteste Abwertung, der krasseste Diss gewann.

Gewalt übt seit jeher eine große Faszination auf uns alle aus, speziell auf Jungs in diesem Alter. Aber es gibt einen entscheidenden Unterschied zwischen meiner und ihrer Welt: unsere Erfahrungen. Für mich war Krieg nur ein Spiel in den Salzburger Wäldern, die meisten von ihnen hatten den Krieg selbst erlebt. Und diese Erfahrungen passten in den globalen Rahmen von SadiQs Geschichte: Aber nicht nur das, auch die Abwertungen, die sie hier in Österreich erlebt hatten, bekamen dadurch eine Bedeutung, auf einmal ergab alles Sinn. Takfir gab ihnen die Macht, den Alptraum von *Der Herr der Fliegen* in ein anderes Bild, in ihr eigenes Bild zu verwandeln: mutige junge Löwen, echte Männer, die bereit sind, sich jedem Kampf zu stellen. Dieses Bild von sich mussten sie unter allen Umständen aufrechterhalten. Darum auch die Mauer, die Messer und die Fassade – »zum Schutz«.

Aber an diesem Abend an der Wiener Donaupromenade begann diese Fassade zu bröckeln. Die Jungs hatten eine neue Erfahrung gemacht. Eine Erfahrung, die ihre Welt verändern sollte. Doch das wusste damals noch keiner von uns.

Die Ebene der Erfahrungen

Wir leben in unterschiedlichen Welten. Manche dieser Welten scheinen sehr weit voneinander entfernt, nahezu unerreichbar. Um in sie eintauchen zu können, muss man manchmal eine lange Reise auf sich nehmen. Manchmal muss man sogar die eigene Welt (in meinem Fall die Welt der Pädagogik) verlassen und sich auf unsicheres Terrain begeben. Das ist nicht immer einfach. Andere Welten sind voller unbekannter Erfahrungen und fremder Bilder. Doch um zu verstehen, warum Jugendliche so sind, wie sie sind, müssen wir in ihre Welt eintauchen und einen Raum zwischen diesen Welten eröffnen.

Einen Raum zu öffnen ist, worum es in der Arbeit mit Jugendlichen wie den Jungs von der Donaupromenade im Grunde geht. Deradikalisierung: ein großes Wort, hinter dem viele verschiedene Vorstellungen, Konzepte und Ideen schweben. Meine Arbeit der letzten Jahre hat mir gezeigt: Ohne einen intersubjektiven Raum, einen Raum, der unsere Welten miteinander verbindet, ist die Ausstiegs- und Distanzierungsarbeit mit Jugendlichen nicht möglich. Wir können Jugendliche nicht von außen verändern, sie »reparieren« oder ihre extremistischen Weltbilder dekonstruieren. Deshalb funktionieren die meisten Deradikalisierungsprogramme auch nicht: Sie dringen nicht vor in die Welt der Erfahrungen dieser Jugendlichen. Die meisten Programme haben mit dem, was die jungen Menschen wirklich empfinden und denken, kaum etwas zu tun. Das meiste, was sie von Pädagog:innen üblicherweise hören, hat nicht wirklich Bedeutung für ihre Welt. Jugendliche merken es, wenn wir sie verändern wollen, und reagieren mit Ablehnung. Um Jugendliche erreichen zu können, ist es notwendig, ein »Window of Opportunity« zu öffnen, ein Fenster der Möglichkeiten, ein Fenster zu einem gemeinsamen intersubjektiven Raum. Der Schlüssel zu diesem Fenster ist Anerkennung auf der Ebene der Erfahrungen.[9]

Dieses Buch ist nicht nur die Geschichte von Dzamal, Outis, Adam, Sebastian, Aslan und mir, es ist auch ein pädagogisches Konzept. Angelehnt an Paolo Freires »Pädagogik der Unterdrückten« ist die »Pädagogik der Wütenden« vor allem ein Konzept für die pädagogische Arbeit in diesem intersubjektiven Raum zwischen den Welten. Es ist die Arbeit in einem Raum, der zusammengehalten wird durch gegenseitiges Vertrauen, Respekt und auch Anerkennung, in dem es möglich wird, sich in der eigenen Sprache ausdrücken, ohne Angst davor haben zu müssen, direkt bewertet zu werden. Ein Raum, in dem Jugendliche offen über alles reden können: darüber, was gerade in ihnen vorgeht, was sie wirklich bewegt. Über ihre Erfahrungen der Ohnmacht, der Wut, der Scham und auch der Schwäche. Nur auf diese Weise kann man Jugendliche wie Adam erreichen und ein Fenster öffnen, das Jugendlichen ermöglicht, ihren eigenen, sicheren Rahmen zu verlassen und etwas anderes oder Neues anzunehmen. Im Mittelpunkt steht dabei die pädagogische Arbeit mit extremistischen Vorstellungen und Positionen. Es geht um die bewusste Auseinandersetzung zwischen Weltbildern, die sich zwar widersprechen, aber sich dennoch gegenseitig zu begreifen versuchen. In nur einem Wort ist die Pädagogik der Wütenden in Wahrheit und am Ende vor allem eines: ein Aushandlungsprozess.

GUEVARA
ES GIBT MOMENTE IM LEBEN, DA WERDEN DIE WUT UND DIE HILFSLOSIGKEIT SO GROSS, DASS MAN AUFSTEHEN UND KÄMPFEN MUSS!

KAPITEL 2: Dzamal

Helden

»*Dzamal, ich bin so froh, dich zu sehen, wir haben uns alle große Sorgen gemacht!*« Kein Wort davon war gelogen. Es waren zwei harte Wochen gewesen. Sein Vater hatte mich angerufen – Dzamal sei verschwunden. Es war nicht das erste Mal, dass er von zu Hause abgehauen war, aber dieses Mal hatte er seinen Pass mitgenommen. Sein Vater machte sich große Sorgen. Er hatte bereits die Polizei eingeschaltet, längst alle seine Freunde und Freundinnen alarmiert – ohne Erfolg. Halb Wien war auf der Suche nach ihm. Sein Handy war aus, ich schickte ihm trotzdem eine Nachricht, in der Hoffnung, dass er das Handy irgendwann wieder einschalten würde.

Meine Kollegin Tugban half mir bei der Formulierung. Jedes Wort musste passen. Ich schrieb: »*Muss ich mir Sorgen machen? Bitte melde dich, wir können über alles reden, es gibt immer einen anderen Weg!*« Keine Antwort. Schließlich rief mich sein Vater wieder an. Die Polizei hatte ihn in einem Nachbarland aufgegriffen und an die österreichischen Behörden übergeben. Zum Glück.

Als er wieder im Lande war, besuchte ich ihn sofort in der Wiener Josefstadt, dem größten Gefängnis Österreichs. In einem kleinen, kargen Besuchsraum saßen wir uns gegenüber. Sein Blick war nach unten gerichtet. Er schämte sich, das merkte ich sofort. »*Bin ich froh, dich zu sehen! Wir haben uns alle Sorgen um dich gemacht!*«, sagte ich zu ihm. Und fügte dann hinzu: »*Magst du mir erzählen, was passiert ist?*«

Das Wichtigste war geschafft. Wie damals in den »Baseballschlägerjahren« war es uns mit dem Ansatz der Mobilen Jugendarbeit über das letzte Jahr, seit unserer ersten Begegnung auf der Donaupromenade gelungen, die Jungs zu erreichen. Allerdings hatten die Kolleg:innen 25 Jahre zuvor einen entscheidenden Fehler gemacht, der fatale Folgen haben sollte. Die Jugendlichen legten ihre rechtsextremen Einstellungen nicht ab, ganz im Gegenteil. Die Jugendeinrichtungen wurden zu beliebten Treffpunkten der Szene, diesen Fehler durften wir auf keinen Fall wiederholen – aber beginnen wir am Anfang.

Dzamal, Outis, Adam, Aslan, Yasin und viele ihrer Freunde kamen regelmäßig zum sogenannten Burschentag: zum gemeinsamen Kochen, YouTube-Videos-Schauen und um über ihre Themen zu reden. »Wenn sie reden, seid ihr dran«, hatte unsere Chefin Mella zu Birgit und mir gesagt, als wir von unserer ersten Begegnung mit den Jungs auf der Donaupromenade berichteten. Und für die Jungs gab es zu dieser Zeit fast ausschließlich ein Thema: den Bürgerkrieg in Syrien.

Ein Jahr zuvor hatte ich noch keine Ahnung von Syrien, dem Nahen Osten oder dem Islam. Wenn mir damals jemand gesagt hätte, dass Religion zu einem wesentlichen Teil meines Lebens werden würde, hätte ich ihn ausgelacht. Religion erschien mir wie ein Relikt aus einer längst vergangenen Zeit, als etwas, das unsere Gesellschaft bereits in der Zeit der Aufklärung überwunden hatte. Aber egal, ob ich persönlich Religion gut oder schlecht finde, es änderte nichts an der Tatsache, dass sie für Dzamal, seine Freunde und zwei Drittel der Weltbevölkerung eine mehr oder weniger wichtige Rolle spielt.

Um Jugendliche zu erreichen und einen gemeinsamen intersubjektiven Raum öffnen zu können, braucht es ein ehrliches Interesse für das, was ihnen wichtig ist, anders geht es nicht. Von meinen Kolleg:innen Tugban und Almir habe ich damals viel gelernt. Für sie bedeutet Muslim zu sein zuallererst, für sich den richtigen Weg zu Gott zu finden.[1] Es sei eine Sache zwischen einem selbst und Gott und geht im Grunde sonst niemanden etwas an, das ist die Essenz des Ganzen. Daher wird das Takfir-Konzept in der islamischen Welt auch weitestgehend abgelehnt, es gibt zahlreiche Fatwas (also islamische

Rechtsgutachten) dagegen. Nur Gott kann über Menschen richten, weder Adam, noch SadiQ, noch dem sogenannten Islamischen Staat steht dieses Recht zu – das geht für die meisten Muslim:innen aus der islamischen Überlieferung, aus Quran und Sunna, den gesammelten Aussprüchen (Hadithe), Verhaltens- und Handlungsweisen des Propheten Mohammed, ganz klar hervor. Was ich schnell gelernt habe: Die Geschichte vom Globalem Dschihad widerspricht zwar den fundamentalen islamischen Werten, die Erzählung baut aber auf den bestehende Denkstrukturen von Muslim:innen, wichtigen Symbolen und Begriffen auf.

Aber nicht nur für die Jungs gab es zu dieser Zeit nurmehr dieses Thema: Seit im Februar 2014 Sabina und Samra, zwei Mädchen aus Wien, nach Syrien ausgereist waren und sich dem IS angeschlossen hatten, ging es in Österreich nurmehr um die »Radikalisierung von Jugendlichen«. Die Bilder der beiden jungen Frauen gingen um die Welt und füllten die Titelseiten der großen Zeitungen. Alle stellten sich die Frage: »Warum beschließen junge Menschen, die in Österreich aufgewachsen sind, nach Syrien auszureisen und für den IS zu kämpfen?« Wir hatten auch von einigen Jungs mitbekommen, dass sie mit diesem Gedanken spielten, und machten uns große Sorgen. Der bekannte Rechtsextremismusforscher Andreas Peham und der Nahostexperte Thomas Schmidinger waren für unsere Fragen damals die erste Adresse.

Es gibt viele verschiedene Definitionen und Erklärungsversuche über das Phänomen, das gemeinhin als »Radikalisierung« bezeichnet wird. Aber egal ob »Baseballschlägerjahre« oder »Syrienausreisen«, es geht dabei vor allem um einen Prozess, der im Grunde immer ähnlich abläuft: Zumeist gibt es keinen konkreten Auslöser, keinen »tipping point«, das Ganze passiert vielmehr in vielen kleinen Schritten. Es beginnt mit einer Art Unmut, dem Gefühl, nicht dazuzugehören, nichts wert zu sein. Wir alle kennen solche Phasen, in denen nichts einen Sinn zu ergeben scheint, gerade in der Adoleszenz gehören sie dazu. In solchen Zeiten sind wir äußerst verwundbar. Erfahrungen von Ohnmacht, Abwertung oder Erniedrigung nehmen wir dann persönlich. Kleine Verletzungen, die sonst schnell wieder heilen, können tiefe Narben hinterlassen und zur Entfremdung von der Gesellschaft als Ganzes führen.[2]

Aber was war neu an diesem Phänomen? Was unterscheidet die Geschichte vom Globalen Dschihad von der Geschichte der Überlegenheit der Weißen? Und was hatte all das mit Dzamal zu tun?

Man kann viele Gemeinsamkeiten zwischen der Geschichte vom Globalen Dschihad und der Geschichte von der Überlegenheit der Weißen ausmachen. Der Kern beider Erzählungen ist die Vorstellung der Ungleichwertigkeit von Menschen. Aber es gibt auch viele Unterschiede, wie der historische, politische und kulturelle Kontext, in dem diese Geschichten entstanden sind. Dazu kommen wir später noch. Der wohl sichtbarste Unterschied ist die Sprache. Ich kann kein Arabisch und werde es in diesem Leben auch nicht mehr lernen, damit habe ich mich mittlerweile abgefunden. Das macht es für mich natürlich schwieriger, diese Geschichte zu verstehen, umso wichtiger ist für mich der Austausch mit arabischsprachigen Kolleg:innen wie Nico, Rüdiger oder Rami. Übersetzt aus dem Arabischen bedeutet das Wort »Dschihad« so viel wie »Anstrengung« – also das Bemühen, ein bestimmtes Ziel zu erreichen.

Vor allem im schiitischen Islam gibt es dabei zwei zentrale Ausprägungen: den kleineren und den größeren Dschihad, den Dschihad-an-Nafs.[3] In Letzterem gibt es nur einen Gegner und dieser Gegner bist du selbst. Es ist der Kampf gegen unsere dunkle Seite, gegen Rachegefühle oder Gewaltfantasien, gegen die Dämonen in unserem Inneren. Es ist ein ethisches Konzept, um ein besserer Mensch zu werden, das es so ähnlich in vielen Religionen und Philosophien gibt.

Und dann gibt es den kleineren, den militärischen Dschihad. Seit der Zeit des Propheten sind zahlreiche theologische Schriften und Fatwas zu seiner Reglementierung entstanden. Im Gegensatz zum größeren Dschihad ist der kleinere Dschihad für Muslim:innen keine individuelle, sondern eine kollektive Pflicht und muss von einer anerkannten muslimischen Autorität ausgerufen und organisiert werden. Er darf sich nicht gegen andere Muslim:innen richten und muss sich auf ein bestimmtes Gebiet beziehen, das von

Nicht-Muslim:innen bedroht wird. Neben diesen zentralen Voraussetzungen gibt es noch weitere Einschränkungen und Regeln für einen Dschihad im Sinne eines religiös legitimierten Krieges: Zum Beispiel ist festgelegt, dass während des Krieges keine Frauen, Kinder oder alte Menschen getötet werden durften, sondern nur im Kampf verwickelte Soldaten. [4]

Inwiefern das mit den Anschlägen von al-Qaida und dem IS zusammenpasst, dazu kommen wir später. Erst einmal zurück zu Dzamal. Wer sich dem Dschihad anschließen will, muss bestimmte Bedingungen erfüllen. Man darf zum Beispiel keine Schulden haben und die Familie muss ausreichend versorgt sein. Für Jugendliche gibt es noch stärkere Einschränkungen, sie müssen sich zum Beispiel die Erlaubnis ihrer Eltern einholen, bevor sie sich einem Dschihad anschließen können.

Die hatte er nicht, ganz im Gegenteil. Er war auf der Flucht – nicht das erste Mal in seinem Leben. Als kleines Kind kam er während des Zweiten Tschetschenienkriegs mit seiner Familie nach Österreich. Sein Vater hatte ihm ein Leben in Freiheit und Sicherheit ermöglicht. Er wollte ihn stolz machen, eine Lehre starten lassen, einen guten Job finden und später eine Familie gründen. Der gesellschaftlich anerkannte Weg zu Reichtum, Erfolg und Macht, für Dzamal war dieser Weg mit vielen Steinen und Hindernissen gepflastert. Umzüge, Schulwechsel, Kurse vom Arbeitsamt, Lehrstellensuche. Als er schließlich die scheinbar perfekte Lehrstelle fand, wurde er – wie viele andere Jugendliche – unmittelbar nach der Probezeit gekündigt. Der Betrieb könne sich die Ausbildung von Dzamal doch nicht leisten, hieß es, ein tragischer Irrtum. Und was noch dazu kam, er hatte »Scheiße gebaut«. Richtig viel Scheiße, um genau zu sein. Er war in Raubüberfälle und Schlägereien verwickelt, hatte bereits mehrere Strafanzeigen am Hals. Schule, Ausbildung, danach ein gut bezahlter Job – mit jeder weiteren Anzeige rückte dieser Weg weiter von ihm weg und irgendwann schien er nur noch unerreichbar.

Trotzdem musste er das Bild von sich als gutem Sohn unter allen Umständen aufrechterhalten, daher erzählte er seinem Vater nichts von den Anzeigen und auch nichts davon, dass er seinen Job längst verloren hatte. Er stand jeden Tag in der Frühe auf, doch statt in die Lehre ging er in den Park. Irgendwann kam sein Vater natürlich doch dahinter und es gab richtig Ärger zu Hause. Er hatte sich so angestrengt, hatte alles gegeben, um ein guter Sohn zu sein, und trotz allem versagt. Damit konnte er nur schwer umgehen, er nahm es persönlich und wählte den alten Ausweg: die Flucht. Weg von seinen Eltern, vom Stress zu Hause, den Terminen beim Arbeitsmarktservice – aber vor allem weg von sich selbst.

Das bringt uns an dieser Stelle wieder zur Geschichte vom kleinen Jungen gegen den Rest der Welt. Für welchen Weg sich der kleine Junge entscheidet, hat auch viel damit zu tun, welche Wege überhaupt zur Auswahl stehen. Oft ist es auch einfach nur Zufall, zur falschen Zeit am falschen Ort zu sein. Dzamal wurde in einer Phase der Entfremdung vom IS abgeholt. Seine »Flucht in den Heiligen Krieg«, wie er es heute bezeichnet, der Plan, nach Syrien auszureisen, wurde in seinen Augen zur einzigen Chance, ein neues Leben anzufangen und doch noch Erfolg zu haben – zur einzigen Chance, doch noch ein Held zu werden. Wie kommt man auf diese Idee, fragen sich wohl viele. Mir ging es damals ähnlich. Wie konnte sich Dzamal ein Bild von sich als Held auf den Schlachtfeldern Syriens aufbauen?

Was die Propaganda des sogenannten Islamischen Staates so erfolgreich machte, waren seine Protagonisten, seine Heldendarsteller. Der IS hatte viele davon, für jedes Land eigene, perfekt auf die jeweilige Zielgruppe zugeschnitten.

Für Deutschland war das zum Beispiel Denis Cuspert. Ab 2002 war der Berliner als Gangsta-Rapper unter dem Künstlernamen Deso Dogg bekannt, 2012 setzte er sich ins Ausland ab und schloss sich 2013 der al-Nusra-Front an, die später zum Teil im sogenannten Islamischen Staat aufging.[5] Für Österreich waren das die beiden jungen Männer Firas und Oliver. Sie waren zwar keine Rapper, dafür kannten sie die Jungs am Burschentag und viele andere persönlich. Auf Social Media wurden sie quasi über Nacht zu Stars, zu IS-Posterboys. Via Facebook kommunizierten sie direkt mit ihren über 3000 Follower:innen und erzählten ihnen von ihrem neuen Leben in Syrien.

Aber sie chatteten nicht nur mit ihren jugendlichen Fans, sondern auch mit Journalist:innen von OE24. Diese Chats wurden dann auch veröffentlicht. Zum Beispiel im September 2014 unter der Schlagzeile »ISIS-Krieger droht jetzt Österreich«[6], oder wenig später, im November, mit dem Titel »Österreicher an der ISIS Front«[7]. Zu den Artikeln waren auch Bilder der beiden abgebildet. Über dem Artikel »Firas H.: ist Tod Schwindel?« posierten sie beispielsweise gerade über den Dächern Raqqas, der damaligen-IS Hochburg, grinsten sie in die Kamera und spielten dabei mit einer Pistole herum.[8] In den Interviews erzählten sie von ihren Autos und von den »jungen Bräuten«, die sie geheiratet hatten. Noch hätten sie nicht vor, Österreich zu erobern, aber das käme schon noch.

Was für ein Bild, jedes Detail war aufeinander abgestimmt. Die IS-Mediencenter hatten nichts dem Zufall überlassen. Firas und Oliver, die Jungs von nebenan, sie gingen jetzt nicht mehr zur Schule oder zum Arbeitsmarktservice, ganz im Gegenteil: Sie kämpften für Gerechtigkeit, hatten sichtlich Spaß dabei und sahen auch noch richtig cool aus! Furchtlose junge Löwen, mit langen Haaren, Bart und Kalaschnikow. Echte Männer, wahre Helden – auf diese Weise funktionierte das Bild in der Welt von Dzamal. In meiner Welt funktionierte das hingegen nicht. Ich sah die wohl beste und damit gefährlichste Propagandamaschinerie unserer Zeit. Der IS hatte verstanden, wie er Social Media für ihre Zwecke nutzen konnte, und die »klassischen Medien«, allen voran Boulevardmedien wie OE24, halfen ihnen bei der Verbreitung.

Ob sie wirklich von dem überzeugt waren, was sie OE24 erzählten oder ob sie manipuliert oder sogar dazu gezwungen wurden? Ich war mir nicht sicher. Für das Boulevardblatt OE24 waren IS-Kämpfer vor allem eines: brutale Gewaltverbrecher, von Grund auf böse, unzivilisierte, wilde Tiere, die losgefahren waren, um ihre Gewaltfantasien und Sexualtriebe ausleben zu können. In diese Richtung gingen die Clickbait-Titel unter Bildern, die die meisten Medien eins zu eins aus den IS-Propagandakanälen übernahmen.

Der Boulevard liebt derart einfache Antworten, aber ein bisschen komplizierter ist es schon.

Ich dachte zurück an meine Jugend, als ich begonnen hatte, politisch zu denken. Mein erstes großes Thema war die kubanische Revolution. Mit dreizehn Jahren hatte ich Che Guevaras Tagebuch bereits dreimal gelesen. Ich wollte dorthin, wo er für die Revolution gekämpft hatte – für mich gab es nurmehr dieses Thema. Im Dschungel Boliviens, ein olivgrüner Tarnanzug und eine Zigarre im Mund, in der einen Hand ein Buch, in der anderen Hand eine Kalaschnikow. Das war das Bild, das ich damals für mich entworfen hatte. Das war mein Bild von einem echten Mann, von einem wahren Helden. Wie Che Guevara dreißig Jahre zuvor, so wollte ich sein. Drei Jahre lang lief ich nur mit einem selbstgedruckten Che-Guevara-T-Shirt herum: ein weißes Fruit of-the-Loom-Shirt mit seinem berühmten Porträt darauf. Ich liebte es. In der Schule, beim Fußballtraining, bei Begräbnissen, ich wollte nur dieses eine Shirt tragen. »*Als was hast du dich verkleidet?*«, fragte mich ein Onkel bei einer Familienfeier, »*Gehst du heute als Terrorist?*« Ich kann mich noch ganz genau daran erinnern: »*Als Freiheitskämpfer*«, antwortete ich damals entschlossen.

Mit fünfzehn Jahren wurden bei mir Che Guevara und Fidel Castro von den Geschwistern Scholl abgelöst. Ich trug zwar kein T-Shirt, aber ich habe so ziemlich alle Bücher über sie verschlungen. Auch sie kämpften für eine bessere Welt, allerdings nicht mit Gewehren, sondern mit Flugblättern und damit konnte ich mich besser identifizieren. Damals beschloss ich, Antifaschist zu werden. Was mich an der Weißen Rose besonders faszinierte, war, dass sie den Holocaust als Anlass zum Widerstand genommen hatten, obwohl sie selbst nicht davon betroffen waren.[9] Warum? Wie kommen Jugendliche auf die Idee, für Menschen, die sie nicht einmal kennen, ihr eigenes Leben zu riskieren? Darüber gab es bis in die Zeit der »Baseballschlägerjahre« hinein einen großen Streit. Die einen sagten, dass sie es aufgrund ihres Glaubens gemacht haben. Als Christ:innen hätten sie so handeln müssen. Die anderen meinten, dass sie es aufgrund ihrer politischen Überzeugungen gemacht hätten. Sie seien politisch links und progressiv gewesen, deshalb hätten sie so gehandelt. Bei einer Sache waren sich die meisten Kommentator:innen einig: Die Mitglieder der Weißen Rosen waren wahre Held:innen, furchtlose Märtyrer:innen, die ihr Leben im Kampf gegen den Nationalsozialismus opferten. Sie waren alles andere als ganz normale Deutsche, das mussten sie ja sein, schließlich war es gefährlich, Widerstand zu leisten. Viele Menschen haben das – wie auch die Geschwister Scholl – mit ihrem Leben bezahlt: »Es lebe die Freiheit«, das waren die letzten Worte von Hans Scholl, bevor das Fallbeil seinen Kopf abtrennte.

Terroristen oder Freiheitskämpfer? Darüber haben Dzamal und ich diskutiert. Was steckte hinter seiner »Flucht in den Heiligen Krieg«? Wie war es möglich, dass er die Kämpfer des sogenannten Islamischen Staates als Freiheitskämpfer betrachtete und nicht als Terroristen?

Letters from Abu Ghraib

»Islam und Terror«, das war das große Thema für Dzamal in der Zeit, als er begonnen hatte, politisch zu denken. Damals wie heute bestimmt dieses Thema die Schlagzeilen weit über den Boulevard hinaus. Die Diskussion darüber hat nicht nur Dzamal, sie hat auch mich entscheidend geprägt. Das erste Bild, das mir in den Kopf kommt, wenn ich an Terror denke, ist der Elfte September, der Anschlag auf das World Trade Center im Jahr 2001.

Dieser Terroranschlag veränderte alles. Ich weiß noch genau, wo ich war, als ich davon erfahren habe: Ich kam gerade vom Fußballspielen nach Hause, der Fernseher war eingeschaltet, mitten am Nachmittag. Das war ziemlich ungewöhnlich, es dauerte bis zu meinem zehnten Lebensjahr, bis meine Eltern überhaupt einen Fernseher angeschafft hatten. Es lief gerade eine Sondersendung der österreichischen Nachrichtensendung »Zeit im Bild« – die längste Folge aller Zeiten. Was wieder und wieder gezeigt wurde: Die Schneise der Verwüstung, die das erste Flugzeug hinterließ, als es in den Nordturm einschlug. Durch die mächtige Druckwelle schwankte der Turm vier bis fünf Sekunden, riesige Wandplatten lösten sich durch die Explosion, in allen Treppenhäusern nach oben breiteten sich Rauch und Hitze aus. Mehr als tausend Menschen saßen in der Falle. Der Einschlag des zweiten Flugzeugs wurde dann sogar live übertragen. Die Boeing flog eine scharfe Linkskurve und krachte mit unglaublicher Wucht in den Südturm. Ich werde diese Bilder nie vergessen – sie haben sich in unser kollektives Gedächtnis eingebrannt.

»Welches Bild kommt dir in den Kopf, wenn du an Terror denkst?« Diese Frage habe ich Dzamal gestellt. Sein erstes Bild war das seiner Nachbarin. Sie hatte auf ihn und seine Geschwister aufgepasst, wenn seine Eltern unterwegs waren, um Lebensmittel oder Wasser für die Familie zu besorgen. Eines Tages kamen Soldaten in ihr Haus und erschossen sie. Vor seinen Augen. Der Elfte September spielt für ihn hingegen keine große Rolle. Er war damals erst vier Jahre alt, zu jung, um sich wirklich daran zu erinnern. Er erinnert sich nurmehr an das, was sein Vater damals zu ihm gesagt hat. »Das ist jetzt die Rache für all das, was passiert ist«, meinte er, aber er freute sich nicht. Vielleicht ahnte er schon, was kommen würde. »Das wird jetzt die Begründung sein, um wieder in unsere Länder einzumarschieren!«, an diesen Satz erinnert sich Dzamal bis heute.

Die meisten Jugendlichen, mit denen ich in den letzten Jahren gearbeitet habe, haben die Anschläge vom Elften September selbst nicht mitbekommen. Aber das, was danach passiert ist: Den sogenannten »Krieg gegen den Terror«. Zwei Jahre nach dem Einmarsch in Afghanistan begann der Irakkrieg mit der Bombardierung Bagdads am 20.03.2003. Das Ziel der Invasion war es, den damaligen Diktator Saddam Hussein zu stürzen, die Menschen im Irak zu befreien und ihnen Demokratie und Menschenrechte zu bringen. Zumindest behauptete das der damalige US-Präsident, Georg W. Bush. Aber das sollte noch nicht reichen. Der Irakkrieg wurde mit einem angeblich bevorstehenden Angriff des Iraks mit Massenvernichtungswaffen auf die USA gerechtfertigt. Am 05.02.2003 legte US-Außenminister Colin Powell dem UN-Sicherheitsrat angebliche Beweise für biologische und chemische Kampfmittel sowie Bauteile atomarer Waffen des Irak vor. Bereits ein Jahr später stellten sich diese als falsch heraus.

Ein tragischer Irrtum oder eine bewusste Täuschung? Keine guten Antworten für Dzamal. Ihn beschäftigte zu dieser Zeit vor allem ein Video, das auch heute noch in unterschiedlichen Versionen auf YouTube zu finden ist. Es ist eine Nachricht, die angeblich mit einem geschmuggelten Handy in Abu Ghraib gemacht wurde, wie mir Dzamal erklärte:

> O meine Brüder der Mujahedin auf Allahs Weg, was kann ich euch denn sagen? Ich schreibe euch diesen Brief, weil eines der Mädchen auf brutale Weise vergewaltigt wurde. Einer der Soldaten hat in ihre Brust und auf ihren Oberschenkel geschossen und sie dann vergewaltigt. Sie hat ihren Kopf im Gefängnis mehrmals gegen die Wand geschlagen, bis sie starb. Bis sie starb! Weil sie es nicht mehr ertragen konnte! Obwohl der Selbstmord im Islam verboten ist, sehe ich dieses Mädchen als entschuldigt an. Ich hoffe, dass Allah ihr vergeben wird, weil er der Allerbarmer und der Barmherzige ist.

Beim ersten Mal musste ich das Video abbrechen. Es ist wirklich unerträglich und es passt perfekt zur großen Erzählung von al-Qaida und dem sogenannten Islamischen Staat, der Geschichte vom Globalen Dschihad.[10]

Gut und Böse, Schwarz und Weiß, »Wir« und »die Anderen« – es gibt nur zwei Seiten und sie befinden sich im Krieg. »Der Westen« führt Krieg gegen »den Islam« – alle Konflikte in der Geschichte der Menschheit, die Kreuzzüge, die europäische Kolonialherrschaft und natürlich der »Krieg gegen den Terror« sind Schauplätze dieses globalen, immerwährenden Krieges. Palästina, Algerien, Afghanistan, Bosnien, Tschetschenien, Irak und jetzt Syrien – die Westmächte haben den Terror über diese Länder gebracht und töten täglich Muslim:innen. Mit diesem Bedrohungsszenario wurde das territorial begrenzte Defensivkonzept des militärischen Dschihad in den Achtzigerjahren von al-Qaida auf die globale Ebene gehoben, so wurden die Anschläge vom Elften September als Akt der Selbstverteidigung legitimiert, denn es gibt keine Unschuldigen.[11] Die Menschen im

Westen seien für das Handeln ihrer Regierungen verantwortlich, sie haben sie schließlich gewählt.[12]

Bedrohungsszenarien sind nicht nur in der Geschichte des Globalen Dschihad wesentlich. Die schlimmsten Verbrechen in der Geschichte der Menschheit wurden mit diesem Mechanismus, sogenannten Rechtfertigungsnarrativen, legitimiert.[13] Die argumentative Grundlage dafür liefern sogenannte Opfernarrative, Geschichten wie jene aus »Letters from Abu Ghraib«:

> Ich bin eure Schwester für Allah Fatima! Eines Tages haben sie mich am Tag über neunmal vergewaltigt! Über neunmal! Könnt ihr euch das vorstellen? Könnt ihr euch das vorstellen? Lasst uns nicht hier! Lasst uns nicht hier, sodass sie uns vergewaltigen! Es wird eine edle Tat bei Allah sein. Rettet eure Geschwister! Kommt zu uns in das Gefängnis Abu Ghraib!

In dieser Passage wird das Opfernarrativ mit einem konkreten »Call to Action«, einer direkten Ansprache auf der Ebene der Handlung, verknüpft: Ein moralischer Appell, Verantwortung zu übernehmen, also nicht mehr nur zu reden, sondern endlich zu handeln.[14] Der Dschihad wird so zur individuellen Pflicht (fard al-'ayn).[15] »Wie kann ich mich Muslim nennen und hierbleiben, während meine Schwestern dort täglich vergewaltigt und getötet werden?«, fragte sich Dzamal.

Doch warum wollte er nach Syrien? Und warum jetzt? Abu Ghraib ist im Irak, der Folterskandal lag damals bereits zehn Jahre zurück! Das spielte für ihn keine Rolle. Auch in Syrien gab es solche Gefängnisse, auch dort wurden unschuldige Zivilist:innen verhaftet, gefoltert, vergewaltigt und ermordet. Er hatte es selbst gesehen. Der Syrienkrieg ist der bestdokumentierte Krieg der bisherigen Geschichte. Das Videomaterial, das im Internet zu finden ist, ist länger als die tatsächliche Dauer dieses Krieges – und dieser dauert schon mehr als zehn Jahre. Das Leiden der syrischen Zivilbevölkerung – wie für viele andere auch, gab es für ihn zu dieser Zeit nurmehr dieses Thema. Er konnte über nichts anderes mehr sprechen.

»*Wie hast du dir das genau vorgestellt? Wem wolltest du dich überhaupt anschließen? Einem Ableger von al-Qaida oder dem IS?*« Dzamal hatte keine Ahnung. Diese Frage hatte er sich gar nicht gestellt.

Auch sonst hatte er sich eigentlich nicht besonders viele Gedanken gemacht, als er in den Zug stieg. Er hatte nur seine schwarze Sporttasche, eine Banane und ein bisschen Bargeld dabei, das war alles. Er konnte keine drei Wörter auf Arabisch, hatte keine Ahnung vom Nahen Osten. Nur bei einer Sache war er sich zu hundert Prozent sicher: Menschen aus den Folterkellern der Diktatoren zu befreien – für diesen Job war er der Richtige!

Ich wusste nicht, was ich von seiner Geschichte halten sollte. Zusammen mit seinen anderen Erzählungen klang das für mich wie eine ziemlich billige Rechtfertigung für seine »Flucht«, und für die Sorgen, die er seinem Vater, seiner Familie und seinen Freund:innen damit bereitet hatte. Dzamal war intelligent. Seine Fähigkeit, Empathie zu empfinden, sich in andere einfühlen zu können, war unglaublich stark ausgeprägt. Und er hatte schon früh Sozialarbeiter:innen kennengelernt, gleich nach seiner Ankunft in Österreich. Er wusste, wie wir Sozialarbeiter:innen ticken, er wusste genau, was wir gerne hören. Ein junger Mann, der einfach in den Zug steigt und sein Leben riskieren will, um andere, fremde Menschen zu retten – natürlich gefiel mir dieses Motiv besser als das Ausleben von Gewaltfantasien oder die zu Sexsklavinnen gemachten Frauen, von denen im Boulevard viel die Rede war. Ich war misstrauisch. Wie stand er wirklich zum sogenannten Islamischen Staat und zur Geschichte des Globalen Dschihad?

Dzamal hatte behauptet, für Gerechtigkeit kämpfen zu wollen, also erzählte ich ihm vom Völkermord an den Jesid:innen im Irak. Eine Gruppe, die unschuldige Menschen tötet, konnte doch nicht gerecht sein, meinte ich. Aber er machte sofort zu. Die Medien, entgegnete er, würden sowieso alle lügen. Sie erzählten alle das Gleiche und würden kontrolliert werden, von »Juden oder Zionisten oder so ähnlich«. So genau wusste er das nicht, aber er war sich sicher: Die Zeitungen würden Muslim:innen hassen und den sogenannten Islamischen Staat schlecht dastehen lassen. Was ich auch versuchte, meine Argumente waren für Dzamal nicht glaubwürdig. Ich war aus einer anderen Welt – im Gegensatz zu Firas und Oliver. Und die mussten es ja wissen, denn sie waren ja dort.

Ich versuchte ihm die Propagandastrategie des IS zu erklären, aber ich hatte keine Chance zu ihm durchzudringen. Warum sollten ihn Firas und Oliver belügen? Dass die Medien behaupteten, sie seien nur deshalb heruntergefahren, weil sie dort legal Menschen töten und vergewaltigen konnten, war für ihn der Beweis, dass das, was der IS sagte, die Wahrheit war. Er kannte Firas und einige andere persönlich und hatte mit ihnen über die Gründe ihrer Ausreise gesprochen.

Der kleine Junge gegen den Rest der Welt – der erste Schritt in dem Prozess, der gemeinhin als »Radikalisierung« bezeichnet wird, ist zumeist eine Entfremdung von der Gesellschaft.[16] In dieser Phase begegnet dem Jungen eine Geschichte, die sich scheinbar perfekt in seine Welt einfügt. »Warum musste meine Familie fliehen?« »Warum sieht die ganze Welt zu, während unschuldige Menschen in den Folterkellern Syriens sterben?« »Warum bin ich immer wieder gescheitert, warum scheint der gesellschaftlich anerkannte Weg zu Erfolg, Macht und Reichtum für mich unerreichbar?« »Warum habe ich versagt?« In der Geschichte vom Globalen Dschihad fand Dzamal Antworten auf all seine persönlichen Fragen.

Aber was noch viel wichtiger war, der IS hatte ein konkretes Angebot für ihn: »Schließ dich uns an, all deine Sünden werden dir verziehen und du kannst endlich ein Held sein.« Diese Vorstellung hatte eine magische Anziehungskraft auf ihn, er konnte nurmehr daran denken. Nichts konnte ihn davon abbringen, er war für die Hinterfragung dieses Bildes von sich selbst und der Geschichte, auf der er diese Vorstellung aufbaute, nicht mehr zugänglich. Und das Beste an der Sache: Es war kein Traum in weiter Ferne, keine realitätsfremde Fantasie, das Angebot war ganz konkret. Firas und Oliver waren schon dort, es musste also funktionieren. Indem er sich mit der Geschichte vom Globalen Dschihad identifizierte, bekam seine Flucht eine Bedeutung. Aus dem Versager wurde ein Held, aus Ohnmacht wurde Selbstwirksamkeit.

Aber all diesen Mechanismen zum Trotz war er nicht weit gekommen bei seiner »Flucht in den Heiligen Krieg«. Er hatte versagt, schon wieder. Ich selbst war sehr froh, dass er dieses Mal versagt hatte – das habe ich ihm auch danach noch sehr oft gesagt. Egal, wohin ein junger Mann flüchtet, er wird immer wieder mit sich selbst konfrontiert. Wir alle machen Fehler, erleiden schwere Niederlagen. Vor allem in der Adoleszenz. Es gibt kaum eine wichtigere Aufgabe für Pädagog:innen, als Jugendliche dabei zu unterstützen, mit dem eigenen Scheitern umzugehen.[17]

Dzamal wollte ein Held werden und für Gerechtigkeit kämpfen, so wie Che Guevara oder die Geschwister Scholl. Aber er hatte eine falsche Entscheidung getroffen: Sein Weg hätte ihn beinahe auf die Schlachtfelder Syriens geführt. Fürs Erste landete er in einer Gefängniszelle. Er war in Sicherheit und andere waren sicher vor ihm. Und wir hatten Zeit. Ich habe ihn wöchentlich besucht. Dzamal wusste, dass ich den IS ablehne – ich wusste, dass er ihn befürwortete. Mit Argumenten konnte ich ihn nicht erreichen, also wechselte ich auf die Ebene der Erfahrungen. Was mich viel mehr interessierte als die Frage, ob alle Medien kontrolliert werden und Muslim:innen schlecht dastehen lassen, oder ob das, was Firas und Oliver auf Facebook so von sich gaben, wirklich stimmte, war die Welt von Dzamal. Ich wollte wissen, welche Erfahrungen, Bilder und Träume hinter seiner Entscheidung standen, nach Syrien auszureisen.

Wir haben viel darüber gesprochen, was einen wahren Helden ausmacht. In seiner Welt gab es dazu nur ein Bild: Ein echter Mann, ein furchtloser Löwe, trägt lange Haare, Bart und hat eine Kalaschnikow in der Hand. Dieses Bild hatte furchtbare Konsequenzen für ihn und sein Umfeld. Er saß im Gefängnis und seine Eltern verstanden die Welt nicht mehr. Aber es hätte noch schlimmer ausgehen können, er hätte zum Mörder werden können. Aus Angst, seinem eigenen Heldenbild nicht gerecht zu werden, hatte er seine Zweifel, seine inneren und äußeren Gegenkräfte aus seiner Wahrnehmung verdrängt. Toxische Männlichkeitskonstruktionen, das war die eine Seite. Aber da war noch eine andere. Dzamal war ein junger Mann, der sich für etwas einsetzen wollte. Er interessierte sich für das Leid anderer Menschen, wollte unschuldige Menschen aus Foltergefängnissen befreien – warum sollte ich ihm das ausreden?

Männer in diesem Alter werden mehr von ihren Gefühlen als von der Logik regiert. Wir versuchen, Jugendliche immer an diese Welt anzupassen, ihnen ihre verrückten Ideen auszureden. Wir wollen sie sofort auf den Boden der Tatsachen herunterholen. Doch damit setzen wir ihre kreativen Fähigkeiten außer Kraft, all das, was Jugend ausmacht: Visionen, Träume, Utopien.[18] Damals beschloss ich, Dzamals Geschichte zu glauben und an seinem Gerechtigkeitswunsch anzusetzen – denn was blieb mir anderes über? Ich konnte nur mit den Themen arbeiten, die er in unseren intersubjektiven Raum einbrachte. Meine Held:innen hatte ich bereits gefunden – gemeinsam machten wir uns auf die Suche nach Heldenbildern, die in seine Welt passten.

Zum Beispiel Abdol-Hossein Sardari.[19] Er war iranischer Konsul in Paris, als die Nationalsozialisten in Frankreich einmarschierten. In der nationalsozialistischen Version der Geschichte von der Überlegenheit der Weißen wurden die Menschen in »Arier« und »Nicht-Arier« eingeteilt. Der Fortbestand der »Arier« sei durch die Mischung mit »Nicht-Ariern« bedroht. »Die Juden« stellten eine besondere Gefahr dar und müssten daher vernichtet werden, hieß es in der NS-Propaganda. »Wir« und »die Anderen« – zum »Wir« der »Arier« zählten neben den Nazis selbst unter anderem auch die Iraner, Sardari hatte daher nichts zu befürchten. Er entschied, diesen Vorteil und die Privilegien seines Diplomatenstatus zu nutzen, indem er den Deutschen gegenüber behauptete, die iranischen Jüd:innen würden sich zwar zu einer speziellen Lehre bekennen, seien aber wie alle andere Angehörige seines Landes Nachfahren der Arier. Er stellte eine umfassende Theorie zur Herkunft dieser Gruppe auf und erfand sogar einen eigenen Begriff für sie: »Djuguten«. Die deutsche Besatzungsverwaltung glaubte nach anfänglichen Zweifeln seine Geschichte und so konnte er einen Schutz für iranische Jüd:innen in Frankreich erwirken, später begann er sogar, iranische Pässe zu fälschen, um nichtiranischen Jüd:innen die Flucht zu ermöglichen. Als die iranische Regierung im Laufe des Zweiten Weltkriegs gezwungen wurde, ihre Botschaft in Frankreich zu schließen, bekam Abdol-Hossein Sardari die Dienstanweisung, in den Iran zurückzukehren. Er weigerte sich und verlor dadurch seinen diplomatischen Status. Er entschied sich trotzdem, weiterzumachen, stahl iranische Pässe aus dem Tresor der Botschaft und verteilte sie an verfolgte Personen. Auf diese Weise konnte er mehr als 2000 Menschen das Leben retten.

Der späteren iranischen Regierung war das allerdings gar nicht recht. Sie erzwangen 1952 seine Rückkehr und verurteilten ihn zu einer Haftstrafe. Er musste ins Gefängnis, genau wie Dzamal. Ein Muslim, der Hitler mit seiner eigenen Propaganda austrickste, sein Leben riskierte und Gesetze brach, um andere Menschen zu retten – da war sie wieder, die Geschichte vom kleinen Jungen gegen den Rest der Welt. Ich schickte Dzamal alle Texte, die ich über Sardari fand, ins Gefängnis. Er verschlang sie förmlich, seine Augen leuchteten, wenn er mir beim nächsten Besuch davon erzählte.

In vielen langen Gesprächen ist es uns nach und nach gelungen, herauszufinden, was sich damals noch alles in seinem Inneren abspielte, was »Letters from Abu Ghraib« in ihm ausgelöst hatte. Wir haben Unbewusstes bewusst gemacht: Erfahrungen von Ohnmacht und Hilflosigkeit. Er war noch ein kleines Kind, als seine Nachbarin vor seinen Augen erschossen wurde. Trotzdem fühlte er sich schuldig. Jetzt, als junger Mann, glaubte er, Rache nehmen zu können für das, was damals passiert ist, was ihm, seiner Familie und seinem Land angetan wurde. Aber im Moment ging das nicht und daraus ergab sich die Möglichkeit, die Perspektive zu wechseln: »*Was würde wohl Abdol-Hossein Sardari tun, um der Zivilbevölkerung in Syrien zu helfen, wenn er hier heute in deiner Situation wäre?*«, fragte ich Dzamal.

Mit Marmelade gegen den Globalen Dschihad

Sein Mund ist weit aufgerissen. Die Augen auch. Ich werde diesen Blick nie vergessen. Eine vollkommene Leere. Die Pupillen sind nicht zu erkennen, nur eine weiße Leere. Der letzte Atemzug, der letzte Blick. Was werde ich einmal sehen kurz vor meinem Tod?

Hoffentlich etwas anderes. Aus dem offenen Mund läuft Blut. Auch aus der Nase, und aus der riesigen Wunde auf seiner Stirn. Sein lebloser Körper liegt auf einer Trage, darunter der Körper seines Cousins – oder eher das, was von ihm übrig ist. Ein Rumpf und ein Arm, mehr kann man nicht erkennen. Leblos baumelt der Arm von der Trage. Die beiden kleinen leblosen Körper werden zu einem Rettungsauto gebracht. Rund herum verzweifelte Menschen, Männer und Frauen weinen, verzweifelte Schreie: »Allahu Akbar!« »Warum?« »Warum mussten diese Jungs sterben?«

»Ein schrecklicher Unfall«, heißt es ein paar Wochen später in einer offiziellen Stellungnahme.[20] Vielleicht war das letzte, was der kleine Junge gesehen hatte, eine Bombe. Am Strand hatte er Fußball gespielt, zusammen mit seinen drei Cousins. Vier Kinder, zwischen neun und zwölf Jahren alt. Tot. Ein tragischer Unfall? Keine gute Antwort für Jugendliche. Der IS hatte eine bessere, einfache Antwort. Die Bilder der toten Kinder auf YouTube fügten sich perfekt ein in ihre Geschichte des Globalen Dschihad. Nur kamen diese Bilder nicht aus Syrien, sondern aus Gaza.

Im August 2014 war der Syrienkrieg vom Gaza-Konflikt abgelöst worden. Für die Jugendlichen, die jede Woche zu uns in die Einrichtung kamen, gab es scheinbar nurmehr dieses eine Thema. Fünfzig Tage lang flogen Raketen und Bomben. 2250 Menschen in Gaza und siebzig Menschen in Israel kamen ums Leben. Auch wenn nur wenige Medien über den oben genannten und ähnliche »Unfälle« berichteten, die Online-Welten der Jugendlichen waren voll davon. Verstümmelte Männer, weinende Mütter, tote Kinder und Babys. Viele dieser Bilder waren so furchtbar, dass es unmöglich war, dafür die passenden Worte zu finden. Die Jungs waren vollkommen ihren rauen Emotionen ausgeliefert. Ohnmacht, Hilflosigkeit und Wut. Und daraus wurden Rachegefühle, Gewalt- und Vernichtungsfantasien. Ihre Reaktionen trafen uns noch mehr als die Bilder. Sie machten uns Angst.

Hatten wir einen ähnlichen Fehler gemacht wie unsere Kolleg:innen mit den Jugendlichen der »Baseballschlägerjahre« 25 Jahre zuvor? Nicht nur die Jungs von der Donaupromenade kamen zu uns, es hatte sich herumgesprochen, dass es bei uns möglich war, über »ihre Themen« zu reden. Aus ganz Wien, sogar aus Niederösterreich erschienen Jugendliche zum Burschentag und so unterschiedlich sie auch waren, bei diesem Thema schienen sie sich alle einig zu sein und sich gegenseitig zu bestärken. Entstand in unseren Räumen, unter sozialarbeiterischer Aufsicht, gerade eine neue Gruppe, die nicht davor zurückschrecken würde, Anschläge auf Synagogen zu begehen? Ich dachte sofort an die Bilder aus Dokumentationen über den NSU, die Beate Zschäpe mit vierzehn Jahren in einem Jugendzentrum zeigten, in der Zeit, als sie begann, die Geschichte von der Überlegenheit der Weißen in ihr Weltbild zu übernehmen.[21] Was konnten wir tun?

Wir versuchten sie zu beruhigen, zu differenzieren. Dass der Konflikt eine lange Geschichte hätte. Dass es Tote auf beiden Seiten gäbe. Dass die Hamas Israel vernichten wolle. Oder dass Jüd:innen in Österreich gar nichts mit diesem Konflikt zu tun hätten. Aber egal, was wir sagten, sie machten sofort zu. Wie konnten wir sie erreichen? Die Antwort fanden wir schließlich bei Dzamal:

»*Es gibt Momente im Leben, da werden die Wut und die Hilflosigkeit so groß, dass man aufstehen und kämpfen muss!*«, so begann sein erster Text. Auf der Suche nach einem neuen Heldenbild hatten Dzamal und ich uns viel mit Sardari und der Weißen Rose beschäftigt. Gemeinsam sind wir der Frage nachgegangen, warum sie den Holocaust als Anlass genommen hatten, um ihr Leben zu riskieren, obwohl sie persönlich gar nicht davon betroffen waren?

Hans und Sophie Scholl und ihre Mitstreiter:innen waren jedenfalls keine wahren Held:innen, oder furchtlose Märtyrer:innen, ganz im Gegenteil. Sie waren junge Student:innen, die sich trafen, um zu feiern, zu trinken und gemeinsam über Politik zu diskutieren. Ihre Auseinandersetzung mit dem Nationalsozialismus begann mit den Einschränkungen, die die jungen Menschen selbst hinnehmen mussten. Erst nach und nach beschäftigten sie sich auch mit grundsätzlichen Themen, mit den Ungleichwertigkeitserzählungen des NS-Regimes, mit dem Antisemitismus und schließlich auch mit dem Holocaust.[22] Dann gingen sie in den Widerstand. Dabei machten sie viele Fehler, überschätzten sich und die Wirkung ihrer Aktionen maßlos. Sie waren überzeugt davon, dass sie kurz davorstanden, das nationalsozialistische Regime zu Fall zu bringen. Eine fatale Fehleinschätzung – ihre Flugblätter hatten die Bevölkerung kaum erreicht, geschweige denn aufgerüttelt. Erst nach ihrem Tod wurden ihre Flugblätter über ihr engeres Umfeld hinaus bekannt. Die Weiße Rose waren ganz normale Deutsche, aber es gab einen entscheidenden Unterschied: Sie hatten sich dazu entschieden, angesichts des Holocausts, dem größten Verbrechen in der Geschichte der Menschheit, nicht mehr länger zusehen zu wollen, sondern Verantwortung zu übernehmen und zu handeln.

Warum wurden die Mitglieder der Weißen Rose vor allem in den ersten Jahrzehnten nach Kriegsende zu fast schon übermenschlichen Held:innen stilisiert? Diese Sichtweise hatte vor allem eine Entlastungsfunktion – so konnte die Nachkriegsgeneration der schmerzhaften Frage entgehen, warum nicht viel mehr Menschen Verantwortung übernommen und den Mut aufgebracht haben, gegen den Nationalsozialismus zu kämpfen. Mittlerweile ist dieses Held:innenbild von der Weißen Rose in zahlreichen Büchern und Filmen korrigiert worden, aber bis heute hält sich die Vorstellung, dass jeglicher Widerstand gegen das NS-Regime automatisch bedeutete hätte, sich selbst in Lebensgefahr zu begeben. Aber diese Vorstellung ist falsch.

Man musste sich zum Beispiel an Erschießungen nicht unbedingt beteiligen, wie die Geschichte des Reserve-Polizei-Bataillon 101 zeigt, das an der Ermordung von mindestens 38 000 Jüd:innen direkt beteiligt war. Auch wenn sie zu einer kleinen Minderheit gehörten, aber es gab immer wieder Soldaten, die sich aus ganz unterschiedlichen Gründen weigerten, sich an diesen Verbrechen zu beteiligen. Die Konsequenz? Zumeist gab es keine. Es war zwar nicht sonderlich gut für die Karriere und schadete dem Ansehen unter den Kameraden, aber wenn man sagte, man wolle nicht mitmachen, wurde das meistens einfach so akzeptiert. Es gibt jedenfalls keinen einzigen belegten Fall, dass die Weigerung, unbewaffnete Zivilist:innen zu töten, dazu geführt hätte, selbst sofort an die Wand gestellt zu werden.[23] Es war durchaus möglich, Verantwortung zu übernehmen, ohne damit das eigene Leben und das der Angehörigen zu gefährden.

Und darum geht es im Grunde: In der Diskussion über die Jugendlichen der »Baseballschlägerjahre« kam man schnell zum Schluss, dass Benachteiligung und Desillusionierung die Gründe waren, warum sich so viele Jugendliche an den Pogromen beteiligt hatten. Sie waren Opfer ihrer Umwelt, sie selbst trugen keine Verantwortung, so wie die Nachkriegsgeneration. Mit dem damals gerade neu etablierten westdeutschen Konzept der Mobilen Jugendarbeit wollte man die armen, ungebildeten Ostjungs erreichen und sozialarbeiterisch unterstützen. Wenn sich ihre Lebenssituation verbessern würde, so glaubte man, würden sie ihre rechtsextremen Weltbilder automatisch ablegen. Das Gegenteil war der Fall. Nach und nach übernahmen die Jugendlichen die Räume der Jugendeinrichtungen. So entstanden, unter der Aufsicht von Jugendsozialarbeiter:innen, rechtsextreme Strukturen, aus denen später der NSU hervorgehen sollte.

Auch 25 Jahre später, in der Diskussion über Jugendliche wie Firas, Oliver oder Dzamal, war man sich schnell einig, allerdings zog man dabei gänzlich andere Schlüsse: Es müsste sich um barbarische, unzivilisierte Tiere handeln, die losgefahren waren, um ihre Gewaltfantasien und Sexualtriebe ausleben zu können. Mit unserer Gesellschaft, unserer Kultur, habe das nichts zu tun, die Ursachen für ihre IS-Sympathie lägen einzig und allein an ihnen selbst, vielleicht noch bei ihrer schlechten Erziehung. Bei Sabina und Samra, den beiden Mädchen, die wenige Monate zuvor ausgereist waren, war es ein bisschen anders, bei ihnen war man sich einig, dass sie die Entscheidung, sich dem IS anzuschließen, nicht aus eigenen Stücken heraus getroffen hatten. Sie seien manipuliert worden, von Hasspredigern, Propagandavideos oder von IS-Posterboys, die sie zur Frau nehmen wollten und ihnen das Blaue vom Himmel versprochen hatten.

Machen wir uns nichts vor: Nicht nur Jugendliche wie Dzamal sind empfänglich für einfache Antworten auf schwierige Fragen – wir alle sind es, besonders wenn es darum geht, Verantwortung zu übernehmen. Warum reisen Jugendliche nach Syrien aus, um für den sogenannten Islamischen Staat zu kämpfen? Die Antworten auf diese Frage finden wir sowohl auf der individuellen als auch auf der gesellschaftlichen Ebene:

Es gibt keine Checklisten oder Patentrezepte, das, was wir gemeinhin als »Radikalisierung« bezeichnen, ist immer ein individueller Prozess. In diesem Prozess befüllen sie Erzählungen wie die Geschichte vom Globalen Dschihad mit ihren eigenen Erfahrungen, Inhalten und Werten und transformieren sie in ihre Welt. Ich habe in den letzten Jahren mit vielen Jugendlichen gearbeitet. Es waren immer andere Erfahrungen und Bedürfnisse, die dabei eine Rolle gespielt haben. Aber eine Sache war bei allen gleich: Der gesellschaftliche Rahmen, in dem sich diese Prozesse abgespielt haben. Das Leiden der syrischen Zivilbevölkerung war beispielsweise für die ersten europäischen Syrienausreiser:innen ein zentrales Thema in diesem Prozess.[24] Und ich kenne zwar weder Firas, Oliver, Samra oder Sabina, aber sie alle sind in Wien aufgewachsen, zur Schule gegangen und haben hier begonnen, politisch zu denken.

Fest steht jedenfalls, es gibt viele Gemeinsamkeiten in der Geschichte vom Globalen Dschihad und in der Geschichte von der Überlegenheit der Weißen: In beiden Geschichten werden die Menschen in Gruppen eingeteilt, in »Wir« und die »Anderen«. Die jeweils andere Gruppe wird zum Feind erklärt und Ängste bewusst geschürt. Opfernarrative liefern die argumentative Basis für Bedrohungsszenarien, also der Behauptung, dass von den jeweils anderen eine Gefahr ausgehe. Denn Menschen beteiligen sich zumeist erst dann an Verbrechen, wenn sie glauben, dass ihr Handeln richtig und notwendig ist.[25]

Auch wenn sein Blickwinkel verengt war, Dzamal selbst traf die Entscheidung, das Angebot des IS anzunehmen, in den Zug zu steigen und sich Richtung Syrien aufzumachen. Es war ihm bewusst, welche Sorgen er damit seiner Familie bereitete und dass er sich damit in eine Situation begeben würde, in der es sehr wahrscheinlich würde, dass er andere töten musste. Dafür muss er die Verantwortung übernehmen – das haben wir in vielen langen Gesprächen herausgearbeitet.

Es ist wichtig, Rechtfertigungsnarrative zu dekonstruieren und sich gegen Ungleichwertigkeitserzählungen zu positionieren. Die dahinterliegende Wut muss den Jugendlichen allerdings nicht genommen werden. Abu Ghraib gibt es wirklich, dort wurden schreckliche Verbrechen begangen. Auch die Situation der syrischen Zivilbevölkerung oder der Menschen in Gaza ist furchtbar, die Gründe sind komplex – aber das ändert nichts an der Tatsache, dass es unglaublich ist, dass unsere Welt dafür keine Lösung findet, da braucht man nichts zu beschwichtigen. Bei all dem Unrecht, das auf der Welt passiert, sollte es eigentlich normal sein, dass man wütend ist. Das haben wir Erwachsene leider oftmals verlernt oder wir blenden es aus. Darum reden wir mit Jugendlichen auch fast immer von der Welt, als wäre sie bewegungslos, statisch, unveränderbar. Warum eigentlich? Ist der Kampf für eine gerechte Welt nicht das, worum es bei sozialer Arbeit am Ende geht, hinter all den pädagogischen Konzepten und Methoden? Was kann uns also Schöneres passieren, als Jugendliche bei ihrem Kampf für eine bessere Welt zu begleiten?

Ähnliche Gedanken hatte sich auch Paulo Freire siebzig Jahre zuvor gemacht. In seiner *Pädagogik der Unterdrückten* beschrieb er diese Methode als Aktion und Reflexion: Sein pädagogisches Konzept macht die Unterdrückung und ihre Ursachen zum ersten und wichtigsten Gegenstand seines Unterrichts. Der erste Schritt ist die Wahrnehmung der eigenen Lebenssituation als Problem, um im zweiten Schritt diese Probleme in Aktion und Reflexion zu lösen.[26]

Dzamal hatte einen schweren Fehler begangen. Die Verantwortung für diese Entscheidung lag ganz allein bei ihm, das musste er lernen. Aber der vierjährige Dzamal hatte keine Schuld, dass die Nachbarin vor seinen Augen erschossen wurde, er trägt auch nicht die Verantwortung für das Leid der syrischen Zivilbevölkerung, die Verbrechen in Abu Ghraib oder den Einmarsch in den Irak auf Grundlage falscher Beweise. Die Verantwortung dafür liegt vor allem bei George W. Bush und seinem Kabinett – diese haben sie bis zum heutigen Tag nicht übernommen, wie Bushs jüngste Äußerungen zum Abzug der US-Truppen aus Afghanistan einmal mehr belegen.[27]

Im Gegensatz zu Dzamal. Er hat Verantwortung für seine eigenen Handlungen übernommen. Was er dafür brauchte, war Empathie für seine eigenen Opfererfahrungen, Anerkennung für sein Ungerechtigkeitsempfinden und vor allem ein alternatives Angebot auf der Ebene der Handlung, für seinen Drang, für eine bessere Welt zu kämpfen. Gemeinsam fanden wir einen alternativen Weg für Dzamal, um doch noch Erfolg zu haben und selbst ein Held zu werden, so gelang es ein »Windows of Opportunity« zu öffnen:

> Ihr seid nicht verantwortlich für die Wut! Bei all dem Unrecht, das auf der Welt passiert, sollte es eigentlich normal sein, dass man wütend ist! Aber ihr seid verantwortlich dafür, was ihr aus dieser Wut macht!

So endete der erste Text von Dzamal. Er hatte begonnen ein Buch zu schreiben, um andere Jugendliche davon abzuhalten, die gleichen Fehler zu begehen, wie er sie gemacht hatte. Zugegeben, dieser Satz stammt ursprünglich von mir und ich habe ihn wiederum von dem bekannten österreichischen Rechtsextremismusforscher Andreas Peham. Dzamal hatte den Satz von mir gehört, sich damit identifiziert und in seinen Worten in den Text übernommen. Es dauerte nur wenige Monate, bis er für sich selbst zu dem Schluss gekommen war, dass der IS nicht für eine gerechte Sache kämpft. Die Haftbesuche hatten wir zu Textbesprechungssitzungen transformiert. Ich stellte Fragen zum Text, sehr kritische Fragen, und brachte dadurch alternative Positionen und Sichtweisen ein. Warum war es ihm plötzlich möglich, sie anzunehmen? Sie bedrohten sein Bild von sich selbst nicht mehr, wir arbeiteten nicht an ihm, wir arbeiteten an seinem Text. Und der Text musste richtig gut werden, denn wir wollten damit möglichst viele Jugendliche erreichen, das war unser gemeinsames Ziel, dazu mussten wir Kompromisse finden und so lernte er andere Positionen zu verstehen. Er hatte nur wenige Möglichkeiten, aber die wollte er nutzen. Bewaffnet mit einem Stift und einem Blatt Papier machte er sich auf seinen Weg, um andere Leute davor zu bewahren, dieselben Fehler zu machen wie er. Auf dieser Vorstellung baute er sein neues Bild von sich auf. Aus einem Versager wurde ein

Held, aus Ohnmacht wurde Selbstwirksamkeit – das Angebot des IS war nicht mehr interessant für ihn.

Zurück zum erwähnten Burschentag, zurück zum Gaza-Konflikt. Was konnten wir gemeinsam tun? Was funktionierte in unserer Welt und in der Welt der Jugendlichen? Ihre erste Idee war, Spenden für die Hamas zu sammeln. Für Bomben und Raketen. Das sei für uns nicht drin, antworteten wir. Aber die Idee mit den Spenden war gut. Es wurden harte Verhandlungen geführt. Nach fast zwei Wochen konnten wir uns schließlich auf den palästinensischen Roten Halbmond einigen, das islamische Pendant zum Roten Kreuz. Das war in unserer und in ihrer Welt möglich. Wir starteten mit der Produktion von Marillen-Marmelade. Aprikosen entkernen, einkochen, abfüllen, Etiketten bemalen – zusammen mit dreißig jungen Männern. Ein herrliches Bild. Wir hatten einen gemeinsamen Weg gefunden, um die Welt ein kleines bisschen zu verändern. Dabei passierte etwas wirklich Spannendes: Auf einmal wurde es wieder möglich, sie auf der Ebene des Verstandes zu erreichen, über die schrecklichen Bilder zu reden. Und was sie auslösten, in ihrer und in unserer Welt. Ein Perspektivenwechsel wurde möglich, sie konnten verstehen, dass es auch andere Sichtweisen auf den Konflikt gab, auch wenn sie nicht die ihren waren. Dass Jüd:innen in Österreich mit den Bomben auf Gaza genauso wenig zu tun haben wie sie selbst mit dem Elften September, wurde in diesen Gesprächen zur gemeinsamen Position. Unser Weg führte uns sogar noch weiter: Gemeinsam beschlossen wir, einen Teil der Einnahmen »Neve Shalom – Wahat al-Salam«, einem jüdisch-muslimischen Friedensprojekt[28] zu spenden. Ein paar Wochen zuvor wäre das noch undenkbar gewesen, aber »auf Krieg mit Krieg zu antworten, ist der falsche Weg«, da waren wir uns alle einig, als wir die Marmeladegläser einpackten.

Zuvor hatten wir einen Brief an den Bezirksvorsteher geschrieben und gefragt, ob wir unsere Marmelade auf einem Fest im Gemeindebau verkaufen könnten. Gemeinsam mit meinen Kollegen Harald und Martin und den Jungs machten wir uns schließlich auf den Weg dorthin. Nervös bauten wir unseren Stand auf. Rund um uns waren nur »alte Menschen«, keine Jugendlichen, nur Senior:innen. Es war eine andere Welt, man konnte förmlich beobachten, wie die jungen Männer immer kleiner wurden hinter unserem Marmeladenstand. Kleine Jungs, vollkommen schutzlos dieser fremden Welt ausgeliefert. Aber Martin, Harald und ich waren ja dabei. Der intersubjektive Raum zwischen uns und den Jungs gab ihnen Sicherheit, unser Stand war ihre »sichere Basis«. Von hier aus konnten sie sich auf ein neues Abenteuer begeben. Ein Abenteuer in eine andere Welt.

Harald fragte zwei der Jungs, ob sie nicht ein paar Gläser Marmelade zum Nachbarstand bringen wollten. Als Kostprobe. Sie zögerten, aber unser Ziel war es, die Marmelade zu verkaufen, damit konnten wir sie schließlich überzeugen. Ich werde nie vergessen, was dann passierte, die Jungs ganz sicher auch nicht. Die Jugendlichen und die Senior:innen verstanden sich gut. Richtig gut, das Eis war sofort gebrochen. Eigentlich gar nicht so überraschend. Jugendliche, die sich für Menschen in Not einsetzen – wer findet das nicht gut? Und natürlich ging es auch um die Marmelade. Sie war die Verbindung zwischen den beiden verschiedenen Welten.

Auch dieses »Window of Opportunity« öffnete sich erst auf der Ebene der Handlung: Bewaffnet mit Kochlöffeln, Marillen und Einmachgläsern kämpften wir gemeinsam für eine bessere Welt. Gefühle der Ohnmacht transformierten wir in unserem Raum in Erfahrungen der Selbstwirksamkeit. So entsteht die Möglichkeit, Verantwortung für diese Emotionen zu übernehmen, sie kontrollieren zu lernen und sich alternative Wege zu überlegen, um gegen die Ursachen dieser Wut zu kämpfen. Gemeinsame Aktivitäten und Erfolgserlebnisse schaffen eine tiefe emotionale Verbindung, durch alternative Erfahrungen und Begegnungen entstehen immer auch neue Werte und Positionen.[29]

»Eure Geschwister leiden, wenn ihr euch Muslime nennen wollt, ist es eure Pflicht, sie zu retten« – unser alternatives Angebot zum »Call to Action« des IS war vor allem auch das beste Argument gegen die Geschichte des Globalen Dschihad. »Wir«, das waren jetzt alle, die bei all diesen Ungerechtigkeiten nicht mehr länger zusehen wollen und sich entschieden hatten, Verantwortung zu übernehmen und zu handeln. Wir standen uns in unserem intersubjektiven Raum nicht mehr diametral gegenüber, Seite an Seite befüllten wir unseren Raum mit neuem Wissen und gemeinsamen Erfahrungen.

Insgesamt nahmen wir an jenem Nachmittag 1400 Euro ein. Nicht viel, ein Tropfen auf den heißen Stein, mag man sagen, aber immerhin ein Tropfen und eine wichtige Erfahrung von Selbstwirksamkeit, auf der sie ihr Bild von sich aufbauen konnten. »*Wallah, es ist einfach das beste Gefühl der Welt, wenn man etwas Gutes tut und einem andere Menschen dabei helfen!*«, sagte Dzamal, als ich ihm die Fotos von der Aktion bei einem Haftbesuch zeigte und ihm von den Senior:innen erzählte, die unseren ganzen Stand leergekauft hatten. In diesem Sommer wurden er und viele andere zu wahren alternativen Helden:innen.

Die Ebene der Handlung

Dzamal erkannte ein Unrecht und wollte sofort losziehen. Aber ein Unrecht kann nicht durch ein anderes gerechtfertigt werden. Verantwortung zu übernehmen für die eigenen Taten und Handlungen – das ist es, worum es in der Pädagogik der Wütenden im Kern geht. Das Weltbild von Jugendlichen ist kein geschlossenes, es entwickelt sich im Laufe der Adoleszenz. Was Recht und Unrecht ist, das war in seiner Welt damals noch nicht ganz klar, in den letzten Jahren hat sich das immer wieder geändert, wie bei den meisten in seinem Alter. Sogar bei der Weißen Rose: Die Geschwister Scholl waren anfangs begeisterte Mitglieder der Hitlerjugend bzw. des Bund Deutscher Mädel.[30] Hans Scholl träumte von diesem einen Moment, wollte einmal im Leben etwas Großes bewirken. Wie Dzamal suchte er dabei nach Idealen und war bereit, für sie zu kämpfen. Was ihm am Nationalsozialismus besonders gefiel, war das konkrete Angebot, die Idee einer radikalen Veränderung der Gesellschaft. Der Bruch damit kam erst später – dazu später mehr.

Das, was gemeinhin als »Radikalisierung« bezeichnet wird, ist der Prozess, da sind sich Wissenschaft und Sicherheitspolitik weitestgehend einig. Die Übernahme einer extremistischen Ideologie, das

Begehen von terroristischen Straftaten oder die Bereitschaft, Gewalt anzuwenden – also das, was am Ende dieses Prozesses stehen kann, darüber gibt es jedoch keinen Konsens. Alle Definitionen und Erklärungsversuche folgen ihrer eigenen Logik und sind in der Arbeit mit Jugendlichen nur bedingt brauchbar. Aus sozialarbeiterischer Sicht ist vor allem wichtig, zu erkennen, wann Selbst- oder Fremdgefährdung vorliegt, und dafür gibt es ein Warnsignal: Wenn sich der Blickwinkel verengt und man der Hinterfragung des eigenen Weltbildes nicht mehr zugänglich ist, wenn es nurmehr ein einziges Thema gibt, auf dem Jugendliche ihr Bild von sich aufbauen, dann wird es kritisch. Dann können junge Menschen schwere Fehler begehen, auch ohne Kontakt zu einer extremistischen Gruppe oder die Übernahme einer extremistischen Erzählung in ihr Weltbild.

Jungen in Dzamals Alter werden von ihren Emotionen gesteuert. Deshalb funktionieren die meisten Deradikalisierungsprogramme nicht, denn sie verfolgen einen gesprächsorientierten Ansatz und versuchen die Geschichte des Globalen Dschihad und damit verknüpfte Rechtfertigungsnarrative mit rationalen Argumenten zu dekonstruieren. Dzamal wollte nicht nach Syrien, um zu reden, er wollte gar nicht mehr reden, er wollte endlich handeln. Der »Call to Action« und seine Freunde, die bereits dort waren, waren für seine Entscheidung ausschlaggebend, der IS und seine Version von der Geschichte vom Globalen Dschihad, ihre theologischen Konstruktionen und politischen Positionen waren ihm eigentlich ziemlich egal. »Wenn sie reden, bist du dran« – aber das reicht nicht. In Phasen der Ohnmacht und Entfremdung, wenn sich der Blickwinkel verengt, kann ein »Window of Opportunity« vor allem über alternative Angebote auf der Ebene der Handlung geöffnet werden. Das Ungerechtigkeitsempfinden ist in solchen Phasen oft der einzige mögliche Anknüpfungspunkt.

Wut war immer schon ein Antrieb, um die Welt zu verbessern. Und wenn wir ehrlich sind – da gibt es tatsächlich noch genug zu tun. Von Expert:innen wie Mella, Andreas und Thomas habe ich gelernt, worum es in der Gewalt- und Extremismusprävention immer auch gehen muss: Es geht nicht nur um die Arbeit am Weltbild der

Jugendlichen, sondern immer auch um die Arbeit an der Welt selbst, damit Bilder, wie jene aus den »Letters from Abu Ghraib«, nicht mehr möglich werden.

KAPITEL 3: Outis

Kalifat

»*Und jetzt haltet bitte alle endlich eure verdammte Fresse!*«, platzte es aus Outis heraus. Er nahm sein Handy und lud das Video neu. Dritter Versuch. Ich blickte kurz in die Runde. Outis hatte das Video bisher als einziger gesehen und wollte es uns allen unbedingt zeigen. Der kleine Raum in unserer Jugendeinrichtung war in diesem Moment seine Bühne, und er forderte die volle Aufmerksamkeit der Gruppe. Er meinte es ernst, das schienen Aslan, Adam und die anderen nun verstanden zu haben. »Was wird da jetzt auf mich zukommen?«, dachte ich bei mir.

Fünf Sekunden lang bleibt der Bildschirm schwarz. Darauf folgte eine kurze Einblendung: »Al-Hayat Media Center« – eine der wichtigsten Produktionsagenturen des IS. Als Nächstes kann man die bekannte, schwarz-weiße IS-Fahne über den Dächern Raqqas wehen sehen. Die Kamera fährt auf die Fahne zu, dann geht es richtig los. Der Titel des Videos ist Programm: »No Respite« – kein Aufschub, keine Atempause.

> Dies ist unser Khilafa [Kalifat, Anm. d. Verf.] in all ihrer Pracht, die bleibt und sich ausbreitet. Es wurde 1435 Huri [Islamischer Hirji-Kalender, 2014 nach gregorianischer Zeitrechnung, Anm. d. Verf.] von ihrem Anführer aus dem Stamm der Quraisch [Großstamm des Propheten Mohammed, Anm. d. Verf.], Schaaykh Abu Bakr al-Baghdadi, gegründet.

In einer unheimlichen Geschwindigkeit prasselten die Bilder auf uns ein. Animierte Landkarten, Figuren, Flaggen, das alles erinnerte eher an Computerspiele als an Propagandavideos. Das war eine andere Liga, verglichen mit dem, was ich bis dato kannte. Eine unglaublich professionelle Hochglanzästhetik in Full-HD, präsentiert im 16:9-Format. Die Botschaft des Videos wird mit einer auditiven Endzeit-Kulisse, einer imposanten Sprecherstimme sowie Nasheed-Gesang auf der Ebene der Emotionen verstärkt. Nasheeds werden meist a cappella von einem Männerchor vorgetragen, in der islamischen Welt geht es dabei meist um die Lobpreisung von Gott, das Dasein als Muslim oder den Ramadan. Im Gegensatz dazu produziert der IS fast ausschließlich sogenannte »Kampf-Nasheeds«.

> Es ist ein Staat, der auf der prophetischen Methodik aufgebaut ist und der den Quran und die Sunna befolgt. Kein säkularer Staat, der auf von Menschen gemachten Gesetzen und Soldaten aufbaut, die für die Interessen von Gesetzgebern, Lügnern, Hurenböcken, Kooperativen für die Freiheit der Sodomie kämpfen.

Nacheinander werden Porträts von Staatsoberhäuptern eingeblendet, die eine zentrale Rolle im »Krieg gegen den Terror« spielen oder gespielt haben. Das Porträt von Georg W. Bush wird mit »Lügner« betitelt, in Bezug auf den Einmarsch in den Irak. Darauf folgt das Porträt von Bill Clinton, untertitelt mit »Hurenbock«, eine Anspielung auf seine außereheliche Affäre. Die Macher des Videos haben echt an alles gedacht, jedes einzelne Wort, jedes einzelne Bild ist perfekt abgestimmt.

Die letzte Szene zeigt die Sondersitzung des UN-Sicherheitsrats über die Verfolgung von Homosexuellen durch den IS. Erstmals seit seiner Gründung vor siebzig Jahren hat sich das Gremium der Vereinten Nationen mit dem Schicksal von Homosexuellen befasst. Wochen zuvor hatte der IS erneut einen Mann wegen angeblicher Homosexualität hingerichtet. Darauf spielten sie in diesem Video an. Kommentiert wird die Sondersitzung als verkommenes Interesse, »für die Freiheit von Sodomiten« zu kämpfen.

> Wir sind Männer, die mit dem Islam geehrt werden und die ihren Höhepunkt darin finden, den Dschihad zu führen, indem sie dem Ruf folgen, sich unter einer Flagge zu vereinen. Ja, wir sind die Soldaten, die die Götzen des Nationalismus gestoppt haben! Es gibt keinen Unterschied zwischen einem Araber und einem Nicht-Araber, oder einem Schwarzen und einem Weißen.

Arm in Arm stehen vier Männer nebeneinander und lächeln in die Kamera. Sie tragen die gleiche Uniform, haben aber unterschiedliche Hautfarben. Hautfarbe, Herkunft oder persönlicher Hintergrund spielen keine Rolle, nur der Glaube zählt – das soll dieses Bild vermitteln. Der IS legte in diesem Video fast so viel Wert auf Diversität wie die Produzent:innen von Star Trek. Mit einer Ausnahme: Es sind ausschließlich Männer zu sehen. Auch Outis' Gruppe bestand nur aus jungen Männern. Dieses Video war genau für sie gemacht:

> Die Millah [alle anderen Religionen außer dem Islam, Anm. d. Verf.] des Kufr werden sich immer zusammenschließen, um die Wahrheit zu bekämpfen. Aber unser Verbündeter ist der Größte, er ist Allah – also kommt nur her, legen wir los!

Eine direkte Kriegsaufforderung an die Internationale Allianz, die »Koalition der Teufel«, wie sie vom IS oft bezeichnet wird. Dazu werden nach westlichen Staatsoberhäuptern Porträts von Wladimir Putin, Recep Tayyip Erdoğan und vom damaligen iranischen Präsidenten Hassan Rohani hintereinander eingeblendet. Im Abspann wurde wie üblich eine Sure gezeigt, um ihrer Geschichte eine tiefere Bedeutung zu geben:

> Wir sandten Noah zu seinem Volk und sprachen: »Warne dein Volk, bevor über sie eine schmerzliche Strafe kommt. Er wird euch eure Sünden vergeben und euch Aufschub gewähren, bis zu einer bestimmten Frist. Wahrlich, Allahs Frist, wenn sie herankommt, kann nicht aufgeschoben werden – wenn ihr nur wüsstet.

No Respite – kein Aufschub, wie im Titel des Videos. Die siebzigste Sure besteht fast vollständig aus einer Ansprache Noahs, der, wie Jesus oder Abraham, im Islam als Prophet gesehen wird. In dieser Sure geht es um den Versuch, sein Volk zu warnen, ihre alten Götter zu verlassen und sich der Gemeinschaft der Gläubigen anzuschließen. Gott würde ihnen ihre Sünden vergeben, doch wenn sein Tag gekommen sei, dann gäbe es keinen Aufschub. Für den IS ist dieser Tag der 29.06.2014, der Tag der Gründung eines Kalifats mit Abu Bakr al-Baghdadi als selbsternanntem »Kalif Ibrahim«, dem »Befehlshaber der Gläubigen«. Damit und mit dem Bezug auf den Stamm der Quraisch ist der Anspruch auf die Nachfolge des Propheten Mohammed, aus dessen Blutlinie al-Baghdadi angeblich stammen soll, als politisches und religiöses Oberhaupt aller Muslim:innen verbunden. Auf dieser Vorstellung begründete Al-Baghdadi seine Macht.

Mit dem Projekt des Kalifats knüpfen die IS-Propagandisten an ein zentrales Thema an. Der Fall des Osmanischen Reichs nach dem Ersten Weltkrieg sowie der damit verbundene Niedergang der eigenen Kultur und der Verlust einer »Heimat für Muslim:innen« war für viele eine schwere Demütigung.[1] In seiner Hochphase erstreckte sich dieser Vielvölkerstaat über drei Kontinente, brachte unzählige wissenschaftliche, kulturelle und gesellschaftspolitische Errungenschaften hervor und war den europäischen Mächten in vielem weit voraus. Nach über 600 Jahren wurden es von den Sieger Großbritannien und Frankreich geschlagen und aufgeteilt.

Was war der Grund für den Niedergang des Kalifats? Als Hauptgrund wurden vor allem die »Feinde im Inneren« genannt. Für viele lag es am fehlenden Zusammenhalt der Muslim:innen, vor allem aber waren die Herrscher und die geistigen Eliten vom »wahren« und »echten« Islam abgewichen. Sie waren nurmehr daran interessiert, ihre Macht abzusichern und ihren Reichtum zu vermehren.

Der sogenannte Islamische Staat ist nicht die erste Gruppe, die in ihrer Erzählung an dieser Vorstellung anknüpft. Die Errichtung eines Kalifats ist beispielsweise auch das Ziel der transnational ausgerichteten islamistischen »Partei der Befreiung«, der Hizb ut-Tahrir (HuT). Die Partei wurde zwar in vielen mehrheitlich muslimischen Ländern und auch in Deutschland verboten, aber sie ist nach wie vor relevant. Auch al-Qaida strebte ein Kalifat an, es blieb aber reine

Theorie, nur eine weit entfernte Utopie und spielte in ihrer Version der Geschichte vom Globalen Dschihad eine eher untergeordnete Rolle.

Im Gegensatz zur IS-Version. Für alle Probleme, mit denen sich Muslim:innen weltweit konfrontiert sehen, ist deren Lösung das Kalifat und dazu ein Anführer, der alle Gläubigen unter der Flagge des Dschihad vereinen und wieder zur alten Stärke führen soll. Die Einheit der »Umma«, der Vorstellung von einer Gemeinschaft der Gläubigen, kann nur durch die Unterordnung des Einzelnen unter das Kollektiv und Gehorsam gegenüber dem Kalifen hergestellt werden.[2]

Der IS, die einzig wahre Gemeinschaft der Gläubigen auf der einen Seite, der Unglauben auf der anderen. Auch die Gegenseite wird als einheitliche Gruppe hervorbeschworen, die sich immer verbünden wird, um die Wahrheit – also den IS – zu bekämpfen. Neben Bush, Obama, Clinton, Putin, Erdoğan und Rohani zählt für den IS auch al-Qaida zu dieser Gruppe. Es gibt keinen Aufschub: »Wenn ihr euch Muslime nennen wollt, müsst ihr dem Kalifen die Treue schwören und euch dem IS anschließen!«

In »No Respite« fanden sich gute Argumente für den Anschluss: Der IS hätte das geschafft, was bisher noch niemand geschafft hatte. Er hätte die Grenzen zwischen Syrien und dem Irak, die nach dem Ersten Weltkrieg und dem Fall des Osmanischen Reiches von Großbritannien und Frankreich gezogen worden waren, einfach in Luft aufgelöst und dadurch den Nationalismus, der von den Kolonialmächten eingeführt worden war, um »den Islam« zu spalten, überwunden und die »Einheit der Umma« durch das Kalifat wiederhergestellt. Und tatsächlich, während bis 2014 die Verteidigung der syrischen Zivilbevölkerung das zentrale Motiv bei der Ausreise nach Syrien war, so war es ab 2014 vor allem die Hidschra-Konstruktion in der Propaganda des IS. In Anlehnung an den Auszug des Propheten Mohammed aus Mekka nach Medina wurde die Reise in das Gebiet des sogenannten islamischen Staates als Pflicht für Gläubige betont. Die Ausreise nach Syrien war für viele Personen mit der Hoffnung auf bessere Lebensumstände verbunden.[3]

Auch wenn sie mit anderen Begriffen arbeiteten, kannte ich bereits viele Elemente aus »No Respite«, wie die Gleichsetzung von Homosexualität mit Sodomie und die damit verbundenen Geschichte vom angeblichen »moralischen Verfall der Gesellschaft«, aus anderen politischen Strömungen. Das Projekt des IS-Kalifats trägt alle Merkmale populistischer Propaganda: Das zentrale Element ist der Gegensatz zwischen dem »einfachem Volk« und einer kleinen, »korrupten Elite«. Zu diesen »Feinden im Inneren« zählten neben muslimischen Staatsoberhäuptern wie Erdoğan oder Rohani auch das »assimilierte islamische Establishment«, wie liberale »Hausmuslim:innen«, die es hinnehmen würden, wenn sie verhöhnt und manipuliert werden. Die Rechte von Homosexuellen seien diesen wichtiger als die Stärke der Umma. Sie hätten sich verkauft und sich vom »wahren«, »echten« Islam und von jeglicher Moral abgewandt – für sie zähle nurmehr Konsum, Alltagsmaterialismus und Sex. Im Gegensatz dazu nimmt der IS für sich in Anspruch, auf der Seite des »einfachen muslimischen Volkes« zu stehen, das Widerstand leistet und in dessen Willen handelt. Das Kalifat, die neue »Heimat für Muslim:innen«, verwerfe jeglichen Elitismus, denn das Volk Gottes bestehe aus Gleichen unter Gleichen.[4]

Ob Outis diese Aspekte bewusst waren? Ich blickte zu ihm hinüber. Er starrte wie gebannt auf den Bildschirm, er wollte keine Sekunde verpassen. Waren es die Bilder oder die populistische Ansprache? Das Video funktionierte jedenfalls absolut und das überraschte mich nicht. Outis war das genaue Gegenteil von Dzamal, er war unsicher, schüchtern, leise. Er hatte eine gute Beziehung zu seiner Mutter und musste ihr als Ältester von insgesamt fünf Kindern viel im Haushalt helfen und auf seine Geschwister aufpassen – da sein Vater fast nie zu Hause war, war er sozusagen der Mann im Haus. Vollkommen überfordert übernahm er diese Rolle, wie er es von seinem Vater gelernt hatte: Es gab keine Diskussionen, der Stärkere, in dem Fall der Älteste, hatte recht.

Doch nebenbei war er eben auch noch ein Jugendlicher und hatte genug mit sich selbst und dem, was in der Adoleszenz so alles passierte, zu tun. Es fiel ihm unheimlich schwer, über sich und das, was wirklich in ihm vorging, zu sprechen. Er redete selten, und wenn, dann nur, wenn er mit seiner Gruppe unterwegs war. Wenn er einmal etwas sagte, dann war es meist eine besonders harte, besonders brutale Aussage, die mich nicht selten irritiert und sprachlos zurückließ. Was tatsächlich hinter diesen Aussagen stand, konnte ich schwer einschätzen. Es dauerte sehr lange, bis es mir gelang, ihn wirklich zu erreichen. Ich nahm ihn jedenfalls innerhalb der Gruppe nicht als Anführer wahr, vielmehr als einen Mitläufer, leicht manipulierbar durch Propagandavideos oder Bestärkungen seiner Freunde. Was sah er in »No Respite«?

Heute weiß ich es: Er sah eine völlig neue Welt. Eine Welt, in der all das, womit er in unserer Welt bisher hauptsächlich negative Erfahrungen gemacht hatte, plötzlich eine andere Bedeutung bekam. Eine Welt, in der es keine Rolle spielt, woher du kommst, welche Hautfarbe du hast oder was in deinem Pass steht. Eine Welt mit einer »neuen Heimat für Muslim:innen«, wodurch die einstige Stärke der Umma endlich wiederhergestellt werden und er endlich nicht mehr zur Gruppe der »Schwachen« gehören würde. Und das Beste daran: Er konnte ganz einfach ein Teil dieser Welt werden, dazu musste er nur dem Kalifen die Treue schwören. Und im Gegensatz zu seinen Eltern, seinen Lehrer:innen oder auch mir war Abu Bakr al-Baghdadi eine selbstgewählte Autorität.

Vier Minuten und zwölf Sekunden. Das Video war zu Ende, jetzt ging es los. Die Jungs waren außer sich, überboten sich mit krassen Aussagen. »*Kommst du mit nach Syrien? Schwule umbringen?*«, fragte mich Outis und lächelte provokativ. Damit hatte er mich kalt erwischt. In meinem Kopf überschlugen sich die Gedanken. Wie sollte ich darauf reagieren? Ich beschloss, erst einmal das Setting zu wechseln. In dieser aufgeheizten Atmosphäre, dem gegenseitigen Bestärken und Aufstacheln, sah ich keinerlei Möglichkeit, ein »Window of Opportunity« zu öffnen und zu ihm und den anderen durchzukommen. Ich bat meinen Kollegen Martin, der gerade in einem anderen Raum war, kurz mitzukommen, alleine hatte ich hier keine Chance. Gemeinsam mit den Jungs gingen wir vor die Einrichtung, frische Luft, eine Zigarette, Abstand gewinnen, ein bisschen durchschnaufen. Doch auch dort gab es für Martin und mich keine Atempause, keinen Aufschub, es ging direkt weiter: »*Wir werden in Österreich das Kalifat einführen!*« Outis blickt in die Runde. Der Strahl der Aufmerksamkeit war voll auf ihn gerichtet, er hatte den Raucherhof sofort zu seiner neuen Bühne transformiert. Er nahm einen tiefen Zug von seiner Zigarette und warf sie dann vor sich auf den Boden. Einen Meter vom Aschenbecher entfernt. Ich musste wieder schlucken. In meinen Kopf schossen sofort die Bilder, die der IS vor einigen Wochen veröffentlicht hatte. Auf den IS-Fotos war zu sehen gewesen, wie ein junger Mann mit verbundenen Augen, Armen und Beinen von einem mehrstöckigen Gebäude geworfen wird. Hingerichtet wegen angeblicher Homosexualität.

Im Kopf hatte ich mir bereits gute Argumente zurechtgelegt: Dass es Homosexualität schon immer gab, dass sie genauso natürlich ist wie Heterosexualität und nichts mit Sodomie zu tun hat. Dass die Todesstrafe grausam und sinnlos ist. Dass in einer Demokratie alle Menschen gleich viel wert sind, egal welche Religion, Hautfarbe, Geschlecht oder sexuelle Orientierung, im Gegensatz zum IS-Kalifat, das außer dem Namen nichts mit der ursprünglichen Idee einer »Heimat für Muslim:innen« zu tun hatte. Ich war bereit loszulegen. Ich blickte rüber zu Martin. Das konnten wir nicht so stehen lassen, das wollte ich nicht so stehen lassen – darüber mussten wir mit ihnen reden. Aber wie?

Zur Entstehung extremistischer Weltbilder

Zwei Jahre später, in einem kleinen Besuchsraum in der Wiener Josefstadt saß ich Outis erneut gegenüber. Am nächsten Tag sollte seine Gerichtsverhandlung stattfinden. Es war nicht seine erste, aber dieses Mal war es wirklich ernst. Die Anklage lautete auf »Mitgliedschaft in einer terroristischen Organisation«, Paragraf 278, der sogenannte österreichische Terrorparagraf. Wir gingen alles noch mal durch. Den ganzen Ablauf. Seine Aussage. Er hatte nicht vor, viel zu sagen, denn er wollte niemanden verraten, unter keinen Umständen, auch wenn das für ihn negative Konsequenzen haben sollte. Ihn interessierte vor allem eine Sache: »*Werden viele Journalisten kommen?*«, fragte er mich. »*Ich fürchte, ja*«, antwortete ich, »*aber keine Sorge, ich nehme eine Zeitung mit, die kannst du dir vors Gesicht halten, wenn sie Fotos machen wollen. Wir kriegen das hin, ok?*«

Seine Sorge war nicht unbegründet. Der IS bestimmte zu dieser Zeit weiter die Schlagzeilen in den Medien. Die Berichterstattung hatte sich allerdings verändert. Firas und Oliver waren tot, zumindest glaubte man das damals, also musste ein neues Thema, ein neuer Clickbait her: die Terrorprozesse. Das zog. Bei Outis' Gerichtsverhandlung waren viele Journalist:innen versammelt. In den Tagen danach berichteten sie natürlich alle über den Prozess. Outis war auf allen Titelseiten. Worüber sie leider nicht schrieben: Was ihm konkret vorgeworfen wurde. Denn damit hätte er es wohl kaum auf eine Titelseite geschafft. Der damals Siebzehnjährige war kein Terrorkämpfer, der konkrete Pläne gehegt hatte, die halbe Stadt in die Luft sprengen zu wollen, vielmehr wurde ihm vorgeworfen, Propaganda für den IS verbreitet zu haben.

Umso absurder erscheint in diesem Licht die Szene zwei Jahre zuvor. Ein Sozialarbeiter schaut gemeinsam mit Jugendlichen IS-Propagandavideos – wie zum Teufel kommt man auf eine solche Idee? Damals, 2015, war die Situation eine andere. »No Respite« wurde am 24.11.2015 auf YouTube hochgeladen. Es wurde zwar ein paar Tage später gelöscht, inzwischen war es aber unter anderem Namen längst wieder hochgeladen worden. Im April 2016 kursierten mindestens drei verschiedene Versionen auf YouTube, eine davon mit über 700 000 Aufrufen und über 2 300 Kommentaren.[5] Die Bilder waren damals überall. Für uns war klar: Die Jungs schauten diese Videos sowieso. Wenn wir dies in unseren Räumen zuließen, konnten wir zumindest mit ihnen darüber reden und alternative Positionen zu den gegenseitigen Bestärkungen in der Gleichaltrigengruppe einbringen.

Zu der Zeit beschäftigte sich die halbe Welt mit der Radikalisierung von Jugendlichen. Im Gegensatz zu Dzamal war Outis' Blickwinkel nicht verengt. Er war nicht auf der Flucht, er ging zur Schule, machte Sport und kümmerte sich um seine jüngeren Geschwister. Darum war das Angebot des IS, der »Call to Action«, selbst auszureisen, nicht anziehend für ihn. Aber er konnte sich mit einzelnen Elementen der Geschichte vom Globalen Dschihad identifizieren, vor allem mit dem großen politischen Projekt des sogenannten Islamischen Staates – dem Kalifat.

Aber wie entstehen extremistische Weltbilder überhaupt? Wie lernen Jugendliche wie Outis, politisch zu denken? Wer ist dafür verantwortlich: Die Eltern? Die Freunde? Hassprediger und Propagandavideos wie »No Respite«? Mit dieser Frage hat sich auch die deutsche Soziologin Andrea Kleeberg-Niepage beschäftigt. In ihrer Studie haben wir einige Antworten auf unsere Fragen gefunden, Antworten, mit denen wir nicht gerechnet hätten.

Das Wichtigste zuerst: Das Weltbild von Jugendlichen ist kein geschlossenes, es entsteht in der Adoleszenz und entwickelt sich im jungen Erwachsenenalter weiter. Die Zeit zwischen dreizehn und neunzehn Jahren ist dabei besonders wichtig, in dieser Zeit erfolgt unsere politische Sozialisation. Extremistische Weltbilder entstehen dabei wie alle anderen Weltbilder auch. Es sind die gleichen Instanzen, die uns prägen, die einen Einfluss auf unser politisches Denken haben: Familie, Schule, (soziale) Medien und vor allem die Peergroup, in diesen Räumen lernen wir alle, politisch zu denken.[6]

Zu Beginn der Adoleszenz vollzieht sich ein Bruch, an den sich die meisten Erwachsenen kaum mehr erinnern können. Den größten Teil unseres Lebens verbringen wir unter Personen, die ähnlich handeln und denken wie wir selbst: ähnliche Interessen und politische Vorstellungen, ähnliche Jobs und Einkommen, ähnliche Altersstufen und gesellschaftlichen Schichten. Diese Menschen, für die wir uns bewusst entscheiden, um unsere Zeit mit ihnen zu verbringen, treiben uns sehr selten in den Wahnsinn. Ganz anders in der Familie: Dort, wo man am ehesten vermuten würde, auf Gleichgesinnte zu stoßen, trifft man stattdessen häufig auf eine Horde äußerst merkwürdiger Personen, die ganz anders sind als man selbst. Das wird uns in der Adoleszenz erst bewusst. Um ihre eigene Wahrheit zu finden, müssen sich Jugendliche daher nach und nach von diesen

Personen, ihrer Familie lösen, verschiedene Rollen und Positionen ausprobieren, mit denen sie sich von dieser »Kultur der Erwachsenen« abgrenzen – aber das ist gar nicht so leicht.[7]

Woran soll man sich orientieren, in einer Welt mit fest verankerten Machtstrukturen? Eine alternative Vorstellung dazu, das hat es schon lange nicht mehr gegeben. Der Realsozialismus in der UdSSR und ihre Ideen waren nicht nur unendlich weit von ihren Lebenswelten entfernt, aus der Idee einer Gesellschaft, in der alle gleich viel wert sind, wurde ein autoritär-sozialistisches System. Es gab keine Alternative zu einer Welt, die auf der Idee des Kapitalismus aufgebaut war, einer Welt, in der sich alles um Konsum und Leistung dreht, in der sich scheinbar jeder selbst der Nächste ist, in der Menschen an nichts mehr glauben? Wo findet man da noch »wahre« Werte? Wie soll man auffallen, provozieren, sich abgrenzen von der Welt der Erwachsenen, wenn scheinbar alles erlaubt ist, wenn Gewalt, Pornographie und Che-Guevara-Shirts fest im Mainstream verankert sind?

Antworten fanden Outis und seine Freunde zum Beispiel bei »Kalaschnikow Flow« von SadiQ. Aber das war noch nicht genug. Wie bei Deso Dogg ein paar Jahre zuvor führte ihr Weg vom Deutschrap zur Geschichte vom Einen Islam und wenig später zur Geschichte vom Globalen Dschihad. Der sogenannte Islamische Staat war das perfekte Angebot, er setzte nicht auf Kompromisse, er stellte sich radikal gegen die herrschende Ordnung.[8] Das Unmögliche schien möglich zu werden. Er hatte eine alles verändernde Utopie und redete nicht nur vom Kalifat, sondern setzte sein Projekt auch gleich in die Tat um, über alle rhetorischen und territorialen Grenzen hinweg. Stärke, Ehre und bedingungslose Loyalität zu den Brüdern, da gab es für Outis zu dieser Zeit keine Kompromisse. »No Respite« war vor allem eine Möglichkeit, sich gegenüber den moralischen und politischen Vorstellungen ihrer Eltern, Lehrer:innen und auch gegen uns Jugendsozialarbeiter:innen abzugrenzen.

Propagandavideos und Hassprediger auf der einen Seite, Videos mit vermeintlich abschreckender Wirkung und Deradikalisierungsprogramme auf der anderen. Für die Entstehung extremistischer

Weltbilder spielt die direkte Einflussname durch Propaganda oder gezielte Interventionen im Kontext der Extremismusprävention eine eher untergeordnete Rolle. Entscheidend ist vor allem der indirekte Einfluss in den Räumen der politischen Sozialisation. Extremistische Weltbilder sind zu einem großen Teil das Ergebnis latenter, informeller Einflüsse von Familie, Peergroup, (sozialen) Medien und Schule.[9] Aber was heißt das konkret? Und vor allem, was hieß das für Outis?

Beginnen wir in der Schule, dem zentralen Lernort, an dem Kinder und Jugendliche in die Gesellschaft eingeführt werden sollen: Zu dieser Zeit erreichten mich viele Anfragen für Schulworkshops zu den Themen Dschihadismus, Radikalisierung und Extremismusprävention. Ich frage bis heute immer nach: Gibt es einen bestimmten Anlass? Sind Schüler:innen nach Syrien ausgereist? Ist Dschihadismus gerade ein Thema in der Klasse? Hinter den meisten Anfragen damals stand zwar kein konkreter Anlass, aber eine tiefe Verunsicherung und Ohnmacht im Angesicht der militärischen Erfolge des IS und der vermeintlichen Strahlkraft, die das Kalifat auf die muslimischen Schüler:innenschaft ausüben sollte. Kein Wunder angesichts der Bilder aus »No Respite«, die von vielen Medien einfach übernommen wurden.

Aber pädagogische Interventionen von außen sind, gerade wenn es um Extremismus geht, immer mit einem gewissen Risiko verbunden. Darum frage ich weiter nach: Was soll das Ziel des Workshops sein? Was sollen die Jugendlichen lernen? Diese Fragen zu beantworten ist gar nicht so leicht – aber wesentlich. Eine pädagogische Intervention kann nur gelingen, wenn es ein konkretes Ziel gibt. Wie kann ich dieses Ziel erreichen? Was ist meine Rolle bei dieser pädagogischen Intervention? Welche Vorstellungen und Überzeugungen bilden den Rahmen für meine Positionierung in diesem Prozess? An welchen Bildern kann ich mich festhalten, worauf kann ich mich in den Diskussionen beziehen?

Radikalisierung ist das eine, aber was ist dann Extremismus? Schlagen wir nach: »Als Extremismus bezeichnet man politische Ziele und Ideen, die den fundamentalen Werten und Überzeugungen einer Gesellschaft diametral entgegenstehen«[10], so oder so ähnlich lauten die meisten gängigen Definitionen. Doch das ist durchaus kritisch zu betrachten, denn Werte und Überzeugungen sind nicht statisch, sie sind immer im Wandel. 1938 waren die fundamentalen Werte und Überzeugungen in unserer Gesellschaft Antisemitismus und Nationalsozialismus, das dürfen wir nicht vergessen. Für die pädagogische Arbeit in Deutschland oder Österreich im Bereich der Extremismusprävention ist das ein zentraler Bezugspunkt.

Ich bin Jugendsozialarbeiter, egal ob bei Schulworkshops oder Haftbesuchen, das ist meine Rolle. Mein Job ist es, mich dafür einzusetzen, dass Jugendliche einen anerkannten Platz in der Gesellschaft bekommen. Meine Parteilichkeit liegt also immer auf ihrer Seite. Soziale Arbeit handelt allerdings nicht nur im Auftrag marginalisierter Gruppen, sondern immer auch im Auftrag der Gesellschaft. Mein damaliger Job, unsere Jugendeinrichtung, wurde beispielsweise öffentlich von der Stadt Wien finanziert. Die Parteilichkeit für die Jugendlichen passt nicht immer mit dem Auftrag der Gesellschaft zusammen. Doppeltes Mandat, so wird dieser Widerspruch bezeichnet.[11] Darüber haben wir in der Ausbildung viel diskutiert, denn auch im Nationalsozialismus gab es bereits Soziale Arbeit und wie viele andere beteiligten sich auch zahlreiche Sozialarbeiter:innen an den Verbrechen des Holocausts. Wie kann man verhindern, dass Soziale Arbeit zur Mittäterin wird? An welchen Werten sollte man sich orientieren? Nach und nach setzte sich die Vorstellung von Sozialer Arbeit als Menschenrechtsprofession durch. Dadurch wollte sich Soziale Arbeit als politisch unabhängig entwerfen, als Disziplin, die nur sich selbst, ihrem Wissen, ihrem Berufskodex und den darin implementierten Menschenrechten verpflichtet ist.[12]

»Alle Menschen sind frei und gleich an Würde und Rechten geboren.«[13] So lautet der erste Satz der *Allgemeinen Erklärung der Menschenrechte*, die 1948 von der UN verabschiedet wurde. Ich wurde erst 1987 in Österreich geboren und hatte das große Glück, keinen Krieg zu erleben und in einer Welt aufzuwachsen, in der die Menschenrechte bereits größtenteils verwirklicht schienen. Das Recht auf

Asyl, der Schutz von Minderheiten, die Gleichstellung von homosexuellen und heterosexuellen Menschen, Europa als Friedens- und Menschenrechtsprojekt, – alle Menschen sind gleich viel wert –, auf dieser Idee baute all das scheinbar auf. Damit konnte ich mich identifizieren, denn bei einer Gesellschaft macht für mich vor allem aus, wie sie mit den »Schwächsten« umgeht. Niemand soll zurückgelassen werden, das war einer der Gründe, warum ich Sozialarbeiter werden wollte. Die Menschenrechte sind ein wichtiger Bezugspunkt für pädagogische Interventionen, vor allem aber auch für Extremismusdefinitionen:

> Als Extremismus kann man in westlichen Demokratien wie Deutschland oder Österreich alle möglichen Erzählungen bezeichnen, die demokratischen Prinzipien, Freiheits- und Menschenrechten diametral gegenüberstehen.[14]

Aber wie kann man Jugendlichen demokratische Prinzipien beibringen? Über das reden, was da ist, das funktioniert meiner Erfahrung nach immer. Egal ob Straße, Burschentag, »Brennpunktschule« oder Gymnasium, wenn man sich für Jugendliche und ihre Meinung interessiert, machen sie mit. Und genau darum geht es: Um demokratische Werte zu vermitteln, muss man die Räume, in denen Jugendliche politisches Denken lernen sollen, nach demokratischen Werten gestalten. Was das heißen kann, zeigt zum Beispiel die »Evangelische Schule Berlin Zentrum«.[15] Margit Rasfeld, die damalige Direktorin, durfte ich 2014 bei einem Vortrag in Wien erleben. Sie stellte sich kurz vor und setzte sich an den Rand der Bühne. Den Vortrag hielten zwei ihrer Schülerinnen, die eine war vierzehn, die andere dreizehn Jahre alt. Über eine Stunde erzählten sie dem Publikum von ihrer Schule, als ob es das Natürlichste der Welt wäre. In ihrer Welt ist es das auch, denn in ihrer Schule entscheiden Schüler:innen und Lehrer:innen alles gemeinsam.

»Alle Menschen sind frei und gleich an Würde und Rechten geboren«, auf dieser Idee müssen wir die Räume der politischen Sozialisation aufbauen – und da gibt es genug zu tun, gerade im Schulkontext. Ein einzelner Schulworkshop im Jahr reicht dafür natürlich nicht aus, davon ist auch die Forscherin Andrea Kleeberg-Niepage überzeugt. Ihre Hauptkritik an den meisten Projekten im Bereich der Extremismusprävention ist, dass diese zwar extremistische Begründungen und Weltbilder kritisch hinterfragen sowie demokratische Standpunkte und Argumentationen an Jugendliche heranführen, aber die Ebene der Gesellschaft, wie zum Beispiel autoritäre Strukturen im Bildungswesen, meist nicht thematisiert oder verändert wird, obwohl unsere Schulen Kinder und Jugendliche in unsere Gesellschaft einführen sollen und damit eine entscheidende Rolle bei der politischen Sozialisation spielen.[16]

Es ist daher vor allem wesentlich, wie politische Inhalte vermittelt werden. Das wichtigste Werkzeug dabei sind wir selbst: Jugendliche lernen sehr viele Verhaltensweisen durch Beobachtung und Nachahmung von Menschen, die ihnen als Vorbild dienen, die für sie von hohem Ansehen sind und die sie respektieren. Das hohe Ansehen begründet sich in diesem Prozess allerdings weniger auf die Rolle als Eltern, Pädagog:innen oder anderen Autoritätspersonen – Verhaltensweisen werden vor allem dann übernommen, wenn es eine emotionale Beziehung gibt, darum geht es beim Lernen am Modell.[17]

Diese Konzepte haben meine Kolleg:innen und ich versucht, auf unsere Räume zu übertragen. Auf den intersubjektiven Beziehungsraum zwischen mir und Outis sowie auf den Raum in der Jugendeinrichtung, beispielsweise auf den Burschentag. Es gab kein Programm, keine fixen Regeln. Was passiert und vor allem wie es passiert, das entschieden wir gemeinsam mit den Jugendlichen jede Woche neu. Die Macht meiner Kolleg:innen und mir begründete sich nicht auf unserer Rolle als Jugendsozialarbeiter:innen, sondern darauf, was wir in diesen Aushandlungsprozess einbrachten. Zum Beispiel beim Kochen: Gekocht wurde nur, wenn wir uns gemeinsam auf etwas einigen konnten. Die Jungs mussten sich an jedem Schritt beteiligen. Beim Einkauf, beim Kochen, beim Abwasch. Gut, das mit dem Abwaschen funktionierte leider nur selten richtig gut, zumeist blieb es eine Utopie.

Was war mein Ziel in der Arbeit mit Outis? Er sollte sich seine eigene Meinung bilden, und den Manipulationen von Propagandavideos wie »No Respite«, den gegenseitigen Bestärkungen und Aufstachelungen im Freundeskreis und der Anziehungskraft extremistischer Erzählungen widerstehen. Und das bringt mich wieder zurück zu Sophie und Hans Scholl, zur Weißen Rose. Um herauszufinden, wie aus ganz normalen Deutschen Widerstandskämpfer:innen wurden, hat sich Miriam Gebhard die politische Sozialisation der Mitglieder der Weißen Rose angesehen. Wie bereits in der Geschichte von Dzamal erwähnt, wollten sie im Gegensatz zu den meisten anderen Deutschen nicht länger zusehen und haben Verantwortung übernommen. Entscheidend dabei war vor allem ihre Fähigkeit zur »inneren Autonomie«, das von eigenen Werten geleitete Denken und Handeln trotz großen sozialen Drucks.[18]

Outis stand mir gegenüber, sein Blick war auf mich fixiert. Solche Momente sind entscheidend für die politische Sozialisation von Jugendlichen. Auch die anderen Jungs schauten auf mich. Die Aufmerksamkeit war voll und ganz auf meinen Kollegen Martin und mich gerichtet. Für sie war es wie im Kino. Besser als »No Respite«. Nur das Popcorn fehlte. Sie liebten dieses Spiel – und mit provokativen Jonglierbällen wie Homophobie funktionierte es eigentlich immer. Wie würden wir reagieren? Schimpfen? Hausverbot? Sie ahnten bereits, was jetzt kommen würde, aber dieses Mal sollten sie sich irren.

Das Recht des Stärkeren

Wieder zurück bei Outis Gerichtsverhandlung. Verbreitung von IS-Propaganda, so lautete der erste Vorwurf. Aber was hieß das konkret? Ein selbstgemachtes Propagandavideo, das war der schwerste Anklagepunkt. Als ich das zum ersten Mal hörte, dachte ich sofort an »No Respite«. Es stellte sich aber heraus, dass es sich bei dem selbstgemachten »Propagandavideo« um ein »Facebook-Freundschaftsvideo« handelte. Outis hatte dort angegeben, in einer Beziehung mit Yasin zu sein. Natürlich nur zum Spaß. Am Jahrestag ihrer »Beziehung« schlug Facebook Outis vor, ein Video mit den gemeinsamen Fotos von ihm und Yasin zu erstellen. Ein Klick reichte und das Video wurde mit seinen Facebook-Freunden geteilt. Ein paar Monate zuvor war Yasin nach Syrien ausgereist und nur wenig später gestorben. Sein Tod hatte uns alle betrübt. Auch Outis. Auf einigen seiner Facebook-Fotos trug Yasin ein T-Shirt mit Symbolen des IS. Das war der Grund, weshalb das Gericht dieses Video als »Terrorpropaganda« einstufte.

Doch auch der zweite Vorwurf war hart: Rekrutierung für den IS. Outis soll versucht haben, eine junge Konvertitin für den IS anzuwerben. Sie hatten sich nie gesehen, sie hatten nur miteinander gechattet. Outis hatte ihr geschrieben, dass er nach Syrien gehen würde – sie solle nachkommen und ihn heiraten. Sie habe abgelehnt, erklärte sie vor Gericht, und ihm geschrieben, dass sie der Meinung sei, dass der IS gar nicht islamisch ist. Das habe sie in einer Fatwa von der Al-Azhar-Universität gelesen. Der Richter fragte sie, ob sie geglaubt habe, dass Outis ausreisen wollte. Kein Wort, antwortete sie, sie habe sofort durchschaut, dass er nur bei ihr angeben wollte.

Außerdem soll Outis IS-Videos und Kampf-Nasheeds mit einem Freund auf WhatsApp ausgetauscht haben. Das war der dritte Vorwurf. Outis wurde in allen Anklagepunkten schuldig gesprochen und als Terrorist und Mitglied des IS verurteilt. Auch wenn er keinen Auftrag von einer IS-Kommandostruktur bekommen hatte, das Verbreiten von Videos würde die Kampfmoral der Kämpfer in Syrien stärken, meinte das Gericht. Zwei Jahre und zehn Monate Haft. Eine harte Strafe für einen Siebzehnjährigen, auch wenn er vorbestraft war. An ihm sollte ein Exempel statuiert werden, wie auch das Abschlussplädoyer des Richters unterstrich:

> Ihr glaubt, dass wir Europäer schwach sind, weil bei uns westliche Werte, Demokratie und Menschenrechte gelten, weil bei uns Frauen und Homosexuelle gleichgestellt sind und wir so tolerant sind! Aber ihr irrt euch, wir sind nicht schwach! Und wir werden gewinnen!

Mit diesen Worten endete die Gerichtsverhandlung. Es war ziemlich turbulent geworden im Gerichtssaal. Der Grund dafür war die junge

Konvertitin. Ein unglaublich kluges Mädchen, das merkte ich sofort. Der Richter zweifelte an ihrer Aussage. Sie habe sofort gewusst, dass Outis das mit dem IS nicht ernst meine, dass es ihm nur darum ging, ihr ein möglichst gutes Bild von sich zu vermitteln. Ein junger, mutiger Löwe, der bereit war, sich auf jeden Kampf einzulassen, so wollte er sich vor ihr darstellen. Viele junge Männer in Outis' Alter glauben, dass es bei Mädchen gut ankommt, wenn man sich möglichst »hart und brutal« präsentiert, ein weiteres großes Missverständnis. »Warum haben Sie das bei der Polizei nicht schon gesagt?«, fragte der Richter nach. »Weil sie mich damals nicht danach gefragt haben«, antwortete sie selbstbewusst, wie aus der Pistole geschossen. Einige im Publikum des Gerichtssaals lachten, der Richter hingegen lachte nicht. Er fühlte sich nicht ernst genommen in seiner Autorität, er fühlte sich durch die Aussagen des Mädchens provoziert. So ähnlich hatte ich mich auch zwei Jahre zuvor am Burschentag gefühlt.

Outis hatte damals mit seiner homophoben Aussage einen wunden Punkt bei mir getroffen. Ich fühlte mich von ihm herausgefordert, er wollte es unbedingt wissen. Am liebsten hätte ich ihn argumentativ vernichtet. Ich war bereit loszulegen, aber zum Glück war mein Kollege Martin schneller und übernahm das Wort.

»*Alles klar*«, antwortete Martin damals. Alle zwölf Augen waren auf ihn gerichtet. Es war totenstill. Eine willkommene Abwechslung. »*Ganz ehrlich, deine Aussage macht mir Angst. Für mich fühlt es sich an wie eine Kriegserklärung Aber was mich wirklich interessiert: Wenn ihr das Kalifat in Österreich eingeführt habt, was wäre dann eigentlich anders? Also zum Beispiel heute, am Burschentag, was wäre anders gewesen?*«

Outis musste schlucken. Damit hatte er nicht gerechnet. Auch die anderen nicht. Alle Augen wanderten zu ihm. »*Ähm, dann würden wir nicht schimpfen und nicht rauchen …*« Fragend blickt er in die Runde. Vorsichtige Zustimmung. »*Ok, aber das könnt ihr doch auch jetzt*«, antwortete Martin, »*da habe ich als Nichtraucher wirklich nichts dagegen, wenn es nach mir gehen würde, hätten wir diese Regel schon längst eingeführt*«, sagte er lachend. Ein paar Momente später lachten wir alle gemeinsam. Wir machen ja hier am Burschentag die Regeln gemeinsam aus, erinnerten wir sie zum wiederholten Mal. Dass sie um ihre Meinung gefragt werden und mitbestimmen durften, das kannten sie weder aus ihren Familien noch aus der Schule, darum mussten wir sie immer wieder darauf hinweisen. »Was ist euch denn sonst noch wichtig?« Damit steuerten wir auf die persönliche Ebene zu.

Martin hatte ein »Window of Opportunity« geöffnet. Seine Frage hatte den Rahmen des Raumes verändert, in dem die Diskussion stattfand. Weg vom IS, weg von der globalen Ebene hin zum Burschentag. Und hin zur wichtigsten Frage in einer Demokratie: Wie wollen wir miteinander leben, hier am Burschentag? Aus der Diskussion wurde ein richtiges Gespräch. Gemeinsam gestalteten wir den Rahmen unseres Raumes, gemeinsam überlegten wir, auf welchen Werten und Vorstellungen wir ihn aufbauen wollten. Vieles davon blieb zwar utopisch, vor allem das mit dem Schimpfen und dem Rauchen, aber ich werde mich an diese Situation mein Leben lang erinnern und ich wette, auch die Jungs.

Auch wenn es ihnen oft nicht bewusst ist, viele Jugendliche spüren genau, welche Knöpfe sie drücken müssen, und sie lieben dieses Spiel. Aber auch Provokationen müssen wir ernst nehmen, denn auch hinter ihnen stecken ernstzunehmende Bedürfnisse. Zum Beispiel das Bedürfnis nach Aufmerksamkeit. Oder der Wunsch nach Feedback. Outis war auf der Suche nach seiner eigenen Wahrheit, probierte unterschiedliche Positionen und Rollen aus. Er wollte wissen, wie es ankam, wenn er von sich selbst das Bild eines harten IS-Anhängers konstruierte. Bei Martin, mir und der Konvertitin kam es nicht gut an, das hatte Outis gemerkt.

Ein ehrliches Feedback funktioniert nur auf der persönlichen Ebene. Wenn ich Jugendliche wie Outis wirklich erreichen will, muss ich auch meine eigenen Werte und Überzeugungen mit in den gemeinsamen Raum bringen.

Position beziehen – das ist also der erste Schritt. Ich erzählte Outis von meinen homosexuellen Freundin:innen und dass ich es nicht so cool finde, wenn er davon spricht, sie umzubringen. Für eine erfolgreiche pädagogische Intervention ist vor allem aber der zweite Schritt zentral: Mit narrativ-biografischen Fragen auf die persönliche Ebene, die Erfahrungen und Bedürfnisse hinter der Aussage, zuzusteuern.[19] Mein pädagogisches Ziel bestand darin, dass Outis diese Position nicht in sein Weltbild übernahm. Dieses Ziel konnte ich nur erreichen, wenn Outis und ich in unserem Raum gemeinsam herausfanden, wie er überhaupt zu dieser Position gelangt war.

Um auf die persönliche Ebene zu gelangen, ist es notwendig, nicht ins Argumentieren zu verfallen. Das ist schwierig, zugegeben. Ich selbst liebe es, zu diskutieren, aber es ergibt nur in den wenigsten Fällen wirklich Sinn. Im Umgang mit extremistischen und gewaltverherrlichenden Aussagen von Jugendlichen gibt es vor allem ein großes Missverständnis: In solchen Situationen bedeutet eine pädagogisch erfolgreiche Intervention nicht automatisch, dass ich die Diskussion gewinne. Menschen aufgrund ihrer sexuellen Orientierung zu töten ist falsch, warum sollte ich darüber diskutieren? Und was hätten Outis und die anderen dabei gelernt? Was hätte ihn und die anderen auf informeller Ebene erreicht?

Der Stärkere hat recht. Und in dem Fall war ich eindeutig der Stärkere: Ich war ihm haushoch überlegen, nicht nur aufgrund meines Alters, meiner Erfahrung oder meiner Bildung, sondern auch durch meine Rolle in unserem gemeinsamen Raum. Ich war hier der Jugendsozialarbeiter, wenn ich wollte, konnte ich Outis auch einfach rausschmeißen, ihm Hausverbot geben, den Burschentag oder sogar die Beziehung zu ihm abbrechen. Der Schlüssel zu unseren gemeinsamen Räumen lag in meiner Hand, ich hatte die absolute Macht darüber.

Outis Aussagen hatten mich provoziert. Aber egal, wie heftig die Provokation auch ausfällt, wir Erwachsene haben nicht das Recht, Kinder oder Jugendliche zu erniedrigen. Das ist der größte Fehler, den man als Pädagog:in machen kann. Den Jugendlichen wäre damit das genaue Gegenteil von Demokratie vermittelt: das Recht des Stärkeren – nach diesem Prinzip wollen Extremisten die Welt umgestalten, sie sind ein Strukturmerkmal aller extremistischen Erzählungen, in unterschiedlichen Formen und Ausprägungen natürlich. Ein starker Führer, autoritäre Strukturen und blinder Gehorsam – darauf ist auch das selbsternannte Kalifat des IS aufgebaut, Autoritarismus stellt eine der wichtigsten Einstiegsdroge in extremistische Szenen dar.[20]

So war es auch bei Hans und Sophie Scholl. Für sie war es attraktiv, sich in der Adoleszenz von den liberalen Werten ihrer Eltern abzugrenzen und die eigene Wahrheit zu finden. Die nationalsozialistischen Jugendorganisationen hatten für sie vor allem ein Angebot: Einmal nicht dem eigenen Vater gehorchen zu müssen, sondern sich einer selbstgewählten Autorität zu unterwerfen. Die kompakten Kolonnen der Hitlerjugend mit ihren wehenden Fahnen, die vorwärts gerichteten Augen, der Trommelschlag und der Gesang übten eine magische Anziehungskraft auf sie aus.[21]

Eine neue, alles verändernde Utopie, ein Führer, der das deutsche Volk vereinte und nach den Niederlagen und Gebietsverlusten im Ersten Weltkrieg wieder zur alten Stärke führen sollte. Die Idee einer »deutsche Volksgemeinschaft«, sie konnte nur durch die Unterordnung des Einzelnen unter das Kollektiv hergestellt werden. Hans Scholl war begeistert, er stieg in der Organisation auf, schon bald konnte er auch andere der eigenen Autorität unterwerfen.[22] Doch der Bruch mit dem Nationalsozialismus kam bereits nach wenigen Monaten. Der geforderte blinde Gehorsam, die Unterordnung der eigenen individuellen Freiheiten unter das Kollektiv spielten dabei eine entscheidende Rolle, aber auch eigene Ungerechtigkeitserfahrungen: Hans Scholl wurde unter anderem vorgeworfen, einen Jungen im Dienst sexuell berührt zu haben. Dafür musste er vier Wochen ins Gefängnis.[23]

Wie konnten Hans und Sophie Scholl eine innere Autonomie entwickeln? Warum konnten sie der Anziehungskraft von Gruppenformation und Gleichschritt, einer Gesellschaft aufgebaut auf Befehl und Gehorsam schließlich doch widerstehen? Es waren wohl mehrere Faktoren. Wichtig war vor allem der liebevolle Rückhalt in der Familie. Die Eltern missbilligten die Begeisterung ihrer Kinder für die NS-Jugendorganisationen. Die nationalsozialistischen Werte standen diametral zu ihren eigenen. Das wurde den Kindern auch vermittelt, jedoch nicht durch harte Strafen oder Beziehungsabbrüche. In der Familie Scholl gab es immer Spielräume für Verhandlungen und eigene Meinungsbildung. So haben die Kinder gelernt, Konflikte auf produktive Weise auszutragen.[24]

Wenn es unser Ziel ist, dass die Jugendlichen eine innere Autonomie entwickeln, ein Denken und Handeln geleitet von eigenen Werten, wenn wir wollen, dass sie Gruppendruck und Propaganda widerstehen, dann kann uns eigentlich nichts Besseres passieren als Widerspruch. Die Lust am Ungehorsam und am eigenständigen Denken ist das Ziel einer Extremismusprävention. Jugendliche sollen Positionen, Vorstellungen und Erzählungen kritisch hinterfragen und sich ihre eigene Meinung bilden. Die Entwicklung einer inneren Autonomie immunisiert gegen die Anziehungskraft extremistischer Gruppen – diese sind nämlich durchweg autoritär strukturiert. Eine pädagogisch erfolgreiche Intervention bedeutet daher nicht, dass ich die Diskussion gewinnen muss oder dass die Jugendlichen meine Argumente eins zu eins in ihr Weltbild übernehmen. So funktioniert das sowieso nicht.

Der Richter, der Outis verurteilte, war der Stärkere, eindeutig. Freiheit oder Gefängnis, diese Entscheidung lag in seiner Hand. Als er sein Urteil fällte, stand er aufrecht hinter dem Richterpult und blickte auf den Jungen hinab, der gar nicht verstand, was das jetzt alles für ihn bedeuten sollte. Seine Macht begründete sich einzig und allein auf seine Rolle als Richter, er hatte keinerlei persönliche Beziehung zu Outis und den anderen Jugendlichen. Seine Ansprache hatte keinerlei persönliche Anknüpfungspunkte, er bezog sich dabei nur auf seinen Berufskodex und die Menschenrechte. Aber Outis und die junge Konvertitin glaubten nicht an die Idee der Menschenrechte oder an die Gerechtigkeit in der Welt des Richters. Outis hat von der Gerichtsverhandlung nur eine Sache mitgenommen: Der Stärkere hat recht. Das war nichts Neues für ihn, dieses Prinzip kannte er schon, aus der Geschichte des Globalen Dschihad und aus Tschetschenien, dem Land, in dem er geboren wurde und von wo seine Familie nach Österreich flüchten musste.

Für die junge Konvertitin war die Idee der Menschenrechte im »Krieg gegen den Terror« verbrannt. Der Sturz des damaligen Diktators Saddam Hussein, die Befreiung des irakischen Volkes, mit dieser Vorstellung wurde dieser Krieg begründet. Am 20.03.2003 begann Georg W. Bush mit der Bombardierung Bagdads – gegen das Veto einer Mehrheit des UN-Sicherheitsrats, der Institution, die seit dem Zweiten Weltkrieg über die Sicherung des Weltfriedens und die Einhaltung der Menschenrechte wachen sollte. Ein Krieg im Namen von Demokratie und Menschenrechten, aber ohne UN-Mandat, ohne demokratische Legitimation. Das Recht des Stärkeren, der Autoritarismus ist insofern nicht nur ein wichtiges Element des Extremismus, es ist immer noch ein wesentlicher Bestandteil unserer Welt.

Und genau hierin liegt das Problem mit dem gängigen Extremismusbegriff. Es waren keine »bildungsfernen«, »sozial schwachen« oder »integrationsunwilligen« Jugendlichen wie Outis, es waren »ganz normale« Deutsche, die der NSDAP 1933 in Deutschland zur Macht verhalfen. Ihre Version von der Geschichte der Überlegenheit der Weißen hatte vor allem eine magische Anziehungskraft auf die sogenannte bürgerliche Mitte. Extremismus kann nicht nur aufgrund des Begriffs (lat. extremus – das Äußerste, Entfernteste) als Steigerungsform zur herrschenden Normalität analysiert werden.[25] Für die pädagogische Arbeit macht es daher keinen Sinn, Extremismus als politische Ziele und Idee zu definieren, die den fundamentalen Werten und Überzeugungen unserer Gesellschaft diametral entgegenstehen. Seine zentralen Elemente – allen voran Ungleichwertigkeitserzählungen und Autoritarismus – sind fest in der Gesellschaft verankert und weit über die Grenzen extremistischer Erzählungen hinaus verbreitet. So wünschen sich heutzutage fast 43 Prozent der Menschen in Österreich wieder einen starken Mann an der Spitze.[26] Auch in pädagogischen Kontexten sind autoritäre Strukturen nach wie vor tief verankert und das hat einen Einfluss auf die politische Sozialisation von Jugendlichen.

»Alle Menschen sind frei und gleich an Würde und Rechten geboren«, mit dieser Vorstellung kann ich mich auch heute noch identifizieren, daraus leite ich meinen Auftrag ab. Der Bezug zum

Nationalsozialismus ist zentral für die Extremismusprävention in Deutschland und Österreich. Für mich bedeutet das vor allem, dass Aussagen, hinter denen autoritäre Einstellungen und Ideen der Ungleichwertigkeit stehen, nicht unwidersprochen bleiben dürfen. Wir müssen dafür sorgen, dass in Räumen der politischen Bildung keine »Kultur des Wegschauens« entsteht.

Outis interessierte bei unserem ersten Gespräch nach der Gerichtsverhandlung übrigens nur ein Thema: Auf wie vielen Titelbildern er war. Aufmerksamkeit, das war ein zentrales Bedürfnis hinter »diesem Blödsinn«, wie er die damalige Phase heute bezeichnet. Auch wenn ihm das selbst geschadet hatte, er war sehr stolz darauf, niemanden verraten zu haben. Wir haben viel über diese Zeit geredet, auch über die Diskussionen am Burschentag, als er uns »No Respite« zeigte. Ich nahm damals alles, was ich im Video hörte, wörtlich, den IS selbst allerdings nicht ernst. Outis hingegen nahm den IS ernst, aber nicht wörtlich – und das ist ein wesentlicher Unterschied.

Die Sprache des Kalifats war so aufrüttelnd, dass sie bei mir allzu oft nur Sarkasmus und tiefe moralisierende Abwertung gegenüber Jugendlichen wie Outis hervorrief. Und je härter und kompromissloser seine Eltern, Lehrer:innen, aber auch meine Kolleg:innen und ich uns dagegen aussprachen, desto glaubwürdiger wurde der IS für ihn. Auch viele andere Jugendliche, mit denen ich gearbeitet habe, identifizierten sich wenig mit den konkreten politischen Inhalten ihrer Version der Geschichte vom Globalen Dschihad. Aber sie waren fasziniert davon, was die Propagandavideos bei den Erwachsenen auslösten: Die scheinbare Brüchigkeit der herrschenden Ordnung, die Videos wie »No Respite« zeigen sollten, brachte immer wieder unsere eigenen autoritären Einstellungen und Ungleichwertigkeitsvorstellung ans Licht. Sie liebten den IS für das Glitzern der Angst in den Augen der linksliberalen Pädagogin:innen, die sich scheinbar nicht für sie, aber dafür für die Rechte von Homosexuellen interessierten.

Das Weltbild von Jugendlichen ist kein geschlossenes, bei den meisten war es nur eine Phase. Es dauerte nicht lange, bis Outis sich vom IS distanzierte und aus der dschihadistischen Szene ausstieg. Wie bei den Geschwistern Scholl begann es auch bei ihm mit

Einschränkungen des eigenen Lebens; die Unterordnung der eigenen individuellen Freiheiten unter das Kollektiv spielte dabei eine entscheidende Rolle. Gaming war in seiner Gruppe verboten, war »haram«, Rauchen sowieso. Spiel und Spaß sind quasi der erste Schritt zur Sünde, so die Ansage seines damaligen Sheikhs, seiner selbstgewählten religiösen Autorität. Doch die Playstation 3 übte eine stärkere Anziehungskraft auf ihn aus als die Geschichte vom Globalen Dschihad. Nach seiner Entlassung lief alles richtig gut, er fand zurück in einen normalen Alltag, doch dann kam die Abschiebung. Wie bei allen verurteilten »Terroristen« wurde auch bei ihm ein Asylaberkennungsverfahren eingeleitet. Wir versuchten alles, hatten aber keine Chance. Dem Bundesamt für Fremdenwesen und Asyl war egal, dass es bei seiner Verurteilung nicht um eine versuchte Ausreise nach Syrien oder einen geplanten Terroranschlag ging, »Terrorist ist Terrorist«. Drei Jahre später, ein halbes Jahr nach seiner Haftentlassung wurde er schließlich abgeschoben. Eine weitere Erfahrung, die Outis zeigte, dass unsere Menschenrechte nur eine leere Hülle waren und ihn empfänglich machte für die Vorstellung, die er in »No Respite« sah. Eine neue Welt, in der es endlich Gerechtigkeit für Muslime:innen geben würde.

In Tschetschenien, dem Land, in das er abgeschoben wurde, gibt es bis heute keine Menschenrechte. Dort werden immer noch Homosexuelle entführt, gefoltert und ermordet. Sie verschwinden einfach. Auch Menschen wie Outis, die vom Regime als »Salafisten« bezeichnet werden, werden systematisch verfolgt und getötet. Daran haben auch Martin und ich damals am Burschentag angesetzt: An den eigenen Erfahrungen der Jungen mit autoritären Strukturen, an Situationen in ihren Heimatländern, bei ihrer Flucht, aber auch in Schulen und Jugendeinrichtungen, in denen sie zur Gruppe »der Schwachen« gehört hatten.

Das kann uns allen passieren, denn die fundamentalen Werte und Überzeugungen einer Gesellschaft können sich ändern. 2015 konnte ich mich noch mit der Idee von Europa als Friedens- und Menschenrechtsprojekt identifizieren, das war unter anderem einer der Gründe, warum ich Sozialarbeiter geworden bin. Das änderte sich jedoch spätestens mit Outis' Abschiebung, so wurde auch für mich deutlich: Demokratie und Menschenrechte sind in Wahrheit nur leere Hüllen, die von uns gefüllt werden müssen. Um Jugendliche wirklich zu erreichen, müssen wir unsere persönlichen Werte und Vorstellungen teilen.

Mit Outis stehe ich weiterhin in Kontakt. Wir kämpfen dafür, dass er wieder zurück zu seiner Familie kann. Es entspricht nicht meiner Vorstellung von einer gerechten Gesellschaft, Menschen abzuschieben. Es widerspricht vor allem meiner Vorstellung von Menschenrechten, Jugendliche in Diktaturen abzuschieben, in denen Minderheiten systematisch verfolgt und getötet werden. Niemand darf zurückgelassen werden – diese Überzeugung will ich Outis vorleben, in unserem gemeinsamen intersubjektiven Raum gibt es keine »Kultur des Wegschauens«. »Die Menschen sind nicht gleich, aber gleich viel wert« – diese Vorstellung habe ich in meiner politischen Sozialisation in mein Weltbild übernommen und gebe sie an Jugendliche weiter.

Die Ebene der Werte

Die politische Sozialisation von Jugendlichen ist kompliziert. Positionen, Werte und Einstellungen werden aufgegriffen, transformiert und mit eigenen Inhalten und Bedeutungen befüllt. Übernommen werden vor allem positiv bewertete Verhaltensweisen und Eigenschaften, aber auch negative Fremdzuschreibungen. In der Extremismusprävention braucht es professionelle Haltungen und Konzepte. Demokratie und Menschenrechte können den Rahmen für pädagogische Interventionen bilden und als Grundlage für die Inhalte dienen, die wir an Jugendliche herantragen. Aber Inhalte alleine reichen nicht. In der Arbeit mit extremistischen Weltbildern kommt es weniger auf die Inhalte selbst an, sondern vor allem darauf, wie man Inhalte vermittelt. Das Lernen am Modell spielt dabei eine zentrale Rolle. Wenn mein pädagogisches Ziel darin besteht, dass die Jugendlichen eine innere Autonomie entwickeln, bedeutet eine erfolgreiche pädagogische Intervention vor allem, dass in unserem gemeinsamen Raum Provokationen und Widerspruch möglich sind, entscheidend ist vor allem unsere Reaktion darauf.

In der Pädagogik der Wütenden geht es darum, einen Raum zu öffnen, in dem es möglich ist, Werte, Haltungen und Vorstellungen auf eine produktive Weise auszuhandeln. Will man Jugendlichen demokratische Werte vermitteln, muss man den intersubjektiven Raum nach diesen Werten gestalten. Für einen partizipativen Aushandlungsprozess auf Augenhöhe ist es notwendig, Hierarchien, die sich auf Alter, Bildung, Erfahrung oder der eigenen Rolle begründen, zu reflektieren und abzubauen. Autoritäre Apelle, moralisierende Abwertungen oder harte Strafen stehen nicht nur im Widerspruch zu den angeblichen fundamentalen Werten und Überzeugungen unserer Gesellschaft – sie funktionieren auch nicht. Deradikalisierungsansätze, die einzig auf dem Prinzip der religiösen, alternativen Wissensautorität aufbauen, können zwar kurzfristige Erfolge bringen, eine nachhaltige Veränderung werden sie aber nur bei wenigen bewirken. Denn auch wenn sich diese Interventionen inhaltlich von extremistischen Erzählungen unterscheiden, erfolgt ihre Vermittlung leider sehr ähnlich.[27]

Demokratie und Menschenrechte auf der einen Seite, das Kalifat auf der anderen Seite. Was beide Seiten miteinander verbindet? All diese Begriffe sind nur leere Worthülsen, abstrakte Vorstellungen, weit weg von uns. Eine Diskussion darüber, welche Vorstellung theoretisch besser ist, macht weniger Sinn als gemeinsam der wichtigsten Frage der Demokratie nachzugehen: Wie wollen wir hier miteinander leben? Auf welchen Werten wollen wir unseren gemeinsamen intersubjektiven Raum aufbauen? Es geht darum, die eigenen Werte zu teilen und vorzuleben. Nur wenn wir uns unsere persönlichen Werte bewusstmachen, können wir sie gut und authentisch gegenüber Jugendlichen vertreten und miteinander diskutieren, sie davon begeistern. »Alle Menschen sind frei und gleich an Würde und Rechten geboren« – auch »Terroristen« wie Outis. Das ist unser eigentlicher Auftrag, jenseits von Gesetzen, Regulierungen, Verordnungen oder gesellschaftlichen Debatten.

KAPITEL 4: Adam

Beziehungsarbeit

»*Ich weiß, dass es falsch ist, aber ich muss immer noch an den Dschihad denken*«, brach es förmlich aus Adam heraus, noch bevor ich ihm überhaupt die Hand geben konnte. Wir hatten uns am Handelskai in Wien verabredet. Er hatte gerade eine schlechte Phase. Direkt vor dem McDonalds, wartete er auf mich, komplett im Camouflage-Outfit, eine Zigarette in der Hand. Auf seiner schwarzen Kappe prangte ein weißer, arabischer Schriftzug – das Logo des sogenannten Islamischen Staates. Zwei jüngere Freunde waren bei ihm, ich hatte sie noch nie zuvor gesehen. »*Mhm, Scheiße*«, antwortete ich, »*wollen wir kurz unter vier Augen in aller Ruhe miteinander reden? Hier ist so viel los!*« Adam willigte ein und schickte die zwei Jungs weg. Adam war einer der ersten Jugendlichen, die ich kennengelernt hatte, damals an ihrem Ort auf der Donaupromenade. Und genau dort gingen wir jetzt wieder gemeinsam hin.

»*Was ist los, Adam? Was geht gerade in dir vor?*«, fragte ich ihn, nachdem wir uns auf eine Bank gesetzt hatten. »*Ich weiß ja irgendwie, dass Dawla auch falsche Dinge macht, aber ich muss immer daran denken, wie es wäre, als Shahid* [Märtyrer im Islam, Anm. d. Verf.] *im Dschihad zu sterben.*« Seine Stimme brach, Tränen schossen ihm in die Augen. Ich konnte seine innere Zerrissenheit spüren. Ich dachte wieder an die Worte meiner Chefin Mella. Wenn sie reden, bist du dran. Selbstmordgedanken, Gewaltfantasien und Rachegefühle – in unserem gemeinsamen intersubjektiven Raum war es möglich, darüber zu sprechen. Aber das war nicht einfach gewesen, dahinter stand jahrelange, harte Arbeit. Beziehungsarbeit.

Zwei Jahre zuvor, kurz nach unserer ersten Begegnung, war er verhaftet worden. Outis hatte uns davon erzählt und gefragt, ob wir ihn besuchen könnten. Er machte sich große Sorgen. Im Gegensatz zu Outis war Adam ein Anführer, die anderen hörten auf ihn. Wenn wir die Jungs wirklich erreichen wollten, mussten wir vor allem Adam erreichen, da war ich mir damals sicher. Also besuchte ich ihn in der Josefstadt, wo auch alle diejenigen untergebracht werden, die bis zu ihrer Verhandlung in Untersuchungshaft bleiben müssen. Wir hatten uns davor nur zweimal gesehen und ich war mir damals nicht sicher, ob er überhaupt noch wusste, wer ich war. Nervös wartete ich im kleinen Besuchsraum. Auf einem Zettel hatte ich mir Notizen für das Erstgespräch gemacht. Schließlich ging die Tür auf und Adam betrat den Raum. Erleichtert atmete ich aus. Wir saßen uns direkt gegenüber, einzig eine Glasscheibe trennte uns voneinander.

»*Hallo, Adam, kennst du mich noch? Wie geht es dir? Behandeln sie dich gut hier?*«, begann ich das Gespräch. »*Ich besuche öfters Jugendliche, die ich kenne, im Gefängnis, aber das geht nur, wenn sie das auch wollen, also freiwillig. Wenn du willst, kann ich auch dich regelmäßig besuchen?*« Er wollte. Und so begann der erste von unzähligen Haftbesuchen.

Er war gerade erst ins Gefängnis gebracht worden und hatte keinen Plan, was eigentlich mit ihm passieren würde. Also erklärte ich ihm Schritt für Schritt, wie so eine Untersuchungshaft eigentlich abläuft. Das ist gar nicht so einfach. In regelmäßigen Abständen findet eine Haftprüfung statt. Liegt Tatwiederbegehungs-, Flucht- oder Verdunklungsgefahr vor, muss man bis zur Hauptverhandlung in Untersuchungshaft bleiben – und das kann mitunter sehr lange dauern.

»*Hast du denn schon einen Anwalt?*«, war meine nächste Frage. »*Ja, ein Mann hat mich besucht. Er hat gesagt, ich soll mich schuldig bekennen, obwohl ich unschuldig bin! Ich habe nicht geraubt, ich habe dem Opfer nur eine Watsche gegeben, weil er behindert gelacht hat. Danach ist das alles hier passiert*«, schoss es aus Adam heraus. »*Der Anwalt glaubt mir nicht und er mag mich auch nicht, ich glaube, er hat Angst vor mir. Er arbeitet mit der Polizei zusammen und will, dass ich weggesperrt werde! Kann ich einen anderen Anwalt haben?«* Er schaute mich mit großen, fragenden Augen an.

»Ich weiß es nicht, Adam, ich fürchte, so leicht ist das leider nicht. Er wird schon seinen Grund gehabt haben, dass er dir das riet, denke ich. Auch wenn du nicht selbst geraubt hast, laut Gesetz kann es schon ausreichen, dass du nur dabei warst. Ich kenne mich da nicht so gut aus, ich bin kein Jurist, aber vielleicht denkt er, dass du auf diese Weise die niedrigste Strafe bekommst?«, fragte ich vorsichtig. Adam schüttelte den Kopf: *»Wieso soll ich etwas zugeben, das ich nicht gemacht habe? Ich habe nicht geraubt, ich schwöre es, Fabian. Bitte glauben Sie mir!«*

Es war eine schwierige Situation. Adam war eingesperrt, ganz allein an einem fremden Ort – und die eine Person, die dafür zuständig war, ihn hier herauszuholen, die Person, die von Gesetzes wegen auf seiner Seite sein musste, war es nicht. Zumindest glaubte er das. Was war wirklich dran an seiner Wahrnehmung?

»Ich glaub' dir, Adam, wir schauen uns das gemeinsam an, okay?« Aber dafür blieb erst einmal keine Zeit. Eine Woche später stand bereits die nächste Haftprüfung an. Es dauerte nicht lange, bis feststand, dass er in Haft bleiben musste. *»Ich besuche dich morgen!«*, sagte ich zu ihm, als er abgeführt wurde. In seinem Gesicht konnte ich sehen, dass er keine Ahnung hatte, was gerade passiert war und was das alles für ihn bedeutete. Ich blieb noch im Saal, da ich noch einen Moment mit dem Anwalt reden wollte. Der war gerade im Gespräch mit dem Richter. Ich wartete. Obwohl ich eigentlich nicht lauschen wollte, schnappte ich dennoch ein paar Wortfetzen auf: »Trottel«, »Monster«, »gemeingefährlich«. Irritiert wartete ich weiter, bis sie das Gespräch beendet hatten, wandte mich dann an den Anwalt und stellte mich kurz vor. Auf dem Weg zum Ausgang fragte ich ihn nach seiner Einschätzung. *»Fünf Zeugen sagen, er ist der Rädelsführer. Sie haben ihn eindeutig erkannt. Er muss einfach Einsicht zeigen und sich schuldig bekennen, der Psycho!«* Ich spürte die Spannung in mir hochsteigen, meine Gedanken überschlugen sich, aber ich war unfähig zu reagieren. Was hatte ich da gerade gehört? Auch wenn

ich zu Adam gesagt hatte, dass ich ihm glauben würde – es hatte in jenem Moment nicht gestimmt. Doch das änderte sich genau jetzt. Vor dem Ausgang des Gerichts verabschiedeten wir uns. »*Ihr Junge hat eine lange kriminelle Karriere vor sich, ich sehe das genau!*«, meinte er. Und er setzte nach: »*Auf Sie wartet viel Arbeit!*«

Mit dem letzten Satz hatte er tatsächlich recht. Gleich am nächsten Tag besuchte ich Adam wieder in Haft. »*Wann kann ich wieder nach Hause?*«, fragte er. Es zerbrach mir fast das Herz, ihm erklären zu müssen, dass er noch sehr, sehr lange nicht nach Hause könnte. Wie lange, konnte ich ihm nicht sagen und das war das Schlimmste für ihn, das Gefühl, hilflos ausgeliefert zu sein. Auch wenn uns eine Glasscheibe trennte, konnte ich seine Angst und seine Ohnmacht spüren. Darum machten wir uns gleich an die Arbeit. Gemeinsam schrieben wir eine Beschwerde an die Rechtsanwaltskammer. Ich fragte Timo und Josef, zwei befreundete Anwälte, ob sie die Verteidigung übernehmen könnten – das Beste, was Adam passieren konnte. »*Ich habe einen Anwalt gefunden, von dem ich mich vertreten lassen möchte*«, sagte er, als er mir vom ersten Gespräch berichtete, und lachte dabei wie ein kleiner Junge. Nach diesen grundlegenden sozialarbeiterischen Aktivitäten konnte jetzt meine eigentliche Arbeit losgehen.

Aber wie beginnt man am besten? Bei der Arbeit im Gefängnis ist die Deliktbearbeitung ein erster wichtiger Anknüpfungspunkt für Interventionen. Was steckt hinter der Tat, was war wirklich passiert? Auch wenn er meinte, selbst keinen Raub begangen zu haben, war er wahrscheinlich doch nicht zufällig dabei gewesen und die Aussage, dass er »*dem Opfer nur eine Watsche gegeben hatte, weil er behindert gelacht hatte*« beunruhigte mich weit mehr als der Vorwurf des schweren Raubs, der im Raum stand.

Wenn junge Männer wie Adam durch gewalttätiges Verhalten auffällig werden, dann ist das immer ein Symptom für tiefergehende Ursachen.[1] Um diese herauszufinden, eignet sich das Fünf-Säulen-Modell der Identität des Psychologen Hillarion Petzold.[2] Vereinfacht ausgedrückt, geht das Modell davon aus, dass sich die Identität eines

Menschen auf folgende fünf Säulen stützt: Leiblichkeit, soziales Netzwerk, Arbeit und Leistung, materielle Sicherheit sowie Perspektiven und Werte. Diese Säulen sind nicht unabhängig voneinander, sondern stehen in Beziehung zueinander: Wird eine der Säulen stärker oder schwächer, hat das Auswirkungen auf die jeweils anderen. Je instabiler und brüchiger die Säulen sind, desto instabiler ist die Identität selbst. Wichtig in diesem Kontext: Jugendliche können sich durch Hinwendung zu einer gewaltbereiten oder extremistischen Gruppe stabilisieren.

Für die Analyse mit diesem Modell wird zuerst die Situation vor dem auffälligen Verhalten betrachtet. Was hat sich verändert? Welche inneren und äußeren Gegenkräfte kann man aktivieren? »*Was ist deine schönste Erinnerung?*«, war daher eine meiner ersten Fragen. Adam erzählte von einem Fallschirmsprung: »*Als Kleinkind bin ich mit meinem Vater mitgesprungen, das ist meine einzige schöne Erinnerung!*«, meinte er. »*Was ist so schön an dieser Erinnerung?*«, fragte ich weiter, »*wie fühlst du dich, wenn du daran denkst?*« – »*Es ist dieser Adrenalinkick, dann spüre ich mich gut. Wenn ich daran denke, fühle ich mich leicht, als würde eine Last von mir abfallen*«, antwortete Adam. Und damit war eigentlich schon alles gesagt.

Adam war voller Narben. An seinen Händen und Armen, an seinem Rücken. Viele davon hatte er sich selbst zugefügt. Mit Feuerzeugen, mit Messern oder durch Schlagen gegen die Wand. Dabei hatte er sich mehrere Finger gebrochen. Adam hatte in seiner Kindheit viel Gewalt gesehen und auch selbst erlebt. Kurz nach dem besagten Fallschirmsprung begann der Krieg in Tschetschenien. Ein paar Jahre später musste er mit seiner Familie flüchten und seine Heimat zurücklassen. Sie hatten alles verloren.

Eine Erfahrung hatte eine besonders tiefe Narbe in seinem Inneren hinterlassen. Als kleiner Junge war er gerade auf dem Weg zu einem Brunnen, um Wasser zu holen. In den Tagen davor hatte es keine Angriffe auf die Stadt gegeben, in der er mit seiner Familie wohnte. Plötzlich hörte er eine Sirene. Dann kamen die Flugzeuge und deren Bomben. Adam musste sich im Brunnen verstecken, den ganzen Tag lang. Ein kleiner Junge in einem engen Schacht, um ihn herum absolute Dunkelheit, über ihm Flugzeuge und Bomben. Diese Erfahrung hat Adams Leben für immer verändert und eine tiefe Verunsicherung in ihm ausgelöst. Er konnte niemandem mehr vertrauen, am allerwenigsten sich selbst und dem, was in seinem Inneren vorging.

Er konnte sich auf nur eines verlassen: dass er stark war. Sehr stark. Er konnte keine Schmerzen mehr spüren, er konnte keine Angst mehr empfinden. Er war unzerstörbar und gewann jeden Kampf, auf der Straße und im Gefängnis. Bei den Jugendlichen war er eine Berühmtheit. Ganz Wien kannte ihn, die Jugendlichen erkundigten sich immer nach ihm, alle wollten, dass ich ihm Grüße ausrichtete. Es gab viele Gerüchte über Adam: Dass er bereits 76 Anzeigen hatte und deswegen im Gefängnis sei oder dass er vom Teufel besessen sei. Außerdem soll er Sex mit seiner Bewährungshelferin gehabt haben. Nichts davon stimmte, aber die Gerüchte kamen nicht von ungefähr. Er hatte sich diesen Ruf selbst aufgebaut.

Es begann mit Raubüberfällen. Am Anfang fiel ihm das noch schwer. Er hatte Mitleid mit den Opfern, denn sie sagten Dinge wie »Bruder, das hat mein Vater mir geschenkt« oder »Bruder, ich gehe zu meiner Mutter ins Spital, bitte, ich brauche das Geld!«. Die ersten zwei Opfer, die er überfallen wollte, ließ er laufen. Seine Freunde lachten ihn aus. Beim dritten Mal war es schon ein bisschen leichter. Je öfter man es macht, desto entspannter wird man, meinte er. Er wählte seine Opfer sorgfältig aus. Er bezeichnete sie als »Tschucksel«, das waren Mitschüler, die teure Kleidung trugen und die neuesten Smartphones besaßen. Sie hatten alles, was er nicht hatte – so rechtfertigte er die Taten vor sich selbst. Er nahm ihnen ihre Handys oder ihr Schulgeld ab. In der Realität sieht das meistens ein bisschen anders aus, als man sich das vorstellt. Die meisten musste er weder schlagen noch mit Waffen bedrohen. Er »überredete« sie, machte ihnen deutlich, dass er der Stärkere war und sie das tun mussten, was er sagte. Und darum ging es eigentlich, das Schulgeld und die Handys selbst spielten für Adam keine große Rolle. Ihm ging es darum, Macht auszuüben, sein Gegenüber zum Opfer zu machen. Er war der Stärkste, das gab ihm Sicherheit.

Denn Adams Identität war instabil. Die traumatischen Erlebnisse und Gewalterfahrungen gefährdeten die Stabilität der ersten Säule der Identität, die der Leiblichkeit. Er konnte sich auf das, was in seinem Inneren vorging, nicht verlassen, er konnte sich nicht spüren außer in extremen Situationen. Deshalb war Gewalt so anziehend für ihn. Auch seine Säule der sozialen Beziehungen war brüchig. Er war zwar eine Berühmtheit bei den Jugendlichen, aber er hatte wenige echte Freunde und Beziehungen, die auf gegenseitiger Anerkennung und Respekt beruhten. Die meisten Jugendlichen in seinem Umfeld hatten Angst vor ihm, denn er gewann jeden Kampf und hatte keine Hemmungen davor, sofort zuzuschlagen. Damit füllte er auch die dritte Säule seiner Identität, die Säule der Leistung. Seine Narben hatten ihn unzerstörbar und furchtlos gemacht. In unserer Welt nützte ihm das nichts, denn er war nicht sonderlich intelligent und hatte immer wieder schlechte Phasen. In unserer Welt war er ein Niemand und das wirkte sich auf die vierte Säule der Identität, auf seine Perspektiven, aus. Hilfsarbeiter auf der Baustelle, mehr war nicht drin für ihn.

Er versuchte, seine körperliche Stärke auf seine emotionale Ebene zu übertragen, seine traumatischen Erfahrungen zu unterdrücken, aus seinem Bewusstsein zu verbannen und ganz tief in seinem Inneren zu vergraben, damit sie niemals wieder herauskommen könnten. Aber das funktionierte nicht, ganz im Gegenteil. Die Dunkelheit aus dem Brunnenschacht hatte sich in seinem Inneren festgesetzt, brodelte dort im Verborgenen und erhob sich immer wieder aus scheinbar nichtigem Anlass. In solchen Situationen konnte er sich nicht mehr kontrollieren, die Dunkelheit, seine inneren Dämonen beherrschten seine Emotionen.

Es kam immer wieder zu Auseinandersetzungen mit Mithäftlingen oder Justizwachebeamten. Er war misstrauisch, fühlte sich schnell angegriffen und explodierte sofort. Unbewusst schaffte er sich bei Begegnungen mit anderen Menschen genau jene Situationen, die ihn darin bestätigen, dass er in unserer Welt »ein Niemand«, »ein Trottel« oder »ein Psycho« war. All das wirkte sich auf die letzte, jedoch sehr tragende Säule aus. »Auge um Auge, Zahn um Zahn.

Ich werde mich nicht unterdrücken lassen, mir nichts gefallen lassen und mich niemandem unterordnen, außer Gott« – darauf baute er sein Bild von sich selbst auf, damit füllte er die fünfte Säule seiner Identität, die Säule der Werte.

Es gab gute Phasen und auch viele schlechte Phasen. Manchmal war er zu erledigt, um zum Besuch zu erscheinen, manchmal konnte er kaum sprechen. Immer wieder äußerte er düstere Gedanken. Es ging um die Dunkelheit in seinem Inneren, um Dämonen, um Monster, den Daddschāl (eine Art Antichrist im Islam) und um den Tag des Jüngsten Gerichts. Ich habe nicht alles verstanden, aber ein Satz ließ mich aufhorchen: »*Ich verliere schön langsam die Lust auf dieses Leben.*« Ich spürte wieder die Spannung in mir hochsteigen.

Es war das erste Mal, dass mir ein Jugendlicher gegenübersaß und davon sprach, sich das Leben nehmen zu wollen. Eigentlich überraschend, denn jeden Tag nehmen sich durchschnittlich 25 Menschen in Deutschland das Leben, der Großteil davon Männer,[3] denn während Frauen in unserer patriarchal strukturierten Welt früh lernen müssen, mit Erniedrigung und Abwertung umzugehen, sind Männer viel mehr auf äußere Erfolge angewiesen und sehr schlecht darin, mit Verletzungen fertigzuwerden.[4] Es gibt unzählige Rituale in ihrer Welt, die ausschließlich dazu dienen, ihre fünf Säulen der Identität und ihr brüchiges Selbstbild zu stabilisieren. Wir reden viel zu wenig über dieses Thema – genau das änderte sich von diesem Moment an im intersubjektiven Raum zwischen Adam und mir. Ich erkannte: Wir mussten diese Gefühle in Worte fassen.

Was Adam eigentlich brauchte, war eine therapeutische Behandlung, aber das war vor der Hauptverhandlung nicht möglich. Das Gefängnis war kein guter Ort für Adam, er geriet ständig in Situationen, die ihn weiter verunsicherten. Daran konnten wir vorerst nichts ändern, daher versuchten wir gemeinsam herauszufinden, welche Momente gefährlich für ihn waren und was sie in ihm auslösten. Er lernte, diese Situationen zu erkennen und vor allem seine Gefühle zu benennen. Wir machten uns auf die Suche nach inneren und äußeren Gegenkräften und bauten sie gemeinsam auf. Ein Foto seines Bruders, tägliche Liegestütze und Klimmzüge, eine Psychologin, zu der er Vertrauen fassen konnte, Justizwachebeamte, mit denen er sich gut verstand, und natürlich auch meine Besuche. Nach und nach formten wir eine sichere Umgebung um ihn herum. Aber das alleine reichte nicht. Selbstmordgedanken sind immer auch Teil eines verengten Blickwinkels und er hatte einen Tunnelblick, ähnlich wie Dzamal, als dieser sich in den Zug Richtung Syrien gesetzt hatte. Wie der deutsche Psychoanalytiker Wolfgang Schmidtbauer in seiner »Psychologie des neuen Terrorismus« beschreibt, brauchen Menschen, die sich in einer Situation wie Adam befinden, vor allem eine Perspektive.[5]

Daher trafen wir eine Vereinbarung: Er sollte versuchen, durchzuhalten und seine schlechten Gedanken, seine inneren Dämonen, zu bekämpfen. Im Gegenzug versuchte ich, einen Tandemfallschirmsprung für uns zu organisieren. Bei den Haftbesuchen feilten wir gemeinsam an dem Plan. Aber nicht nur das, wir redeten über fast alles miteinander. Er lehrte mich seine Muttersprache und ich erzählte ihm von der Welt außerhalb der Gefängnismauern. Von seinen Freunden, von seinem Bruder, aber auch von meiner Welt. Ich schickte ihm sogar eine Postkarte von unserer Israelreise mit den Jungs, auf die wir uns nach dem Spendenprojekt begeben hatten. Alle unterschrieben. Seine Augen leuchteten. Ich erzählte ihm von Jerusalem, der Klagemauer, der Al-Aqsa-Moschee und der Grabeskirche. »*Obwohl Sie Christ sind, besuchen Sie mich*«, sagte er und schaute mich beschämt an. Ich lachte. »*Ich bin zufälligerweise in einer nicht muslimischen Familie und du zufälligerweise in einer muslimischen Familie geboren worden, warum sollte uns das voneinander trennen? Das Einzige was uns trennt, ist diese blöde Glasscheibe zwischen uns!*« Wir lachten gemeinsam.

Nach und nach merkte Adam, dass er nicht alleine war, dass es Menschen in seiner Umgebung gab, denen er wichtig war. Diese positiven und stabilen Beziehungen gaben ihm die Sicherheit, die er brauchte, um nach und nach sein Bild von sich zu verändern. Nach der Gerichtsverhandlung bekam er eine bedingte Entlassung, eine zweite Chance, eine echte Perspektive. Doch auch seine inneren Dämonen wurden wieder stärker.

Shahid

Zurück zum Gespräch auf der Donaupromenade, zwei Jahre später, als Adam den Tränen nahe war: Eigentlich schien doch alles so gut zu laufen. Vor ein paar Wochen hatte er ein Interventionsgespräch bei einem muslimischen Religionspädagogen und Deradikalisierungsexperten gehabt. Adam berichtete mir direkt davon. Der Sheikh, meinte er damals, habe ihm gesagt, dass er den Islam falsch gelernt habe, aber das sei gar kein Problem, er kenne Leute an der Universität von Medina in Saudi-Arabien und könne Adam dorthin bringen, dann könne dieser den Islam endlich richtig lernen. Adam war begeistert. Aber jetzt war wieder alles wie vorher. Er konnte nicht aufhören daran zu denken, als Shahid für den IS zu sterben.

»*Okay, Adam, alles cool, ich bin da, schauen wir uns alles in Ruhe gemeinsam an. Danke erst mal für das Vertrauen, dass du mit mir darüber redest!*« Ich berührte ihn an der Schulter. Er zuckte kurz, aber nahm die Berührung an. Ich ließ meine Hand ein paar Sekunden dort liegen: »*Was geht gerade in dir vor, Adam? Ist irgendetwas passiert?*« Er erzählte mir von einer Polizeikontrolle ein paar Stunden zuvor: »*Wenn mich alle behandeln wie ein Terrorist, dann werde ich halt einer!*« Trotzig wie ein kleiner Junge blickte er mich an.

Und das bringt uns ein weiteres Mal zur Geschichte vom kleinen Jungen, der seine Heimat verlassen musste. Seine Welt ist zusammengebrochen – er kann nicht mehr lachen. Nie wieder. Ein Dämon hat sich in seinem Inneren festgesetzt, denn er hat viel Unrecht gesehen, mehr als andere in seinem Alter, mehr als ein kleiner Junge verkraften kann. Er musste schnell erwachsen werden und feststellen, was das Leben wirklich bedeutet: Schmerz. Sein Leben ist leer wie die feindliche Welt aus Beton, für die er seine Heimat verlassen musste. Er fühlt sich betrogen, denn er hat viel verloren und nichts gewonnen. Alle machen sich über ihn lustig, es tut weh, immer wieder. Er erlebt eine Verletzung nach der anderen, die er weder ertragen noch verleugnen kann. Es gibt nur eine Sache, bei der er sich sicher ist: Jemand wird dafür bezahlen müssen.

Ich wartete kurz, versuchte Adams Blick zu finden und schaute ihm lange in seine trotzigen, wütenden Augen. »*Adam, ganz ehrlich, schau mal dein Outfit an. Ganz im Camouflage-Anzug, das Symbol auf deiner Kappe. Wenn ich nicht wissen würde, was dieses Symbol wirklich bedeutet, wenn ich dich nicht kennen würde, würde ich mir denken, du bist komplett wahnsinnig oder gefährlich! Die anderen Menschen können ja nicht wissen, was wirklich in dir vorgeht!*« Ich atmete kurz durch. »*Gut, gehen wir es noch einmal ganz genau durch: Was spricht dafür, sich dem sogenannten Islamischen Staat anzuschließen und was spricht dagegen?*« Ich öffnete meinen Rucksack, nahm meinen Notizblock und einen Stift heraus, blätterte bis zu einer leeren Seite und zog einen langen Strich in der Mitte des Blattes.

Adam legte sofort los. »*Wenn man als Shahid stirbt, bekommt man die höchste Stufe im Paradies*«, sagte er entschlossen. Ich notierte es. »*Und was spricht dagegen?*« Er senkte den Blick. »*Sie töten Muslime …*«, antwortete er zögernd. »*Das ist ein sehr wichtiges Argument! Das unterstreiche ich, okay? Machen wir weiter? Um ein Shahid zu werden, ist der IS, glaube ich, nicht der richtige Weg. Warum überzeugt dich der IS?*« – »*Sie sind sehr stark! Sie werden zuerst Syrien erobern, dann Irak und Saudi-Arabien. Und dann kommt der Tag des Jüngsten Gerichts und dann können wir endlich Rache nehmen an den Diktatoren!*«

Diese Szene mag etwas seltsam wirken. Eine Pro- und Contra-Liste zum Thema, ob man sich dem IS anschließen sollte oder nicht? Warum ist es so wichtig, ob der IS Muslim:innen tötet oder nicht? Und was genau ist ein Shahid? Beginnen wir am Anfang, also eigentlich am Ende: beim Tag des Jüngsten Gerichts. Eine Vorstellung, die sich durch viele Kulturen und Religionen zieht. Auch im Islam gibt es diese Geschichte. In den meisten sunnitischen Versionen gibt es verschiedene Anzeichen, die darauf hinweisen, dass der Tag des Jüngsten Gerichts kommen wird. Wenn Bosheit und Unterdrückung Überhand nehmen, erscheint der Mahdi, der letzte rechtgeleitete Kalif und Nachkomme des Propheten. Er wird den Glauben stärken und gemeinsam mit Isa, also Jesus, den Daddschāl töten und mit ihm auch all das andere Unrecht auf der Welt beseitigen. Danach werden alle Menschen, die je gelebt haben, erweckt und vor Gott gerufen. Ihre guten und schlechten Taten werden gegeneinander aufgewogen und dann entscheidet Gott, wer ins Paradies und wer in die Hölle kommt.[6]

Wie kommt man ins Paradies? Wie kann man wissen, ob die guten Taten mehr wiegen als die schlechten? Diese Frage war für Adam sehr wichtig, denn er hatte in seinem Leben schon viel Mist gebaut. Die sicherste Variante, so glaubte er, war daher, als Shahid, als »Märtyrer auf dem Weg Gottes«, zu sterben, denn dann würden alle seine Sünden vergeben werden. Aber wie wird man Shahid? Für Muslim:innen gibt es dafür unzählige Möglichkeiten. Zum Beispiel, wenn man beim Gebären, durch Ertrinken, Verbrennungen oder andere Unfälle ums Leben kommt. Oder wenn man im Krieg stirbt. Also eigentlich immer dann, wenn einem das Leben unverschuldet genommen wird. Aber auch, wenn man beim Versuch stirbt, sein Eigentum, sein Leben oder das anderer Menschen zu verteidigen. Das ist dann allerdings ein bisschen komplizierter. Im Wesentlichen geht es vor allem darum, dass das Glaubenszeugnis, also die Handlung, die zum Tod geführt hat, einerseits theologisch legitim und andererseits zum Vorteil der Gemeinschaft ist.[7]

Das spielte für Adam eine große Rolle. Er fühlte sich verantwortlich für das Leid seiner Brüder und Schwestern in Syrien und war der Meinung, der IS sei für ihn die einzige Möglichkeit zu helfen. Aber er war sich nicht ganz sicher. Er hatte Zweifel. Zweifel daran, ob er wirklich ein Shahid werden würde, wenn er für den IS sterben würde. Und das war mein wichtigster Anknüpfungspunkt beim Gespräch an diesem Tag mit Adam auf der Donaupromenade. Darum auch die Pro- und Contra-Liste. Die Distanzierung von einer extremistischen Gruppe oder Geschichte beginnt immer mit Zweifeln[8] und die Verstärkung dieser Zweifel ist zentral in der Arbeit mit Jugendlichen wie Adam. Das ist in solchen Phasen der Entfremdung zumeist die einzige Möglichkeit, um ein Window of Opportunity zu öffnen und sie zu erreichen. Mit diesem Ansatz hatten wir viel erreicht in den vorherigen zwei Jahren, mittlerweile hatte sich einiges verändert: Die meisten Jugendlichen, mit denen ich gearbeitet hatte, auch die meisten Freunde von Adam, interessierten sich nicht mehr für den IS.

Was war passiert?

Ein Kalifat, ein Staat für Muslim:innen, errichtet nach dem Vorbild Mohammeds und seiner Gefährten. Eine neue Welt, aufgebaut auf islamischen Werten, auf den Gesetzen Gottes. Diese Utopie, dieses Bild von sich konnte der IS nicht lange aufrecht halten. Am 03.02.2015 wurde ein Video veröffentlicht, in dem eine Geisel bei vollem Bewusstsein und lebendigem Leibe verbrannt wird. 22 Minuten lang kämpft der gefangene jordanische Pilot Muʿādh al-Kasāsba in einem stehenden Eisenkäfig um sein Leben. Trotz der professionellen, aufwendigen Produktion erzielte das Video nicht den gewünschten Effekt. Das Verbrennen von Gefangenen widerspricht so ziemlich allen islamischen Werten. Mit diesem Video verbrannte auch die Utopie von einem Kalifat, aufgebaut auf Gottes Gesetzen. Es war für Adam und seine Freunde in den Diskussionen unmöglich, das zu rechtfertigen, sie fanden keine Argumente dafür, es gab keine theologische Legitimation. »Sie töten Muslime«, das war auch Adam seit diesem Video klar. Mit Selbstverteidigung hatte das nichts zu tun.

Ein »Islamischer Staat« kann nur dann ein Kalifat sein, wenn der Kalif von der islamischen Welt als politische und religiöse Autorität anerkannt wird. Der IS hatte sich dafür große Mühe gegeben, der Kalifendarsteller Al-Baghdadi behauptete sogar, direkt von der Blutlinie Mohammeds abzustammen und daher der legitime Nachfolger des Propheten zu sein. Auch die Vorstellung vom Tag des Jüngsten Gerichts hatten sie in ihre Geschichte vom Globalen Dschihad eingebaut. Der Funke sei im Irak entzündet worden, und die Flammen würden sich – mit Gottes Erlaubnis – weiter verstärken, bis die Armeen der Kreuzfahrer in Dabiq, einer Stadt im Norden von Syrien, verbrennen würden. Dort sollte dann schon bald der Mahdi erscheinen, alle Anzeichen deuteten daraufhin. Es gibt einige Überlieferungen, in denen seine Ankunft durch ein Heer, das schwarze Fahnen führt, angekündigt wird.[9] Darauf bezog sich auch der sogenannte Islamische Staat: In seiner Erzählung wehten diese Fahnen schon über der Hauptstadt des Kalifats, über den Dächern Raqqas. Die schwarzen Flaggen mit dem weißen arabischen Schriftzug in der Mitte, das Symbol des IS, das auch Adam auf seiner Kappe hatte.

Was bedeutet dieses Symbol? Der weiße arabische Schriftzug darauf ist eine vereinfachte Version des Glaubensbekenntnisses, der Shahāda, der ersten Säule im Islam, kombiniert mit einem Abdruck des Stempel-Rings des Propheten: »Ich bezeuge, dass es keinen Gott außer Gott selbst gibt, und ich bezeuge, dass Mohammed der Gesandte Gottes ist«, dieser Satz ist ein Teil aller islamischen Gebete und stellt den Tauhīd, den Glauben an die Einheit und Einzigartigkeit Gottes, dar.[10] Wichtig ist an dieser Stelle vor allem, dass die Shahāda für alle Muslim:innen auf der ganzen Welt eine emotionale Bedeutung hat, und genau daran knüpft der sogenannte Islamische Staat an. Sie bedienen sich solcher Symbole und Begriffe, um breiter anknüpfbar zu werden und theologisch legitim zu erscheinen. Aber das funktionierte nicht lange. Nicht eine einzige wichtige islamische Organisation, kein einziger Gelehrter, kein einziges mehrheitlich muslimisches Land erkannte Al-Baghdadi als rechtmäßigen Kalifen an. Schon kurz nachdem das selbsternannte Kalifat am 29.06.2014 ausgerufen wurde, wurde es in zahlreichen Fatwas, also Rechtsgutachten muslimischer Gelehrter, scharf verurteilt.

Die wahrscheinlich wichtigste Fatwa war eine Deklaration der renommierten Al-Azhar-Universität in Kairo am 27.09.2014. Das Dokument setzt sich intensiv mit der Islam-Interpretation des IS auseinander. In insgesamt 24 Thesen wird ganz genau begründet, warum der IS und sein Kalifat aus islamischer Sicht abzulehnen sind:

> Es ist im Islam verboten, Frauen ihre Rechte zu verwehren, die Sklaverei wieder einzuführen oder Menschen zu foltern und zu entstellen. [...] Der Jihad ist ein Verteidigungskrieg. Er ist ohne die rechten Gründe, die rechten Ziele und ohne das rechte Benehmen verboten! Es ist im Islam verboten, Christen und allen Schriftbesitzern – in jeder erdenklichen Weise zu schaden oder sie zu missbrauchen und es ist eine Pflicht, die Jesiden als Schriftbesitzer zu erachten.[11]

120 Imame und Gelehrte aus der ganzen Welt, aus Ägypten, Palästina, Marokko, Indonesien, Indien, Europa und sogar aus Saudi-Arabien unterzeichneten das Dokument.

»Es ist im Islam verboten, ohne Konsens aller Muslime ein Kalifat zu behaupten.« Es dauerte allerdings lange, bis das auch im Westen ankam. Vor allem in den Boulevardmedien dominierte hierzulande immer noch die Vorstellung, dass die meisten Muslim:innen mit dem IS sympathisieren oder ihn zumindest nicht offen ablehnen würden. Sie strotzten vor Bildern, die direkt aus der IS-Propaganda übernommen wurden, wie die Bilder der Heldendarsteller. Die Medien wussten genau über das Clickbait-Potenzial der hochqualitativen Bilder Bescheid und nutzen sie zu ihren Zwecken.

Aber es gab auch Ausnahmen. Journalist:innen, die dahinter blicken wollten. Zum Beispiel mein Bekannter Marian von den *Salzburger Nachrichten*, mit dem ich mich viel austauschte. Ich hatte ihm englischsprachige Artikel über die erwähnte Deklaration der Al-Azhar Universität geschickt und am 29.10.2014 erschien schließlich sein Text mit dem Titel »Es ist im Islam verboten ...« in der *SN*, die immerhin eine der größten österreichische Tageszeitungen ist. Der Artikel schaffte es zwar nur auf Seite sechs, aber endlich gab es eine deutsche Übersetzung der 24 Thesen der Al-Azhar-Universität. Ich habe mir den Artikel ausgeschnitten, in meinen Rucksack gepackt und allen Jugendlichen gezeigt. Es ist zwar nicht so, dass sich die Jugendlichen viel für Deklarationen irgendwelcher Universitäten interessierten, aber es war trotzdem ein wichtiges Gegennarrativ zu der Vorstellung, dass der IS theologisch legitim sei und im Namen der Umma handeln würde. Und das kam an bei ihnen.

Gegennarrative beziehen sich direkt auf Erzählungen wie die Geschichte vom Globalen Dschihad und versuchen die Propaganda und ihre Mechanismen zu entlarven. Das kann anhand theologischer oder sachlicher Argumentation geschehen, aber auch mittels Humors: »Es ist im Islam vollkommen verboten, Recht zu sprechen, wenn die arabische Sprache nicht gemeistert wurde«, war zum Beispiel eine These in der Fatwa. Ein Kalifendarsteller, der von sich behauptet, der Nachfolger Mohammeds zu sein, aber aufgrund seiner mangelnden Kenntnisse des Arabischen als heilige Sprache große Fehler bei der Auslegung von Quran und Sunna macht: Nicht mal SadiQ hätte Al-Baghdadi besser dissen können als die Al-Azhar-Universität. So sahen das mittlerweile auch Dzamal und Outis. Für sie war dieser Artikel eines von vielen Puzzleteilen, die dazu führten, den IS und seine Version der Geschichte vom Globalen Dschihad abzulehnen. Denn Zweifel hatten sie alle immer wieder daran, dass der IS vielleicht doch nicht für eine gerechte Sache kämpfte oder dass Firas und Oliver in den Interviews vielleicht doch nicht die Wahrheit gesagt hatten oder ob es tatsächlich richtig war, Gewalt anzuwenden. Ich habe den Zeitungsartikel immer noch im Rucksack, bis heute.

Auch Adam hatte ich den Artikel damals gezeigt. In vielen Gesprächen haben wir über seinen Wunsch, als Shahid zu sterben, gesprochen. Darüber, dass der Islam die Verdienste eines Märtyrers zwar anerkennt, die Tötung von Zivilist:innen aber ächtet. Wir haben auch darüber gesprochen, dass im Islam die Selbsttötung verboten ist und dass nur Gott das Recht zusteht, Leben zu geben und Leben zu nehmen. Auf der Ebene des Verstandes wusste er, dass die IS-Version des Shahid-Narrativs falsch ist, aber das alleine reichte nicht.

Es gibt ein großes Missverständnis in der Diskussion über die Deradikalisierung von Jugendlichen. Es reicht nicht, ausschließlich auf der Ebene des Verstandes anzusetzen, denn in dem Prozess, der gemeinhin als Radikalisierung bezeichnet wird, ist vor allem die Ebene der Emotionen entscheidend. Und niemand wusste das besser als der sogenannte Islamische Staat. Die Propagandavideos hatten sich verändert. Das Kalifat war verbrannt, daher spielten sie ihre letzte und beste Karte aus. Sie setzten auf ein dunkles, kaum kontrollierbares Verlangen, das jeden heimsuchen kann: Rache.

Tötet sie, wo immer ihr sie findet

> Wir sagen zu euch, oh ihr Kreuzfahrer, ihr werdet von Sicherheit träumen, solange ihr die Muslime auf dem Boden der Khilafah bombardiert! Wenn ihr mit dieser Koalition nicht aufhört, so werden wir euch – durch Allahs Erlaubnis – inmitten eures Landes bekämpfen, bis wir eure Straßen mit Schrecken füllen und bis wir Rom – in shaa Allah – erobern, den Athan rufend, betend und eure Kreuze zerbrechen. Ihr werdet den Terror in euren Ländern kosten.

»Und tötet sie, wo immer ihr sie findet!« wird mit einem schnellen Schnitt auf dem Bildschirm eingeblendet. Die Worte kommen aus dem Mund von 'Ali und 'Ukashah. »Möge Allah ihre Shahāda, ihr Glaubenszeugnis, annehmen«, steht unter ihren Namen – die IS Version des Shahid-Narrativs. Die beiden starben am 13.11.2015 in Paris und nahmen 130 unschuldige Menschen bei einem terroristischen Amoklauf mit in den Tod. Am 24.01.2016 veröffentlichte der IS über sein Medienportal Al-Hayat das Video »Tötet sie, wo immer ihr sie findet!«[12]

Das Video beginnt mit einem Zusammenschnitt von Nachrichtenmaterial über den Angriff auf das Bataclan und anderen Aufnahmen von jenem Abend, kombiniert mit Überwachungskamera- und Luftaufnahmen. Versehen mit animierten Einblendungen wird so ein Satelliten- oder Drohnenblick imitiert, der die verschiedenen Angriffsziele in Paris ins Visier nimmt. Das Video soll wohl ein besonders »action-affines« Publikum ansprechen, junge Männer wie Adam. Diese Militär-Videogame-Optik zieht sich durchs ganze Video. Als Nächstes erscheint eine sorgfältig arrangierte Helden-Collage im Stil eines Actionfilm-Kinoplakats. Statt Silvester Stallone, Arnold Schwarzenegger oder Vin Diesel zeigt dieses »Poster« aber Ali, Ukashah und die anderen Attentäter. Mit ihren Camouflage-Outfits wirken sie wie eine Einheit, eine eingeschworene Kampftruppe. Unter jedem Porträt ist der Kampfname der Attentäter zu sehen. So wird der Helden- beziehungsweise Märtyrerkult und der Ruhm jedes einzelnen »Löwen Allahs« an Jugendliche wie Adam vermittelt. Zusammengestellt wie ein Charakterauswahl-Bildschirm in einem Computerspiel, wirkt es fast so, als ob die Zuseher:innen ihren eigenen Helden auswählen können. Als Erstes ist Abu an der Reihe:

> »Ich wurde von Amir al-Mu'minin Abu Bakr al-Baghdadi – möge Allah ihn bewahren – geschickt, um die Erde von den Kuffar, wer auch immer und wo immer sie sind, zu bereinigen! Bei Allah, wir sind zu euch mit der Schlachtung gekommen und unsere Messer nähern sich euren Nacken, Tag um Tag! Bei Allah, durch Allahs Erlaubnis, werden wir euch inmitten von Paris und beim Eiffelturm bekämpfen!

»Und tötet sie, wo immer ihr sie findet« wird erneut eingeblendet. In diesen siebzehn Minuten finden sich alle wichtigen Elemente und Mechanismen der Geschichte vom Globalen Dschihad. Aber auch wenn wir diese Geschichte seit dem Elften September mit Selbstmordanschlägen verknüpfen: Die Verbindung von Terrorismus, also Gewalt mit dem Ziel, Angst und Schrecken zu verbreiten, mit dem Todeswunsch eines Attentäters ist ein relativ neues Element in dieser Geschichte.

Auch wenn es davor schon einzelne Selbstmordanschläge gab, erst Mitte der Neunzigerjahre übernahm die Hamas diese »Waffen der Schwachen« von linken und nationalistischen palästinensischen Gruppen und setzte sie systematisch im Kampf gegen die »israelische Übermacht« ein.[13] Da die muslimischen Überlieferungen das Töten von Zivilist:innen und den Selbstmord ächten, überwiegen in den Rechtfertigungserzählungen seit dem Aufkommen von Selbstmordanschlägen vor allem sachliche Argumente: Ein übermächtiger Gegner, der einem keine Wahl lässt, und ein Zweck, der die Mittel heiligt. Die Anschläge wurden dabei immer als Rache für die Massaker an der palästinensischen Zivilbevölkerung gerechtfertigt. Mit Beginn der Zweiten Intifada nach den gescheiterten Friedensverhandlungen in Oslo ging die Hamas zu gezielten Terroranschlägen auf israelische Zivilisten:innen über. Aufgrund der allgemeinen Wehrpflicht seien sie als militärische Ziele zu betrachten, hieß es. Auch in den Videos des sogenannten Islamischen Staates findet die Rechtfertigung, weshalb die Opfer aus Sicht des IS getötet werden müssen, einen festen zeremoniellen Platz. In »Tötet sie, wo immer ihr sie findet« werden die Anschläge im Bataclan als Vergeltung für den französischen Kolonialismus und den sogenannten Krieg gegen den Terror gerechtfertigt.

Die durchdachte Inszenierung einer großen Geschichte, die Bezugnahme zu theologischen Elementen von hoher symbolischer Bedeutung, die Mechanismen zur Aktivierung von Rachegefühlen und die aufwendige Produktion des Videos – all das wäre überflüssig, wenn es nicht Gegenkräfte zu überwinden gäbe. Denn es gibt in uns allen einen inneren Widerstand, andere Menschen zu töten, und es ist gar nicht so einfach, diesen Widerstand zu brechen. Eine bestimmte Regel verbindet alle Menschen, alle Kulturen und Religionen miteinander. »Liebe deinen Nächsten wie dich selbst«, heißt es im Christentum, »Niemand von euch ist ein Gläubiger, bevor er nicht für seine Brüder wünscht, was er für sich selbst begehrt«, lehrt der Islam.[14] »Was du nicht willst, dass man dir tu', das füg auch keinem anderen zu«, heißt das Gesetz in meiner Welt – die Goldene Regel, der wohl wichtigste Grundsatz aller praktischen Ethik. Damit dieser Widerstand aufgehoben werden kann, ist eine Entmenschlichung der späteren Opfer nötig:

> Ich richte jetzt meine Nachricht an jene, welche noch in Frankreich sind, die den Islam beanspruchen: Bei Allah, ich frage mich: Was macht ihr dort? Wir werden jeden Tag getötet und ihr seid dort mit gebundenen Händen, lebt unter ihnen, schlaft und esst mit ihnen, mit diesen Kuffar, während ihr etwas von Ehre zeigen könntet und in ihre Gesichter spuckt, wenn ihr keine Waffen findet, ihre Köpfe mit Steinen zertrümmert, sie mit euren Autos überfahrt und sie erschreckt. Bewegt euch! Wacht auf, bevor es zu spät ist und sie anfangen euch zu schlachten!

Und wieder die Einblendung: »Und tötet sie, wo immer ihr sie findet!« Abu steht in der Wüste, Camouflage-Outfit und Stirnband, vor ihm kniet ein Mensch in orangefarbener Kleidung. Die Kamera springt auf sein Gesicht, ein Fadenkreuz wird direkt auf seiner Stirn eingeblendet. »Murtad«, also Abtrünniger, steht darunter. In der Welt des IS wird sein Blut durch die Anwendung des Takfir-Konzepts halal – es ist erlaubt, ihn zu töten. Abu setzt von hinten ein Jagdmesser an den Hals seines Opfers und beginnt den Kopf abzutrennen, abgewandt, damit er ihm nicht in seine Augen sehen muss.

Abu hatte die Goldene Regel gebrochen. Es war nicht das erste Mal, dass er diese Regel gebrochen hatte, und es sollte nicht das letzte Mal bleiben. Wer gegen die Regel verstößt, versucht, die Richtigkeit dieser Entscheidung durch Wiederholung zu bestätigen, und tötet wieder. Mit jedem Mal wird es einfacher und irgendwann wird das Töten zur Routine.[15] In aller Ruhe schneidet Abu seinem Opfer den Hals durch – als wäre es das Normalste auf der Welt. Und wie ein kleiner Junge lacht er dabei in die Kamera.

Der Vergleich mit dem kleinen Jungen mag an dieser Stelle vielleicht irritierend sein, aber er hilft zu verstehen, worum es eigentlich geht. Wir alle erleben Verletzungen, die wir ertragen können, und andere, die unsere inneren Kräfte überfordern. Manche scheinen so schwer, dass wir nicht mit ihnen weiterleben können. Wir müssen sie aufheben, rückgängig machen, aber das geht nicht. Rache ist die unheimlichste aller Emotionen. Diese Gefühle sind uns nur allzu vertraut, jeder Mensch, der sich mit seinem Inneren beschäftigt hat, kennt die eigenen dunklen Seiten: Rachegedanken und Gewaltfantasien. Aber zumeist bleiben sie nur Fantasie.

Was Selbstmordattentäter und Amokläufer von anderen unterscheidet? Es ist vor allem ein Mangel an Gegenkräften, die bei den meisten Menschen aufgebaut werden. Wenn jemand mit einer erhöhten Verwundbarkeit in eine Situation gerät, die ihn verletzt und ihm gleichzeitig Möglichkeiten anbietet, eigene Gewaltausübungen zu rechtfertigen, ist er stärker gefährdet, zum Täter zu werden. Der Reizschutz und die Reizverarbeitung sind geschwächt, parallel dazu ist auch die Fähigkeit der inneren Abwehr reduziert, mit deren Hilfe Primitivreaktionen in Schach gehalten werden können. Der Blickwinkel verengt sich, die Welt wird zu einer feindlichen Umgebung, alle Hindernisse, denen man begegnet, werden nach einem einfachen Muster in Schwarz und Weiß, in Gut und Böse eingeordnet. Die Anderen werden vollständig ihrer Menschlichkeit beraubt, sie sind das reine Böse, das nichts anderes verdient als Rache.[16] Wie Abu im Video es betont: *»Blut für Blut – dies ist, was euch erwartet, ihr Kuffar!«* Es dauert fast zwanzig Sekunden, dann legt er den abgetrennten Kopf auf den leblosen Rumpf des Mannes und lacht. Er wirkt glücklich, erleichtert, so als würde eine schwere Last von ihm fallen.[17]

Was die IS-Version des Shahid-Narrativs für Adam so anziehend machte, war, dass es ihm ermöglichte, die eigene Kränkungsqual mit einem Schlag zu beenden und dafür auch noch belohnt zu werden. Im Jenseits das Paradies, im Diesseits berühmt und berüchtigt. Für die einen ein Terrorist, ein Monster. Für die anderen ein Märtyrer, ein Held. Und genau das machte mir große Sorgen.

Die Anziehungskräfte waren sehr stark, stärker als sämtliche Gegennarrative. Es war nicht schwer, Adams Vorstellung, dass er als IS-Kämpfer für eine gerechte Sache sterben würde, zu dekonstruieren, ihm zu erklären, warum sie falsch war, aber er fiel immer wieder darauf zurück. Das musste er ja, alle fünf Säulen seiner Identität bauten darauf auf. Würden die Säulen wegfallen, würden seine Identität und damit er selbst einstürzen. Gegennarrative allein reichten nicht, um ein »Window of Opportunity« zu öffnen. Um Adam zu ermöglichen, sich vom IS und der Geschichte vom Globalen Dschihad zu distanzieren, mussten wir alternative Angebote finden, mit denen Adam seine Identität stabilisieren konnte. Die Universität in Medina, die ihm im Deradikalisierungsgespräch vorgeschlagen worden war, war kein alternatives Angebot für Adam. Es passte nicht in seine Welt, er konnte kein Arabisch und hatte nicht einmal einen Pflichtschulabschluss. Was er vor allem brauchte, war eine sichere Umgebung, in der er sich auskannte, auf die er vertrauen konnte.

»Ich liebe das Gefühl von Adrenalin, dann kann ich mich spüren.« Der Wunsch, etwas zu erleben, sich zu messen und an die eigenen Grenzen zu gehen, war für Adam überlebensnotwendig. Ihm war langweilig, er wollte sich ausprobieren und an seine Grenzen gehen. Etwas völlig Normales für Jungs in seinem Alter, und genau da setzten wir an. Adam war nicht nur stark, er war auch unglaublich beweglich. Ein Rückwärtssalto aus dem Stand oder zehn Flickflacks hintereinander, alles kein Problem für ihn und er hatte keine Angst, sich dabei zu verletzen. Adam wurde Co-Trainer in der Parcours-Gruppe meines Kollegen Martin. Die anderen Jugendlichen bewunderten ihn, sie sahen zu ihm auf.

Gemeinsam mit meinem Kollegen Martin und zwei anderen Jugendlichen fuhren wir nach Niederösterreich zu der Husky-Farm von meinem Kollegen Lukas.[18] Es war ein wunderschöner Tag. Als wir ankamen, hörten wir bereits das Heulen. »Richtige Wölfe« meinten die drei, dieses Bild passte in ihre Welt. Dann ging es ins Gehege, zur direkten Begegnung zwischen Mensch und Tier. Die ist gar nicht so einfach. Huskys reagieren auf die Stimmung von Menschen. Unsicherheiten, Ängste, Aufregung – alles, was sich in unserem Inneren abspielt, spüren sie sofort. Eine Begegnung ist nur möglich, wenn man mit sich im Reinen ist, wenn man die eigenen Emotionen unter Kontrolle hat. Harte Arbeit für die Jungs, immer wieder mussten sie das Gehege verlassen, um sich »auszuruhen«. Angst hatten sie natürlich keine und nach einigen Anläufen gelang die Begegnung – es fühle sich richtig gut an, meinten sie mit strahlenden Augen. Am Abend saßen wir zusammen, vor uns das Lagerfeuer, über uns der Sternenhimmel. Es wurde immer später, Martin und die anderen Jugendlichen waren bereits schlafen gegangen und nur noch Adam und ich waren wach. Wir hatten gerade noch mal Holz nachgelegt. Die Flammen knisterten. Wir saßen uns gegenüber, zwischen uns das Lagerfeuer.

»*Viele meiner Freunde sind gestorben, und es wird wieder passieren, ich weiß es. Dieses Leben ist mir zu anstrengend*«, seufzte Adam und blickte ins Feuer. »*Ich glaube nicht, dass ISIS für eine gute Sache kämpft, aber bald kommt der Tag des Jüngsten Gerichts und der richtige Dschihad und dann gibt es endlich Gerechtigkeit!*«, sagte er entschlossen und lachte mich dabei an. Seine Augen funkelten düster im Licht des Feuers. Die Anspannung stieg wieder in mir hoch, aber ich versuchte, ruhig zu bleiben.

Ich ließ mir alles genau erklären. Er erzählte mir seine eigene Version dieser Geschichte. Darin gab es zwar keinen IS, keine schwarzen Flaggen, keine nordsyrische Stadt namens Dabiq und kein Verbrennen, aber es gab einige andere Überschneidungen. Auf der einen Seite das Lager des Unglaubens – auf der anderen Seite die wahre Gruppe der Gläubigen. Die Grenze zwischen Glauben und Unglauben war das Gebet. Seiner Ansicht nach seien nur all diejenigen echte Muslim:innen, die fünf Mal am Tag beten. Ich gehörte in Adams Version auf jeden Fall zur Gruppe der Anderen. Ob ihm das in diesem Augenblick bewusst war? Ich begann nachzufragen: »*Okay, Adam, aber wenn ich dich richtig verstehe, heißt das, dass wir uns in diesem Krieg gegenüberstehen werden, oder?*« Adam bejahte das zögerlich und sah mich dabei unsicher an. »*Ich verstehe das nicht ganz. Erinnerst du dich an die Karte aus Israel und an das, was wir damals be-*

sprochen haben? Nur weil ich zufälligerweise in einer nicht muslimischen Familie und du zufälligerweise in einer muslimischen Familie geboren bist, müssen wir uns feindlich gegenüberstehen und trotz allem, was wir gemeinsam erlebt haben, gegeneinander kämpfen?« Adam zögerte ein paar Sekunden, bis ein leises »*Ja*« über seine Lippen kam, aber es wirkte eher wie eine Frage. »*Wir müssten uns also im schlimmsten Fall gegenseitig töten? Ich glaube ehrlich gesagt nicht, dass ich das könnte! Könntest du mich töten?*«

Er schaute mich überrascht an, schüttelte den Kopf und blickte in die Flammen. Nein, das konnte er sich nicht vorstellen. Was war passiert? Die beste Gegenkraft gegen die IS-Version des Shahid-Narratives, gegen Entmenschlichung und die anderen Mechanismen, mit denen der innere Widerstand davor, andere Menschen zu töten, gebrochen werden kann, ist die ständige Begegnung und der intensive Austausch mit dem vermeintlich Anderen. Unsere Beziehung, unser gemeinsamer intersubjektiver Raum war aufgebaut auf gegenseitiger Anerkennung, Empathie und Mitgefühl. Indem sich Adam mit seinen Gefühlen an mich gebunden hatte, konnte er sich in mich einfühlen und spüren, dass seine Sicht auf die Welt nicht die einzig mögliche ist. Jugendliche wie Adam brauchen den Spiegel eines Gegenübers, um ihre in der Fantasie entworfenen Selbstbilder und Vorstellungen mit der Realität in Übereinstimmung zu bringen. Unmöglich, das alleine zu schaffen. Die Geschichte vom Globalen Dschihad ist für die meisten Jugendlichen eine Geschichte, eine Fantasie, eine unkonkrete Vorstellung in weiter Ferne. Ich saß Adam damals am Lagerfeuer direkt gegenüber, war ihm ganz nah und spiegelte ihm, welche Konsequenzen seine Vorstellung eigentlich haben würde, wenn er sie zu Ende dächte. Was würde das für mich bedeuten, was würde sich konkret ändern zwischen Adam und mir, in unserem gemeinsamen Raum?

Das Ziel in der Arbeit mit Jugendlichen wie Adam ist es, ihn dabei zu unterstützen, die Rachegedanken und Gewaltvorstellungen, seine inneren Dämonen anzuerkennen und zu lernen, mit ihnen umzugehen. Indem sich Adam mit seinen inneren Narben und Verletzungen respektiert und wahrgenommen fühlte, konnte er sich davon distanzieren und darauf verzichten, sie durch Gewalt zeigen zu müssen. In unserem intersubjektiven Raum konnten wir gemeinsam die Last tragen, dass uns im Leben viele Hindernisse begegnen und wir immer wieder mit Situationen konfrontiert sind, die uns verunsichern oder sogar verletzen.[19]

In diesem Sommer, den Monaten nach seiner Entlassung, stand er auf der Kippe. Er hatte gute Phasen und schlechte. Schließlich besuchte ich ihn wieder in dem kleinen Besuchsraum in der Wiener Josefstadt, den ich inzwischen schon so gut kannte. Adam war wieder in Haft. Gemeinsam mit einem Freund hatte er ein Wettbüro überfallen. Beide hatten eine Sturmhaube übergezogen, aber Adam zog sie während des Überfalls für einen Moment hoch. Durch das Bild auf der Überwachungskamera konnte er eindeutig identifiziert werden. Sie hatten ein paar hundert Euro erbeutet, geradezu lächerlich in Anbetracht dessen, was ihm nun drohte. Was steckte wirklich hinter der Verhaftung?

Ich sprach ihn direkt darauf an. Es stellte sich heraus, dass sein kleiner Bruder ein paar Wochen zuvor auch verhaftet worden war. Er habe sich daher sozusagen gestellt, damit er auf ihn aufpassen könne im Gefängnis, erzählte Adam und er blickte mich dabei trotzig an. Da war er wieder, der kleine Junge. Ich erklärte ihm, dass daraus nichts würde. Adam blickte zu Boden. »*Falls ich etwas getan habe, was Sie enttäuscht hat, tut mir das leid! Glauben Sie, ich kriege noch eine Chance?*«, fragte er leise. »*Ich weiß es nicht, Adam, ich fürchte so leicht ist das leider nicht, aber wir schauen uns das gemeinsam an, okay? Bei einer Sache kannst du dir auf jeden Fall sicher sein: Wenn du Scheiße baust, egal wie viel, werde ich dir zwar sagen, was ich persönlich davon halte, aber besuchen werde ich dich trotzdem weiter!*«

Es dauerte zwei Jahre, bis er mit seinen Selbstmordgedanken abschließen konnte. Er bekam viel Unterstützung, von seinem Bewährungshelfer Jonathan, einem Religionspädagogen, einem Gefängnisseelsorger und meinem Kollegen Elias aus der Jugendarbeit. Einen wesentlichen Teil dazu trug sicher bei, dass er Erfolg hatte. In der Haftanstalt, in die er verlegt wurde, knackte er bereits nach kurzer Zeit mit unglaublichen 3 665 Sit-ups den Gefängnisrekord. Er bekam die Möglichkeit, als Vorarbeiter auf seinem Stockwerk in der Haftanstalt zu arbeiten, und erhielt dafür viel Anerkennung von den Vollzugsbeamt:innen. Irgendwann bat er mich, seltener zu kommen, da meine Besuchszeiten in seine Arbeitszeiten fielen und seine Arbeit war ihm sehr wichtig. Er fühlte sich verantwortlich für seinen Stock. Gemeinsam fanden wir heraus, was sonst noch hinter seiner Verhaftung stand. »*Draußen war es mir zu schwierig damals, immer auf die Uhr schauen, viele Termine, hier dagegen bringen sie einen überall hin*«, meinte Adam. Doch da war noch was. Ein konkretes Angebot, seinem Leben durch den Tod noch einen Sinn zu verleihen und ein Shahid werden zu können. Es gab die Idee, einen Anschlag in Wien zu durchzuführen – wie in »Und tötet sie, wo immer ihr sie findet!«

Bis heute bin ich mir nicht sicher, wie viel davon Fantasie und wie viel Realität war – wie nahe Adam dran war, die Goldene Regel zu brechen, Aber er wusste, dass er seinen Emotionen nicht vertrauen konnte, daher war das Gefängnis in dieser Phase die sicherste Umgebung für ihn. »*Ich wollte damals so schnell wie möglich für Allah sterben*«, sagte er und schaute mir dabei tief in die Augen. Meine Gedanken überschlugen sich, ich musste schlucken. Ich war fest davon überzeugt gewesen, dass er mir alles erzählen würde, alles, was für ihn von Bedeutung war, in unseren gemeinsamen intersubjektiven Raum einbringen würde. »*Puh, das ist ganz schön heftig, was du erzählst*«, antwortete ich ihm. »*Das nächste Mal gibst du mir bitte Bescheid, wenn du solche Gedanken hast, denn ich habe da ein Wörtchen mitzureden! Du bist mir wichtig, Adam. Und außerdem, ich spring sicher nicht alleine aus dem Flugzeug!*« Wir blickten uns kurz in die Augen und begannen zu lachen. Die Anspannung löste sich. Humor ist eine der wirksamsten Gegenkräfte gegen die Anziehungskraft des Shahid-Narratives. Gemeinsames Lachen wirkt Allmachtsfantasien und Absolutheitsansprüchen entgegen, die hinter dem erweiterten Selbstmord stehen. Egal ob Amoklauf oder Selbstmordattentat, der Täter entmenschlicht sich selbst, indem er sich an die Stelle von Gott stellt und sich zum Herrscher über Leben und Tod ermächtigt. Adam konnte über sich selbst lachen, und das zeigte ihm, dass er auch nur ein Mensch war.

Rachefantasien entstehen, wenn Unrecht geschieht. Alle Attentäter haben ihre eigenen Geschichten, aber was alle miteinander verbindet, sind schwere traumatische Verletzungen, Erfahrungen von Erniedrigung und Ohnmacht, die sie nicht verarbeiten können, ohne Gewalt anzuwenden. Manche formulieren ihre Verwundungen überhaupt nicht, wie die meisten Amokläufer, andere missbrauchen Gott oder Ideale wie Freiheit oder Gerechtigkeit, um ihre Taten zu rechtfertigen. Die IS-Version des Shahid-Narrativs ist derzeit das attraktivste Angebot für gescheiterte Existenzen, ihrem Leben durch den Tod noch einen Sinn zu geben. Es verbindet persönliche Verletzungen mit einer Geschichte voller kollektiver Verletzungen und gibt ihrem individuellen Schmerz somit eine globale Bedeutung. Bei Jugendlichen wie Adam ist Gewalt kein Mittel, um ein Ziel zu erreichen, sondern der Selbstzweck. Es geht darum, zu töten und getötet zu werden.

Wir können Menschen wie Adam nicht »retten«, schon gar nicht mit ein paar Gesprächen, auch deshalb funktionieren die meisten Deradikalisierungsprogramme nicht. Menschen wie Adam können sich nur selbst retten, und dabei können wir sie begleiten. In der Pädagogik der Wütenden geht es darum, einen gemeinsamen intersubjektiven Raum aufzubauen, einen sicheren Rahmen für die Auseinandersetzung mit den inneren Dämonen. Wir können uns mit ihnen gemeinsam auf die Suche nach inneren und äußeren Gegenkräften machen und eine sichere Umgebung aufbauen. Die wichtigsten Gegenkräfte sind die Möglichkeit, sich kreativ zu betätigen, eine Aufgabe, an der man wachsen und mit der man Verantwortung übernehmen kann, Humor und befriedigende Beziehungen – der ständige Austausch, die Begegnung mit den vermeintlich Anderen immunisieren gegenüber Entmenschlichungsmechanismen und lassen nach Argumenten suchen, um an Erzählungen wie der Geschichte vom Globalen Dschihad zu zweifeln.[20]

Es ist nicht einfach, sich auf eine Welt voller apokalyptischer Rache- und Gewaltfantasien einzulassen, vor allem wenn man zur

Gruppe der vermeintlich Anderen gehört und damit selbst zum Betroffenen wird. Adam drohte ständig zu explodieren, verletzte sich selbst und die Menschen in seiner Umgebung. Entscheidend ist, solche Überreaktionen in sich aufzunehmen, ohne in Verteidigungshaltung zu gehen und sofort zurückzuschießen. Gewalt- und Rachefantasien sind kein Zeichen dafür, dass ein Mensch »ein Psycho« oder »ein Monster« ist. Adam wollte ernst genommen werden, das bedeutete aber auch, seine Fantasien ernst zu nehmen und nicht zu verharmlosen. In unseren Gesprächen war es wichtig, immer wieder Position gegen Ungleichwertigkeitsvorstellungen zu beziehen, persönliche Betroffenheiten zu spiegeln und Grenzen zu setzen, wenn es mir zu viel wurde. Adam war nicht verantwortlich für das, was er erlebt hatte, aber er ist verantwortlich für seine eigenen Aussagen und Handlungen. Wir müssen uns alle der Goldenen Regel unterwerfen – das gilt für mich, für den kleinen Jungen genauso wie für Adam.

POLIZ
POLIZEI
POLIZEI

Kapitel 5: Sebastian

»Fick den Richter«

> Sie haben sich durch das unten beschriebene Verhalten trotz vorausgegangener Abmahnung gegenüber einem Organ der öffentlichen Aufsicht, während dieses seine gesetzliche Aufgabe wahr nahm, aggressiv verhalten. Sie haben trotz einer Zahlung eines Organmandates betreffend aggressiven Verhaltens, dieses nicht eingestellt und neuerlich mehrmals die persönliche Distanzzone des einschreitenden Polizeibeamten von 50 cm mit geballten Fäusten unterschritten und [sic!] ein Angriff von ihnen nicht ausgeschlossen werden konnte.

Eine Verwaltungsübertretung im Zuge einer Polizeikontrolle, das stand in dem Brief, den mir Sebastian zeigte. Das bedeutete in seinem Fall konkret: hundert Euro oder eine Ersatzfreiheitsstrafe von zwei Tagen und neunzehn Stunden. Das war nicht gut. Ich blickte zu Sebastian. »*Es aber war alles ganz anders*«, sagte er und schüttelte den Kopf.

Polizeikontrollen waren kein neues Thema für mich, auch in der Arbeit mit Adam, Outis und Dzamal spielte das immer wieder eine Rolle, so wie bei vielen anderen Jugendlichen. Die Gespräche waren eigentlich immer ähnlich. »Der Staat hasst Muslime« – das war für sie zumeist der Grund für die Kontrollen und die daraus resultierenden Strafverfügungen, mit denen sie zu mir kamen. »Das wird relativ einfach werden«, dachte ich mir also, ich war mir sicher, Sebastian gut einschätzen zu können. Nie im Leben hätte ich erwartet, mich so zu täuschen. Damals konnte ich es mir noch nicht eingestehen, aber auch ich habe rassistische Vorstellungen in mein Weltbild übernommen, die dazu führen sollten, dass ich in der Arbeit mit Sebastian einen schweren pädagogischen Fehler begehen sollte.

Sebastian hatte ich erst ein paar Jahre nach den Jungs von der Donaupromenade kennengelernt. Damals hatte ich gerade erst meinen Job gewechselt. Von der Mobilen Jugendarbeit zur Beratungsstelle Extremismus, der österreichweiten Anlaufstelle für alle Fragen rund um das Thema Extremismus. Aber nicht nur meine Arbeitsstelle selbst, auch drum herum hatte sich einiges verändert. Es gab inzwischen kaum mehr Ausreisen nach Syrien und auch die Propaganda des sogenannten Islamischen Staates erreichte die Online-Lebenswelten von Jugendlichen fast gar nicht mehr. Die großen Social-Media-Unternehmen hatten es geschafft, über Algorithmen ihre Inhalte automatisiert zu löschen, und mit den militärischen Niederlagen und dem Niedergang des Kalifats 2018 wurden auch die Produktionen der großen IS-Mediencenter wie al-Hayat weitestgehend eingestellt. Die Propaganda lief natürlich in anderen Sphären des Internets weiter, vor allem in geschlossenen arabischsprachigen Telegram-Gruppen, und es gab andere Angebote. Viele Vorstellungen waren dabei weit über die Geschichte vom Globalen Dschihad verbreitet, darunter auch das möglicherweise wichtigste, allerdings auch schwierigste Konzept: der Tauhīd, der Glaube an die Einheit und Einzigartigkeit Gottes und das daraus abgeleitete Konzept von »Demokratie ist Shirk [Götzendienst, Anm. d. Verf.]« – und genau dabei spielte auch die Strafverfügung eine entscheidende Rolle.

> Sie haben durch das unten beschriebene Verhalten, welches geeignet ist, berechtigtes Ärgernis zu erregen, die öffentliche Ordnung gestört, obwohl das Verhalten, insbesondere durch die Inanspruchnahme eines verfassungsgesetzlichen gewährleisteten Rechts, nicht gerechtfertigt war. Sie haben mehreren Passanten angesprochen und sich diesen in den Weg gestellt.

Also eine weitere Verwaltungsübertretung zu hundert Euro Strafe. »*Was soll das bitte heißen?*«, fragte ich Sebastian. »*Die glauben, dass ich gedealt habe!*«, antwortete er.

Von der kriminellen Szene zur Geschichte vom Globalen Dschihad, das kannte ich schon von Deso Dogg und meinen Jungs. Im Gegensatz zu Ländern in Nordafrika, von wo aus hauptsächlich junge Erwachsene aus der Mittelschicht nach Syrien ausgereist waren, rekrutierte der IS in Europa vor allem »Jugendliche von der Straße«.[1] Dort hatte ich ein paar Jahre zuvor auch Adam, Outis und Dzamal kennengelernt. Anders als die Straßensozialarbeit hat die Beratungsstelle keinen aufsuchenden Ansatz. Das heißt, wir sprechen keine Jugendlichen auf der Straße an wie damals auf der Donaupromenade. Wie kommen wir also dann an sie heran?

Die meisten Projekte im Bereich der Extremismusprävention erhalten ihre Fälle von den Sicherheitsbehörden oder der Justiz zugewiesen. Nicht selten wird dabei Präventionsarbeit mit sicherheitspolitischen Maßnahmen wie der Gefährdungseinschätzung vermischt – und das ist ein großes Problem. Die Beratungsstelle Extremismus verfolgt daher einen anderen Ansatz: Als Initiative aus der Offenen Jugendarbeit fokussieren wir uns auf Jugendliche und junge Erwachsene und arbeiten nach denselben Prinzipien – Parteilichkeit, Vertraulichkeit und Freiwilligkeit – und sind damit unabhängig von Polizei und Justiz. In der Praxis heißt das: Wir führen keine Gefährdungseinschätzungen für die Behörden durch, sondern begleiten Jugendliche zu solchen Gefährderansprachen oder Polizeieinvernahmen. Wir geben auch keine Informationen an Sicherheitsbehörden weiter, außer in Absprache mit den Klient:innen oder bei akuter Selbst- oder Fremdgefährdung.

Aber nicht nur das unterscheidet uns von den meisten ähnlichen Projekten: Unsere hauptsächliche Zielgruppe sind nicht Primärbetroffene (in meinem Fall Jugendliche oder junge Erwachsenen selbst), sondern Sekundärbetroffene – ihre Eltern, Geschwister, Lehrer:innen oder Jugendsozialarbeiter:innen.[2] Wir beraten, begleiten und betreuen diejenigen, die bereits mit den Jugendlichen in Beziehung sind, dabei, ihren intersubjektiven Raum zu gestalten, denn es ist gar nicht so einfach, in Beziehung zu treten. Statt »Wir machen uns Sorgen um dich« kommt bei Jungen in diesem Alter meist »Wir vertrauen dir nicht« oder »Du bist nicht okay, so wie du bist« an, sobald Professionist:innen von außen hinzugezogen werden. Bei Jugendlichen, die bestimmte Elemente der Geschichte vom

Globalen Dschihad in ihr Weltbild übernommen haben, ist eine Kontaktaufnahme von außen daher immer mit einem großen Risiko verbunden – sofern sie überhaupt gelingt.

Auch bei Sebastian war dieses Risiko groß. Er lebte in einer Wohngemeinschaft für unbegleitete minderjährige Geflüchtete. Seine Betreuer:innen hatten verdächtige Videos auf seinem Handy gefunden und hegten die Befürchtung, dass er sich radikalisiert haben könnte und den IS unterstützen würde. Sie machten sich auch Sorgen, dass er andere Mitbewohner in der WG radikalisieren könnte, und nun auch noch diese Strafverfügung. Sie meldeten Sebastian bei den Sicherheitsbehörden – ein großer Fehler, wie sie relativ schnell merkten, denn das Vertrauen, das sie sich über Jahre hinweg erarbeitet hatten, war damit zerbrochen. Darum riefen sie bei uns an. Sie wollten eine Vertrauensperson für ihn; jemanden, der nur für ihn da war, mit dem er reden konnte, der ihn bei seinen Themen unterstützen könnte. Ich willigte schließlich ein, es zu versuchen. Meine Bedingung war, dass er sich von sich aus bei mir melden musste und dass wir uns alleine trafen, ohne Betreuer:innen. Aber das sollte sehr schwer werden, denn auch wenn die Beratungsstelle unabhängig von Sicherheitsbehörden und Justiz arbeitet, ist sie trotzdem eine vom Staat finanzierte Stelle und gilt damit für viele Jugendliche als »verbrannt«. In der Szene wird ihnen immer wieder eingebläut, dass Sozialarbeiter:innen in Wirklichkeit mit der Polizei und dem Gericht zusammenarbeiten und Informationen weitergeben würden. »Integration ist eine Lüge, sie werden erst mit dir zufrieden sein, wenn du deinen Glauben ablegst« – damit ich Sebastian vom Gegenteil überzeugen konnte, musste ich es erst mal schaffen, ihn überhaupt zu treffen.

Es dauerte ein paar Wochen. Immer wieder sagte er ab, zweimal erschien er nicht zum vereinbarten Treffpunkt. Die WG machte Druck, immer wieder fragten sie nach. »*Treffen wir uns zumindest einmal, dann haben wir unsere Ruhe*«, schrieb ich Sebastian. Er willigte ein und damit hatten wir unseren ersten Common Ground, unseren ersten gemeinsamen Bezugspunkt. Obwohl wir uns noch nicht kannten, waren wir beide genervt von den Wünschen seiner Betreuer:innen und das erleichterte das erste Treffen ungemein.

Wir trafen uns auf der Donaupromenade, in der Nähe des Ortes, an dem ich Adam und die anderen ein paar Jahre zuvor kennengelernt hatte. Ich wartete etwas nervös auf ihn. Schließlich sah ich ihn, ging auf ihn zu und begrüßte ihn. Sebastian sah mich verwirrt an. »*Alles cool bei dir?*«, fragte ich. Er erwiderte völlig geschockt: »*Ich habe Sie mir ganz anders vorgestellt, mit Anzug und Krawatte und so!*« Ich musste lachen, er auch, das Eis war gebrochen. Wir gingen fast drei Stunden spazieren. Er erzählte mir von seiner Flucht, von seinem Leben in Österreich, von seinem Ärger mit der Polizei. Das alles erinnerte mich an die Geschichten von Dzamal, Adam, Outis und den anderen, das würde schon klappen, dachte ich mir damals zuerst. Die Videos waren kein guter Anlass für ein zweites Treffen, dafür war es noch zu früh. Im Gegensatz zu Sebastians Strafverfügung. So konnte ich ihm zeigen, dass ich ihn unterstützen und nicht etwa »anpassen« oder »manipulieren« wollte, wie es in der Szene hieß. Wir vereinbarten ein nächstes Treffen im Büro und sahen uns die Strafverfügung gemeinsam an: »*Sie haben durch den Gebrauch des Wortes ›Arschlöcher‹ den öffentlichen Anstand verletzt*«, und »*Sie haben durch lautes Schreien während einer Amtshandlung ungebührlicherweise störenden Lärm erregt.*«

Darunter waren zweimal siebzig Euro Strafe angeführt, mit den anderen beiden Strafgeldern also insgesamt 340 Euro. Das war nicht gut, vor allem nicht für Sebastian. Erstens konnte er sich das gar nicht leisten, zweitens besaß er keine österreichische Staatsbürgerschaft, sondern nur subsidiären Aufenthalt. Und auch wenn es nur eine Verwaltungsstrafe war und nicht in seiner Akte erscheinen würde, bei der Prüfung seines Aufenthalts alle zwei Jahre würde das sehr wohl eine Rolle spielen. »*Das stimmt alles nicht!*«, Sebastian schüttelte wieder vehement den Kopf. Misstrauisch sah ich ihn an. Ich glaubte ihm nicht und das hatte einen Grund:

Ein ausgestreckter rechter Zeigefinger, ein Symbol des Tauhīd der Einheit und Einzigartigkeit Gottes. Für den Islamwissenschaftler Rüdiger Lohlker das wohl wichtigste Konzept in der Geschichte vom Globalen Dschihad.[3] Auch auf Sebastians Handy waren Fotos von ihm gefunden worden, auf denen er mit dem »IS-Finger« posierte, wie uns seine Betreuer:innen besorgt mitteilten. Wie so viele andere kannten sie dieses Symbol nur von den Bildern, die unsere Medien aus den IS-Propagandavideos übernommen hatten. Aber der Tauhīd spielt nicht nur in der Geschichte vom Globalen Dschihad eine Rolle, ganz im Gegenteil. Der IS knüpft damit, genau wie bei seinem Logo, wieder an das Glaubensbekenntnis, die erste Säule im Islam, an.

»Es gibt keinen Gott außer Gott und Mohammed ist sein Gesandter.« Für Muslim:innen gilt Gott als die erste und letzte Ursache aller Dinge.[4] Aber was bedeutet das genau? Und vor allem, an welche ihrer bisherigen Vorstellungen von Tauhīd konnte der sogenannte Islamische Staat bei Dzamal, Outis, Adam und den anderen anknüpfen? »Monotheismus« – so oder so ähnlich war die erste Antwort auf die Frage nach der Bedeutung des Tauhīd. Die meisten, mit denen ich über dieses Thema gesprochen habe, hatten von klein auf gehört, wie wichtig der Tauhīd im Islam sei. Auch im Religionsunterricht war das ein Thema gewesen. Es ging darum, an Allah zu glauben und für Allah zu beten, denn wenn sie einen anderen Gott anbeten würden, würden sie damit ihren Tauhīd brechen. Shirk, also der »Götzendienst« (sprich, irgendeinen anderen Gott neben Allah zu haben), ist eine große Sünde, und zwar die einzige Sünde, die Gott nicht vergeben würde, das hatten sie sich genau gemerkt. Warum das so ist und vor allem, was das für sie im Alltag bedeuten sollte, wurde ihnen allerdings nicht näher erklärt, weder von ihren Eltern noch im Religionsunterricht.

Das änderte sich, als sie von der Donaupromenade in die Altun-Alem-Moschee wechselten und Ebu Tejma als Sheikh, als ihre religiöse Autorität, wählten. Tauhīd war das erste, das sie dort gehört hatten, das Kitab at-Tawhid – das Buch des Monotheismus von Imam Muhammad ibn 'Abd al-Wahhāb (dem Begründer des Wahhabismus) war das Standardwerk in der Szene. Um dazuzugehören, mussten sie die ganze Religion wie Kinder neu lernen und verinnerlichen. In der Geschichte vom Globalen Dschihad bedeutet Tauhīd ein Leben in vollständiger Übereinstimmung mit der Scharia (der islamischen Recht- und Religionsnorm) zu führen, sich von den Ungläubigen abzugrenzen und jegliche politische Ordnung, die sich nicht auf Gott beruft, abzulehnen, wie zum Beispiel die Demokratie.[5]

Demokratie sei Shirk, denn in einer Demokratie machten sich die Menschen ihre eigenen Gesetze, und weil die Menschen ohne Gottes Führung schwach seien, könnten diese Gesetze nicht gerecht sein, ist die Argumentation diesbezüglich. Darum gäbe es auch Krieg, Mord, Drogenkonsum, Vergewaltigungen und all die anderen schlimmen Dinge. Als Muslim:in dürfe man sich in keinem Fall daran beteiligen, so lernten sie es damals. Aber es reichte nicht, nur so zu denken, es ging vor allem darum, diese Ablehnung auch zu bezeugen. So zeigen viele IS-Propagandavideos Szenen, in denen Personen, die sich dem sogenannten islamischen Staat angeschlossen hatten, ihre Pässe verbrannten.

Da sie nicht ausgereist waren, war für Adam, Outis und Dzamal und die anderen das Verbrennen ihrer Pässe kein Thema. Wählen durften sie ohnehin nicht, was hieß das also konkret in ihrem Alltag? Wie konnten sie die Vorstellung von »Demokratie ist Shirk« bezeugen?

Vor allem durch die Ablehnung von Polizei und Gericht, also jenen staatlichen Institutionen, die für die Umsetzung der Gesetze verantwortlich waren und mit denen sie viel zu tun hatten. Bei einer Gerichtsverhandlung durfte man sich zum Beispiel keinen Anwalt nehmen, auch wenn man dadurch persönliche Nachteile hatte. Noch wichtiger war es, bei der Urteilsverkündung nicht aufzustehen, auf keinen Fall, denn dann hätte das Gericht »gewonnen«. Indem sie sich weigerten aufzustehen, zeigten sie dem Gericht, dass sie dessen Autorität und die Gesetze, auf die es sich bezog, nicht anerkannten und das funktionierte sehr gut. Nicht selten eskalierten Gerichtsverhandlungen oder Polizeikontrollen, daher hatte ich schon viel Erfahrung mit Strafverfügungen wie jener, die Sebastian bekommen hatte. Trotz persönlicher Nachteile, in der Szene rund um die Altun-Alem-Moschee bekamen sie dafür viel Anerkennung und das war ihnen damals wichtiger.

Aber Ebu Tejma konnte mit dem »Demokratie-ist-Shirk«-Konzept nicht nur an dem anknüpfen, was sie von ihren Eltern und im Religionsunterricht über den Tauhīd gehört hatten. Fundamentalopposition und Abgrenzung nach außen sowie die radikale Hinterfragung der gesellschaftlichen Ordnung – das kannten sie schon vom Deutschrap. Ein Feature bei dem Track »Fick den Richter« verhalf auch SadiQ zwei Jahre nach dem »Kalaschnikow Flow« zum Durchbruch. Auch wenn es ihnen damals nicht bewusst war, das »Demokratie-ist-Shirk«-Konzept gab ihnen die Möglichkeit, ihre Wut in einen größeren Rahmen zu setzen und mit neuer Bedeutung zu befüllen. Der ausgestreckte rechte Zeigefinger, der Tauhīd-Finger, war ein ständiger Begleiter, durfte auf keinem Foto für Instagram und Co. fehlen und machte die vier wütenden Jungs im Park auf einmal zum Teil einer globalen Protestbewegung.

Solche Transformationsprozesse sind wesentliche Merkmale von Jugendkulturen. Egal ob politisch, religiös oder subkulturell konnotiert, sie sind immer im Wandel. Symbole, Werte und Einstellungen aus der Erwachsenenwelt werden aufgegriffen, transformiert und mit eigenen Inhalten und Bedeutungen befüllt. In diesem Prozess spielen neben eigenen positiv bewerteten Verhaltensweisen und Merkmalen vor allem negative Fremdzuschreibungen eine zentrale Rolle. Werden bestimmte Eigenschaften, auf denen die Jugendlichen ihre fünf Säulen der Identität aufbauen, als problematisch erlebt, können vor allem solche Jugendszenen attraktiv werden, die diese negativen Zuschreibungen idealisieren, überhöhen und umdeuten.[6]

Es gibt nur einen Gott und Mohammed ist sein Prophet, das lernten sie von klein auf, das war ihnen wichtig. »Sozial schwach«, »bildungsfern« und »integrationsunwillig«, auch diese Schlagworte hatten sie ihr Leben lang begleitet. »Ihr gehört nicht zu uns und werdet nie zu uns gehören, denn der Islam ist gewalttätig, zu extrem, Frauen werden in eurer Religion unterdrückt«, das wurde ihnen immer wieder vermittelt, zum Beispiel durch Berichte in den Boulevardzeitungen.

Im Gegensatz zum Deutschrap war jetzt nicht mehr die Hautfarbe, die soziale und ökonomische Herkunft der zentrale Bezugspunkt für diesen Transformationsprozess, sondern ihre Religion. Das »Demokratie-ist-Shirk«-Konzept war perfekt auf sie zugeschnitten. Das, worunter sie zuvor gelitten hatten – als fremd wahrgenommen zu werden, nicht dazuzugehören –, transformierten Adam, Dzamal, Outis und die anderen in ein Gefühl der Überlegenheit und des Auserwähltseins.[7] »Du missachtest Gottes Regeln, wenn du dich integrierst«, stand am Ende dieses Prozesses. Ihr Ungerechtigkeitsempfinden gegenüber Rassismus und Islamfeindlichkeit, autoritären Strukturen und ungleicher Verteilung von Macht und Reichtum wurde zum Mantra »Der Staat hasst Muslime« – das war der Bezugsrahmen, mit dem sie Ereignisse und Erfahrungen, wie zum Beispiel Polizeikontrollen, wahrnahmen, filterten und mit Bedeutung befüllten.

Die Altun-Alem-Moschee war schon lange geschlossen und Ebu Tejma zu einer langen Haftstrafe verurteilt worden. Trotzdem war ich mir sicher, dass es bei Sebastian ähnlich war. »*Wie war die Polizeikontrolle denn aus deiner Sicht?*«, fragte ich misstrauisch, »*wenn es ganz anders war, wieso steht da, dass du dich aggressiv verhalten hast?*« Zögerlich begann er zu erzählen. Gemeinsam mit einem Freund war er im Prater spazieren. Die beiden hätten beschlossen, zu Fuß heimzugehen, um möglichen Polizeikontrollen zu entgehen. Dunkle Hautfarbe, Bart, Bomberjacke und Cargohose, sie passten genau ins Profil derer, die schneller kontrolliert werden als andere, und sie hatten bereits einige unangenehme Erfahrungen mit Polizist:innen gemacht. Sie seien nicht auf der Suche nach Ärger gewesen, wollten ihre Ruhe haben, also nahmen sie den langen Weg. Aber der Ärger war auf der Suche nach ihnen. Es gab kein Entkommen.

Als Erstes hatten sie die quietschenden Reifen gehört. Dann war alles ganz schnell gegangen. Sie überquerten gerade den Donaukanal, als sie plötzlich ein Polizeiauto überholte. Mit Blaulicht und Sirene wurde der Wagen auf den Gehsteig manövriert und blieb direkt vor ihren Füßen stehen. Fünf Polizisten sprangen aus dem Wagen und stellten sich rund um die beiden Freunde. »Personenkontrolle«.

Sebastian gab ihnen seine graue Ausweiskarte. Der Polizist nahm sie und warf einen Blick darauf. Afghanischer Staatsbürger. »*Was macht ihr hier? Schleicht euch zurück in eure Länder!*« Er sei tatsächlich beschimpft worden, erzählte Sebastian, während der gesamten Kontrolle. Als »Hund«, »Missgeburt« und »Hurensohn«. »*So dürft ihr nicht mit mir reden*«, habe er zu den Polizisten gesagt. Und: »*Ich habe in der Schule gelernt, was meine Rechte sind!*« – »*In was für einer Schule warst du bitte, in einer Behindertenschule? Was ist das überhaupt für ein komischer Bart? Fickt dein Vater deine Mutter oder fickt deine Mutter deinen Vater?*« In diesem Ton sei es weitergegangen. Sebastian habe daraufhin nach der Dienstnummer des Beamten gefragt. »*Siehst du den Schlagstock? Den schieb ich dir in deinen Arsch!*«, war die Antwort. Als Sebastian nach Ende der Personenkontrolle seine Ausweiskarte wiederhaben wollte, hielt ihm einer der Polizisten das Dokument entgegen. Als er hinfassen wollte, zog er ihn wieder weg, wie eine Karotte. Dieses Spiel wiederholte sich dreimal. Zum Abschluss, erzählt er, seien sie sogar noch geschubst und getreten worden. »*Es war wie im Kindergarten*«, meinte Sebastian und sah mir dabei direkt in die Augen.

Ich konnte diese Geschichte kaum glauben. Natürlich gab es Rassismus bei der Polizei, keine Frage, allein Medienberichte und Untersuchungskommissionen führen uns das regelmäßig öffentlich vor Augen.[8] Aber dass sich erwachsene Menschen ohne Grund oder Provokation derart verhalten, das konnte ich mir beim besten Willen nicht vorstellen. »Der Staat hasst Muslime« – nein, so einfach war es dann doch nicht, so einfach wollte ich es Sebastian nicht machen. Ich wollte näher darauf eingehen, ihn in die Verantwortung nehmen. »*Aber du hast doch vielleicht irgendetwas Freches gesagt, oder?*« Sebastians Blick senkte sich, er schüttelte den Kopf.

»*Wirklich nicht?*«, hakte ich noch mal nach. Er verneinte erneut. »*Okay, ich habe eine Idee. Das Gute ist nämlich, dass wir hier in einem Rechtsstaat leben, das heißt, dass wir vor dem Gesetz alle gleich sind! Am besten machen wir eine Maßnahmenbeschwerde, es gibt Stellen, die dabei helfen. Dann entscheidet ein unabhängiger Richter, ob die Polizei falsch gehandelt hat!*« Sebastian sah mich an, lachte kurz und blickte dann wieder ernst drein. »*Diese Stellen werden doch vom Staat bezahlt, oder? Die werden mir nicht helfen. Ich glaube nicht an Gesetze, die von Menschen gemacht sind, Gerechtigkeit für Muslime kann es nur mit Scharia geben!*«

Scharia

Das erste Bild, das mir in den Kopf kommt, wenn ich an die Scharia denke, sind vollverschleierte Frauen in Afghanistan, dem Land, aus dem Sebastian im Jahr 2015 nach Österreich geflüchtet war. Mit elf Jahren hatte er sich von Kabul aufgemacht und war schließlich nach zwei Jahren in Wien gelandet. Als die Taliban 1996 die Macht übernahmen, wurden Frauen gezwungen, in der Öffentlichkeit die Burka zu tragen. Im Gegensatz zum Hidschab oder dem Tschador (hierzulande meistens als »Kopftuch« subsumiert) oder dem in Saudi-Arabien üblichen Niqab, bei dem nur noch die Augen zu sehen sind, ist das Gesicht bei der Burka vollständig bedeckt. Die afghanische Burka besteht aus einem großen Stofftuch, in dem oben eine flache Kappe vernäht ist. Im Bereich der Augen ist eine Art Gitter aus Stoff oder Rosshaar als Sichtfenster eingearbeitet, durch welche die Trägerin hindurchsehen kann, das von außen aber blickdicht ist. Es wurde Frauen außerdem verboten, zu arbeiten und über das Alter von acht Jahren hinaus noch unterrichtet zu werden. Wer sich ihren strengen Regeln widersetzte, wurde gnadenlos bestraft: Auspeitschungen, Steinigungen und andere Körperstrafen wurden damals wieder verstärkt eingesetzt. Ungleichwertigkeitsvorstellungen und Autoritarismus – darauf bauten die Taliban ihre Herrschaft auf, begründet mit ihrer Version der Scharia, den Gesetzen Gottes.

Wie war das bei Sebastian? Um einschätzen zu können, welche Elemente aus der Geschichte vom Globalen Dschihad er in sein Weltbild übernommen haben könnte, sahen wir uns gemeinsam die Videos an, die seiner WG Sorge bereiteten. Der konkrete Inhalt war für mich eher nebensächlich, viel wichtiger war es, zuerst herauszufinden, welche Bedeutung sie für ihn hatten. Mein Ziel war daher, viel zu fragen und zuzuhören.

Auf diese Weise tauchten wir auch in seine eigene Lebensgeschichte ein. Sebastian hatte einen guten Start in Österreich gehabt. Er war in eine Wohngemeinschaft gekommen, hatte schnell Deutsch gelernt, einen Fußballverein gefunden und es geschafft, rasch Fuß zu fassen. Er war sehr gut in der Schule, seine Lehrer:innen sahen sogar so viel Potenzial in ihm, dass sie ihm den Wechsel ins Gymnasium empfohlen. Er entschied sich trotzdem für die Hauptschule, seine Freunde hatten ihm dazu geraten. »Das Gymnasium wirst du sowieso nicht schaffen«, hatten sie ihm gesagt. Einige Zeit schien alles gut, aber dann änderte sich alles. Gegen seinen Willen wurde er in eine andere WG geschickt. Er verlor seine Freunde und seinen Fußballverein. Sebastian begann zunehmend draußen herumzuhängen. Langsam kamen die schlechten Gedanken. Er begann zu kiffen und zu trinken, um die schlechten Gedanken zu bekämpfen. Um sich seinen Konsum leisten zu können, begann er selber Drogen zu verkaufen. Zu dem Zeitpunkt war er auf zehn Joints täglich, dazu zwei Flaschen Schnaps fürs Wochenende, später kamen noch Kokain, Ecstasy und Heroin dazu. Zu der Zeit, als wir miteinander sprachen, hatte er jedoch mit den Drogen bereits wieder aufgehört. Er war auch nicht mehr in der kriminellen Szene unterwegs – und trotzdem machte sich seine WG noch größere Sorgen als früher. Was war passiert?

Er hatte wieder zur Religion gefunden, wie er es selbst bezeichnete. Er würde sich radikalisieren, meinte dagegen die WG. »*Ich bin in der Nacht im Bett gelegen, habe nachgedacht, was ich hier eigentlich mache? Warum begehe ich so viele Sünden? Dann habe ich an Gott gedacht und angefangen zu weinen. Ich habe im Handy gescrollt und einen Vers im Quran gesehen – ›wahrlich das Gebet hält von schändlichen und abscheulichen Dingen ab‹. Ich bin aufgestanden, habe die Gebetswaschung gemacht, soweit ich mich noch an sie erinnern konnte, und habe die ganze Nacht gebetet. Das hat mein Herz erleichtert. Das nächste halbe Jahr habe ich mit den Drogen aufgehört, als Erstes mit Heroin, dann mit Koks und Ecstasy. Mit dem Rauchen aufzuhören war eine Katastrophe. Ich habe mir die ganze Zeit Onlinevorträge angehört. Ich habe oft geglaubt, dass ich sterben muss, so schlimm waren die Schmerzen!*«, erzählte er.

Nach und nach sahen wir alle Videos durch. IS-Videos waren nicht darunter, die meisten stammten von Pierre Vogel, dem wohl bekanntesten deutschsprachigen neosalafistischen Prediger. Bei dem Punkt wurde Sebastian richtig wütend: »*Ich habe mich darüber informiert, die WG sollte das auch mal tun! Pierre Vogel steht sogar auf der Todesliste vom IS!*« Und damit hatte er vollkommen recht. »*Ich bin Afghane, der IS hat nur Leid über mein Land gebracht, warum sollte ich ihn unterstützen?*«, sagte er mir, als ich ihn fragte, wie er zum IS stehen würde. Diesmal glaubte ich ihm. Ich hatte das in den letzten Jahren immer wieder erlebt. Viel zu oft werden jugendkulturelle oder islamische Begriffe und Symbole als extremistisch eingestuft. Aus dem »Tauhīd-Finger« wurde schnell der »IS-Finger« – anstatt die Jugendlichen nach der Bedeutung zu fragen und mit ihnen darüber zu sprechen, werden viel zu oft sofort die Sicherheitsbehörden eingeschaltet.

»*Auch wenn ich Pierre Vogel aus verschiedenen Gründen nicht gut finde, mit dem IS hat das, was er sagt, wenig zu tun.*« Ich machte eine Pause und fragte ihn dann: »*Was gefällt dir an Pierre Vogel?*« Sebastian sagte: »*Er ist sehr nahe am Quran. Es gibt so viele Sekten, ich wollte sicher sein, dass ich nicht auf den falschen Weg gerate. Wenn ich mich an ihn halte, bin ich auf der sicheren Seite.*« – »*Aber warum Pierre Vogel, warum ein deutscher Konvertit und kein afghanischer Prediger?*«, wollte ich weiter wissen. »*Ich habe mir schon afghanische Prediger auch angehört, vor allem für Quran- und Hadith-Rezitationen. Als Kind habe ich den Quran neunmal gelesen, aber das hatte ich schon alles vergessen, mein Kopf war komplett kaputt von den Drogen. Und ich lebe ja jetzt in Österreich und Pierre Vogel hat auf Deutsch gepredigt. Gibt es da überhaupt jemanden anderen?*«

Es gibt viele andere, sehr viele andere. Die Propagandavideos des sogenannten Islamischen Staates waren aus den Online-Lebenswelten der Jugendlichen weitestgehend verschwunden, mittlerweile dominierten auf Social Media sogenannte »neosalafistische« Kanäle. Neben Pierre Vogel und ähnlichen Predigern, verschiedenen nationalistisch-islamistischen Kanälen sind vor allem Seiten wie »Generation Islam«, die der »Hizb ut-Tahrir«-Bewegung zugerechnet werden, relevant.[9] Sie unterscheiden sich zum Teil beträchtlich voneinander, aber sie erzählen alle eine große Geschichte, die Geschichte vom »Einen Islam«.

Die Geschichte vom Einen Islam funktioniert auf zwei Ebenen: Wie auch in der Geschichte vom Globalen Dschihad spielen sogenannte »Opfernarrative« eine zentrale Rolle. Das Leid der syrischen Zivilbevölkerung, der Genozid an den Rohingya, die Situation der Uigur:innen in China oder der »Krieg gegen den Terror« sind die wichtigsten Themen der letzten Jahre. Diese globale Ebene – das Leid von Muslim:innen auf der ganzen Welt – verknüpfen die Prediger mit den Alltagserfahrungen von Jugendlichen wie Sebastian. Im Gegensatz zum IS greifen sie dabei vor allem aktuelle gesellschaftspolitische Ereignisse auf, kapern Online-Hashtags sogenannter Trending Topics und besetzen sie mit ihrer Geschichte. Die meisten ihrer Beiträge behandeln Ereignisse rund um das Themengebiet antimuslimischer Rassismus und Polizeigewalt. Sie stellen viele wichtige Fragen und sie sind oft die einzigen, die diese Fragen stellen – zumindest in den Online-Lebenswelten der Jugendlichen. Das Problem ist dabei eher die Antwort. In der Geschichte vom Einen Islam gibt es nämlich nur eine einfache Antwort auf all diese hochkomplexen Fragen: Ein Leben in Übereinstimmung mit den vermeintlichen Gesetzen Gottes und die Abgrenzung von allem, was sich nicht damit verbinden lasse.

In der Geschichte vom »Einen Islam« sind das nicht nur vermeintlich westliche Einflüsse wie Demokratie und Menschenrechte, es werden auch die unterschiedlichen, über Jahrhunderte gewachsenen kulturellen Prägungen, Interpretationen und historische Kontextualisierungen in der islamischen Geschichte strikt abgelehnt.[10] Die Geschichte vom »Einen Islam« propagiert eine wörtliche Auslegung von Quran und Sunna, eine Rückkehr zur Wurzel, zur vermeintlichen Lebensweise der ersten drei rechtsgeleiteten Generationen der Muslim:innen, den sogenannten Altvorderen (auf Arabisch as-Salaf aṣ-Ṣāliḥ), denn damals wurde noch der »wahre«, »unverfälschte« Islam gelebt. Im Gegensatz zu den meisten islamischen Strömungen erheben Vertreter der Geschichte vom Einen Islam den Anspruch, ein Monopol auf das Wissen der ersten muslimischen Generationen zu haben.[11] In ihrer Erzählung ist Mohammed vor allem ein starker Krieger und Eroberer, ein mächtiger Herrscher, der die Gesetze Gottes gemeinsam mit seinen Gefährten mit dem Schwert – mit Härte und Gewalt – durchsetzte. Ähnlich ist auch das Bild von Gott, das sie vertreten: ein grausamer, unbarmherziger Rachegott, der jede noch so kleine Sünde mit aller Härte bestraft. Shirk zu begehen und damit den Tauhīd zu brechen würde in jedem Fall das ewige Höllenfeuer bedeuten.

Sebastian hatte große Angst vor der Hölle. Ein Leben nach der Scharia hieß für ihn, nicht zu rauchen, keine Drogen zu nehmen, Frauen nicht zu berühren, mit denen er nicht verwandt war, nicht zu schimpfen und keine Musik zu hören – all das war aus seiner Sicht haram, also verboten. Es war eine Welt von Verboten, Absperrungen, Hemmungen, die Sebastians innere Schmerzen eindämmen und ihn vor Sünden abhalten sollte. Aber nicht nur das. Die Geschichte vom Einen Islam bietet einen einfachen Bezugsrahmen, mit dem aktuelle Ereignisse gedeutet werden können. Egal ob Weltpolitik oder Alltag, die Lebenswelt der Jugendlichen wird mit diesem Rahmen durchstrukturiert und scheinbar von allen Widersprüchen befreit[12] – mithilfe dieses einfachen Bezugsrahmens konnte sich Sebastian entlasten.

Was unterscheidet die Geschichte vom Einen Islam von der Geschichte vom Globalen Dschihad, muss man sich an dieser Stelle fragen. Auch wenn beide Geschichten auf einem dualistischen Weltbild aufbauen und sich manche Elemente überschneiden, gibt es vor allem einen großen Unterschied, nämlich den Call to Action. Im Gegensatz zum sogenannten Islamischen Staat versuchen neosalafistische Initiativen ihre Vorstellungen nicht mit physischer Gewalt, sondern mit Mitteln zu erreichen, die mehr oder weniger von dem Recht auf freie Meinungsäußerung geschützt sind. Die Wahl ihrer Mittel reicht, je nach Strömung, von Aktionismus, Demonstrationen bis zu Social-Media-Kampagnen, vor allem aber setzen sie auf missionarische Aktivitäten. Dies wird als Da'wa, als »sanfte Ermahnung« oder »Ruf zum Islam« bezeichnet.[13] Sie richten sich damit vor allem an Jugendliche wie Sebastian, die aus ihrer Sicht von der Religion abgefallen sind, sich wieder der Moral zu öffnen und ein Leben nach der Scharia zu führen.

Auch in den Medien war das in dieser Zeit ein großes Thema: Meldungen über selbsternannte Sittenwächter und »Scharia-Polizisten« in Schulen und Einkaufszentren beherrschten die Schlagzeilen der Boulevardblätter wie OE24. Unzählige Expert:innen warnten regelmäßig vor dem Entstehen einer »Parallelgesellschaft«, die unsere Werte ablehne, in der Mädchen zwangsverheiratet und zum Kopftuch gezwungen werden. Fast jedes Jahr erscheinen Studien, die belegen sollen, dass die Mehrheit der Muslim:innen in Österreich und Deutschland die Scharia über unsere Gesetze stellen würde. Auch bei den Gefährdungseinschätzungen durch Behörden ist das ein Thema. Nicht mehr nur die IS-Sympathie und die Bereitschaft, Gewalt anzuwenden, ist für die Sicherheitsbehörden relevant, auch die Ablehnung von Rechtsstaat, Demokratie und der Trennung von Staat und Religion ist ein Bezugspunkt geworden, um einschätzen zu können, wie »gefährlich« Jugendliche wie Sebastian sind: *»Herrscht bei Ihnen zu Hause die Scharia oder unsere Gesetze?«*, wurde Sebastian bei einem dieser Termine gefragt, als ich ihn begleitete. Diese Frage zeigt sehr deutlich eines der größten Missverständnisse in der Debatte:

Denn auch wenn es nicht so wirkt, Sicherheitsbehörden und Boulevardmedien, die Social Media-Kanäle und Jugendliche wie Sebastian haben mehr gemeinsam, als sie selbst glauben: Zum Beispiel ein verkürztes Verständnis von der Scharia und eine damit verbundene Vorstellung vom Islam als Gegenspieler zu Demokratie und Rechtsstaat. Alle Genannten stellen sich Scharia als ein Buch mit Gesetzen vor, in dem Auspeitschungen, Steinigungen und andere Körperstrafen an erster Stelle stehen. Allein: So einfach ist es nicht.

Aber was heißt dann eigentlich Scharia? Im Arabischen bedeutet es »Weg zur Quelle oder Tränke« – im übertragenen Sinne meint dies den Weg zu Gott. Diesen müssen Muslim:innen selber finden, Hinweise darauf, was auf diesem Weg wichtig ist, gibt es in Quran und Sunna. Neben Versen, die sich auf bestimmte Situationen beziehen und daher von religiösen Autoritäten und islamischen Institutionen, zum Beispiel von der Al-Azhar-Universität, über Jahrhunderte hinweg immer wieder kontextualisiert und neu interpretiert werden mussten, finden sich darin auch Aussagen, die ohne Interpretation universell gültig sind. Das sind religiöse Rituale, der Gottesdienst oder Speisevorschriften, aber auch bestimmte Werte und Prinzipien. Für den islamischen Theologen Mouhanad Khorchide ist das zentrale Element der Scharia das Prinzip der Gerechtigkeit, das nur verwirklicht werden kann, wenn die Unantastbarkeit menschlicher Würde, Freiheit, Gleichheit und sozialer Verantwortlichkeit garantiert werden.[14]

Aber was heißt das konkret? Diese Frage stellen sich Muslim:innen seit über 1400 Jahren, denn Prophet Mohammed hat keine fertig ausgearbeitete juristische oder politische Ordnung hinterlassen, dafür aber eine Methode, um diese Frage zu beantworten: das Prinzip der Shūrā, die gegenseitigen Beratschlagung, Verhandlung und Diskussion.[15] Die Scharia ist also kein Gesetzesbuch, es ist vielmehr eine dynamische, moralische Richtschnur, an der sich Muslim:innen orientieren sollen.

Und genau daran wollte ich bei Sebastian ansetzen. Ich hatte schon viele ähnliche Gespräche geführt, bei der Geschichte vom Einen Islam hat sich vor allem ein Ansatz bewährt: Ein alternatives Narrativ von Mohammed als klugem Reformer und einem gerechten, allverzeihenden und vor allem allbarmherzigen Gott.[16] Was hätte Gott in dieser Vorstellung davon, Jugendliche wie Sebastian für immer ins Höllenfeuer zu schicken, nur weil sie Drogen genommen hatten?

Im Unterschied zur Arbeit mit Gegennarrativen geht es bei diesem Ansatz nicht darum, gegen etwas zu argumentieren, alternative Narrative stehen für etwas ein und können – richtig eingesetzt – verbindend wirken. Folgt man den islamischen Überlieferungen, ist für Muslim:innen nicht entscheidend, wie eine Gesellschaft politisch organisiert ist, sondern vor allem, dass diese ihnen ermöglicht, ihre Religion auszuüben und sie nicht dazu zwingt, etwas zu tun, was islamischen Prinzipien widerspricht. Sie müssen sich nicht entscheiden, es gibt kein Entweder/Oder, denn Scharia und Demokratie schließen sich nicht per se aus, man kann beide Konzepte miteinander verbinden. Es ist nicht nur möglich – es geschieht tagtäglich in vielen Ländern auf der ganzen Welt. So sehen Muslim:innen in Deutschland die Demokratie als Staatsform positiver als die Gesamtbevölkerung, wie eine aktuelle Umfrage zeigt.[17] In unserem gemeinsamen intersubjektiven Raum wollte ich Sebastian dabei unterstützen, seinen einfachen Bezugsrahmen Schritt für Schritt zu erweitern, damit er nach und nach differenziertere Antworten auf die vielen hochkomplexen Fragen in seiner Welt finden konnte.

Die Verbindung von Scharia und Demokratie – dieses alternative Narrativ funktioniert in Österreich besonders gut, denn hier hat jeder Mensch das Recht, seine Religion einzeln oder in Gemeinschaft mit anderen öffentlich oder privat auszuüben. Und da der Islam seit über hundert Jahren, genauer: seit dem Islamgesetz von 1912 und der Überarbeitung von 1979, eine rechtlich anerkannte Religionsgemeinschaft ist, gilt die Religionsfreiheit für Muslim:innen wie für anderen Religionen. »Der Staat hasst Muslime« – dieser Vereinfachung wollte ich rechtsstaatliche Prinzipien wie den Gleichheitsgrundsatz, das Recht auf freie Religionsausübung und auf freie Meinungsäußerung entgegenhalten. Denn jede Person hat hierzulande das Recht darauf – im Gegensatz zu Afghanistan. Das war auch der Grund für Sebastians Flucht gewesen. Seine Familie lebte in einer sehr ländlichen Region in den Bergen, das kleine Dorf, in dem er aufwuchs, war nur schwer zugänglich. Die von den US-Amerikanern eingesetzte Regierung hatte dort nicht viel zu sagen, im Grunde hatte sich seit deren Einmarsch in dieser Region nichts verändert – bis auf die Drohnenangriffe. Das Gebiet wurde von unterschiedlichen Milizen kontrolliert, Sebastians Familie wurde bedroht, musste immer wieder den Wohnort wechseln. Trotzdem wurden sie gefunden und sein Vater sogar angeschossen. Ein Schuss ging durch den Oberarm, der andere in den Bauch. Sein Darm hing heraus, er überlebte nur knapp. Nach dem Familienoberhaupt ist der älteste Sohn am meisten gefährdet, regelmäßig werden Kinder entführt und als Kindersoldaten eingesetzt. Daher beschloss die Familie, dass Sebastian als ältester Sohn nach Europa gehen sollte.

Nach einer zweijährigen Flucht kam er 2015 nach Österreich und erhielt hier subsidiären Schutz. Für mich persönlich war dieses Jahr eines der schönsten in meinem Leben: Hunderttausende Menschen standen damals für ein neues, anderes Europa auf, in dem Freiheit, Gleichheit, Geschwisterlichkeit, jene Werte, auf denen Demokratie und Rechtsstaat aufgebaut sind, endlich verwirklicht werden konnten. Diese Werte geben den Begriffen erst eine Bedeutung und bilden den Bezugspunkt für unsere Gesetze, wie zum Beispiel für das Recht auf Asyl. Sie haben Sebastian und vielen anderen ermöglicht, hier ein neues Leben in Frieden zu beginnen.

In der Geschichte vom Einen Islam werden all diese Aspekte aber gerne ausgelassen. Der Gleichheitsgrundsatz und die damit verbundene Möglichkeit der Maßnahmenbeschwerde bei vermeintlicher Polizeigewalt passt nicht zu Opfernarrativen wie »Der Staat hasst Muslime«. Aber Sebastian hatte das alles erlebt. Es würde also leicht sein, befand ich, ihn davon zu überzeugen, dass Demokratie und Rechtsstaat auch für Muslim:innen besser seien als eine Gesellschaft, aufgebaut auf »Gottes Gesetzen« wie in Saudi-Arabien oder unter den Taliban. Im Kopf hatte ich mir schon alle Argumente zurechtgelegt, aber wir waren immer noch nicht fertig mit den Videos. Neben jenen von Pierre Vogel befanden sich auch Videos der Taliban auf seinem Handy. Aufgrund seiner Fluchtgeschichte dachte ich mir damals nicht viel dabei, wir sahen sie uns gemeinsam an und ich bat ihn, mir zu übersetzen. Doch während er erzählte, wurde ich misstrauisch. Bewunderte er sie etwa? Ich sprach ihn direkt drauf an.

»*Ich könnte auch einfach lügen, aber ich will ehrlich sein*«, begann er. »*Ich sage nicht, dass ich die Taliban unterstütze. Aber ich finde es gut, dass sie den Frieden gebracht haben.*« – »*Was? Frieden? Wem haben sie bitte Frieden gebracht?*«, schleuderte ich ihm sofort entgegen. »*Den Frauen ganz sicher nicht, oder?*« Er holte Luft. »*Hier werden Dreizehnjährige gefickt, ich habe das gesehen, Fabian! Und hier gibt es viele Vergewaltigungen!*«, sagte er dann. »*Ach komm!*«, schoss ich zurück, »*die Taliban haben Regeln gemacht, nach denen Mädchen ab ihrer Pubertät gegen ihren Willen verheiratet werden können. Vergewaltigung in der Ehe ist genauso Vergewaltigung!*« Ich war wirklich wütend. Die Taliban und

Frieden … »*Ja, aber dann ist die Demokratie gekommen und die Leute, die reich geworden sind, konnten sich Jungen kaufen zum Tanzen und zum Ficken. Das wäre bei den Taliban nicht gegangen, die hätten diese Leute geköpft!*«

Es klopfte an der Tür. »*Alles in Ordnung bei euch?*«, fragte mein Kollege Dieter. Es war ziemlich laut geworden. Wir hatten es gar nicht bemerkt und diskutierten sofort weiter: »*Du bist Österreicher, du musst eher zu Demokratie halten und ich bin Muslim und darum muss ich zur islamischen Seite halten. Ich bleibe dabei, mit dem islamischen Gesetz sind wir auf der sicheren Seite. Besser, die Frau ist zu Hause als alle sind tot.*« Nach allem, was er erlebt hatte: Wie konnte er die Scharia über Demokratie und Rechtsstaat stellen? Ich war ratlos.

Rechtsstaat

Das Gespräch dauerte über drei Stunden, aber nichts hatte sich zum Besseren verändert, keiner war am Ende klüger. Wir blieben beide in unseren jeweiligen Bezugsrahmen, die wir – bis an die Zähne mit Argumenten bewaffnet – verteidigten. Wir trafen uns weiterhin fast jede Woche, aber dieses Thema klammerten wir unabgesprochen aus. Denn es gab genug anderes zu tun. Wir schrieben Bewerbungen und machten uns auf die Suche nach einem Therapieplatz, auch wenn er schon einen Weg gefunden hatte, mit seinen Schmerzen umzugehen. Irgendwann schickte er mir eine Sprachnachricht: »*Ich hab' morgen Gericht, kommst du?*« – »*Welches Gericht?*«, fragte ich ihn verwirrt, »*ist irgendwas passiert?*« – »*Nein, Bruder, diese Polizeisache, hab' ich dir nicht davon erzählt?*« Die Strafverfügung hatte ich ganz vergessen. Sebastian hatte also seine Vorstellung von »Demokratie ist Shirk« tatsächlich gebrochen und sich an eine staatliche Stelle gewandt und eine Beschwerde gegen die Polizeikontrolle eingelegt. Ich war ziemlich beeindruckt. Natürlich begleitete ich ihn.

Es war ein kleiner Verhandlungssaal. Nur eine Zuschauerreihe. Ich setzte mich in die Mitte, direkt hinter den Sessel, auf dem die Befragten Platz nehmen sollten. Als Erstes kam Sebastian dran. Er erzählte, was aus seiner Sicht passiert war. Dann war Sebastians Freund an die Reihe. Auch er legte seine Sichtweise dar, die der von Sebastian sehr ähnelte. Danach kam der betroffene Polizist. »*Woran haben Sie erkannt, dass Herr S. aggressiv war?*«, fragte ihn der Richter. »*Es ist schwer zu beschreiben, es war so eine aggressive Mimik und Gestik!*« Nicht nur ich, auch der Richter schien sichtlich irritiert von dieser Antwort und hakte noch einmal nach: »*Sie haben angegeben, dass der Beschuldigte seine Fäuste geballt hätte.*« – »*An die Fäuste kann ich mich nicht mehr erinnern*«, antwortete der Polizist. Sehr sonderbar, stand dieser Vorwurf doch Schwarz auf Weiß in Sebastians Strafverfügung. Der Richter wirkte ebenfalls nicht ganz zufrieden mit diesen Antworten: »*Sie haben angegeben, dass der Angeklagte trotz mehrmaliger Aufforderungen die Distanzzone nicht eingehalten hat. Wie groß ist denn die Distanzzone bei einer Personenkontrolle normalerweise?*« Der Polizist zögerte kurz. »*So zwischen vier und fünf Meter*«, antwortete er stockend. Mit aller Kraft presste ich meine Lippen aufeinander, versuchte meinen Mund geschlossen zu halten, aber keine Chance, ich musste laut lachen. Das war mir noch nie passiert während einer Gerichtsverhandlung, aber diese Aussage schien mir komplett absurd. Vier bis fünf Meter, so lange war nicht einmal der Gerichtssaal. Der Polizist drehte sich zu mir um. In seinem Gesicht konnte ich seine Unsicherheit erkennen, er fühlte sich ertappt. Er wandte sich wieder zum Richter und ergänzte: »*Naja, so lernen wir das in der Ausbildung. In der Realität sind es meistens ein bis zwei Meter.*« Ich schaute hinüber zu Sebastian, der neben seiner Rechtsvertreterin Platz genommen hatte und nur lautlos den Kopf schüttelte. Wenig später war die Befragung beendet und nach einer kurzen Beratung die Gerichtsverhandlung auch schon wieder vorbei. Der Richter sah keinen Grund, an den Aussagen des Polizisten zu zweifeln. Sebastian nahm das Urteil zur Kenntnis. Die Strafe über 340 Euro musste er bezahlen, dazu würden auch noch Gerichtskosten kommen.

Wir gingen nach draußen. Ich war wütend. Und ich schämte mich. Ich schämte mich dafür, Sebastian nicht geglaubt zu haben. Sebastian dagegen war überhaupt nicht wütend, er hatte schon damit gerechnet, dass es so ausgehen würde. »*Der Richter hat sich sicher gedacht, wie peinlich es ist, dass solche Trottel Polizisten werden können. Aber hätte er die Wahrheit gesagt, wäre das peinlich gewesen für Österreich*«, meinte er nur. Wir lachten gemeinsam. Das tat gut. »*So ist Demokratie*«, sagte er, »*die Mächtigen haben das Sagen und die Armen haben zu folgen.*«

»*Ich finde es trotzdem wichtig, dass du die Beschwerde gemacht hast, vielleicht überlegt der Polizist das in Zukunft zweimal*«, antwortete ich und verabschiedete mich mit einem schlechten Gefühl. Ich brauchte mehrere Tage, bis mir bewusst wurde, was in mir vorging. Meine Chefin Verena half mir dabei. Was war passiert? Vieles von dem, was mir Sebastian erzählt hatte, war so heftig, dass ich es anfangs kaum glauben konnte. Natürlich wusste ich, dass es rassistische Polizeigewalt gibt. Aber erwachsene Männer, Vertreter unseres Rechtsstaates, die einen Jugendlichen niveaulos beschimpfen, schubsen und treten, einfach so, ohne Grund? So etwas kannte ich nicht in meiner Welt. Das konnte ich nicht glauben Aber es passiert immer wieder, erst im Juli 2021 waren sechs Polizisten in Wien schuldig gesprochen worden, weil sie bei einer Personenkontrolle grundlos einen Tschetschenen als »Scheißhurenkind« beschimpft und zusammengeschlagen hatten.[18] Mittlerweile bin ich der Meinung, dass ich Sebastian in diesem Gespräch nicht glauben wollte, denn das, was er mir erzählte, bedrohte mein eigenes Bild auf die Welt.

Ich, der linke Sozialarbeiter, hatte Sebastian aufgrund seiner geringeren Bildung und der Videos auf seinem Handy nicht ganz ernst genommen, das war einfacher für mich. Die Geschichte vom Einen Islam bietet einfache Antworten auf schwierige Fragen und so schätze ich ihn auch ein. Als jemandem, der die Verantwortung an Gott abgibt und lieber betet anstatt lange nachzudenken, oder sich mit anderen Menschen austauscht, diskutiert und verhandelt. Ich hatte ihm seine Wahrnehmung abgesprochen und damit zum zweiten Mal zum Opfer dieser rassistischen Polizeikontrolle gemacht. Aber nicht nur hinsichtlich der Strafverfügung, auch in den Gesprächen über die Taliban hatte ich ihn nicht ernst genommen. Ich war der festen Überzeugung, dass er manipuliert worden sei und eine völlig falsche Sicht auf die Taliban hatte. Die Vorstellung, dass die

Taliban dem afghanischen Volk 1996 den Frieden gebracht haben sollen, konnte ich einfach nicht verstehen. Aber wer war ich, dass ich glaubte, ihn über Afghanistan und die Taliban aufklären zu müssen?

Sebastian war mit elf Jahren alleine von Afghanistan nach Österreich geflüchtet. Auch wenn er natürlich immer noch mit Akzent sprach, er hatte eine neue Sprache gelernt und sich hier ein Leben aufgebaut. Ohne Unterstützung seiner Familie, ohne Geld, ohne Studium. Ich kann mir nicht vorstellen, dass ich das in diesem jungen Alter geschafft hätte.

Den gesellschaftlich anerkannten Weg zu Erfolg, Macht und Anerkennung – ich hatte ihn gefunden. Mich hatte dieser Weg von den Bergen Salzburgs auf die Straßen in der Wiener Brigittenau zur Beratungsstelle Extremismus geführt. Dahinter steckte viel harte Arbeit und Ausdauer, viel Blut, Schweiß und Tränen. Auch wenn es mir nicht bewusst war, aber natürlich hatte ich die Vorstellung in mein Weltbild übernommen, dass unsere Gesellschaft im Grunde gerecht ist und dieser Weg allen Menschen offensteht. Aber das ist falsch. Im Gegensatz zu Sebastian hatte ich eine Familie und damit einen sicheren Rückhalt. Egal, was auf meinem Weg passieren würde, ich konnte mich darauf verlassen, dass sie mich unterstützen würden. Aber nicht nur das, als weißer heterosexueller Mann standen mir nicht nur viele Türen offen, ich würde auch nie in eine Situation wie Sebastian bei der Polizeikontrolle kommen. Auch wenn die Erkenntnis schmerzhaft ist – mein Erfolgt beruht nicht nur auf harter Arbeit, sondern vor allem auch auf meinen Privilegien.

Vermittelt man Jugendlichen wie Sebastian, die diese Privilegien nicht haben, unsere Welt wäre gerecht und alle Menschen hätten die gleichen Chancen, bringt sie das in einen Konflikt mit sich selbst und das kann fatale Auswirkungen haben. »Liegt es an mir oder liegt es an meiner sozialen Gruppe?« Von Selbstzweifeln getroffen, geben sie sich die Schuld für Probleme, für die sie nichts können, und übernehmen negative Zuschreibungen.[19] Der Islam sei gewalttätig, zu extrem, Frauen würden in ihrer Religion unterdrückt, sie sei nicht mit Demokratie und Rechtsstaat vereinbar« – wenn muslimische Jugendliche das ständig hören, kann das dazu führen, dass sie diese Vorstellungen nach und nach in ihr Weltbild übernehmen und danach handeln, auch ohne mit Videos von Predigern wie Pierre Vogel oder den Seiten von Hizb ut-Tahrir in Kontakt gekommen zu sein.

So war es auch bei Sebastian. Über Rassismus, Sexismus, soziale oder ökonomische Ungleichheit und (Neo-)Kolonialismus hatte noch niemand mit ihm diskutiert. »Der Staat hasst Muslime« – das war seine Antwort auf alle Probleme, die ihm auf seinem Weg begegneten. Wie er zu dieser Ansicht gekommen war, hatte ich bei der Gerichtsverhandlung miterlebt. Seinen Bezug zu den Taliban konnte ich noch nicht nachvollziehen, daher musste ich einen neuen Ansatz finden: Zuerst entschuldigte ich mich. Ich hatte mein Ziel, viel zu fragen und zuzuhören, ganz klar verfehlt und war sofort ins Argumentieren verfallen. Sebastian nahm die Entschuldigung an und wir machten einen gemeinsamen Plan: Er sollte mir eine Doku über die Taliban schicken, die er gut fand, ich würde dasselbe tun. Bis zum nächsten Mal wollten wir die Videos des jeweils anderen ansehen und dann gemeinsam darüber diskutieren. Ich dachte nach. Welches Video sollte ich ihm schicken? Ich durchsuchte meine Festplatte und meinen YouTube-Verlauf, aber ich fand nichts Passendes. Im Gegensatz zu Sebastian. Bereits ein paar Stunden nach unserem Gespräch erhielt ich ein YouTube-Video per WhatsApp. Ich klickte auf den Link, was würde mich erwarten? Ein Propagandavideo? Weit gefehlt. Zu meiner Verwunderung schickte mir Sebastian eine arte-Doku. Eine wirklich gute. In »Afghanistan – das verwundete Land«[20] wird die Geschichte Afghanistans in vier Teilen von unterschiedlichen Perspektiven erzählt. Ich begann zu verstehen, wie der Bezugsrahmen von Sebastian aufgebaut war, mit dem er Ereignisse wahrnahm, filterte und mit Bedeutung befüllte.

Die Geschichte dieses Landes ist geprägt von bitterer Armut und Krieg. Die verschiedenen Stämme und Ethnien vereinte vor allem ihr Glaube und ihr starker Wunsch nach Unabhängigkeit. Von Dschingis Khan, Alexander dem Großen bis zum British Empire versuchten zahlreiche Großmächte, Afghanistan zu erobern – und scheiterten.

1929 wurde das Land schließlich zu einem unabhängigen Königreich. Die Menschen waren arm: Die Frauen besaßen zu ihren Lebzeiten meist nur zwei Kleider: eines, wenn sie die Pubertät erreichten, und ein zweites, wenn sie heirateten. Eine gewöhnliche Familie besaß kein Geschirr außer einer kleinen Tasse für Tee. Die Macht lag vor allem bei den Großgrundbesitzern, die in ländlichen Festungen lebten. Das sollte sich mit der 68er Bewegung ändern. Eine junge, urbane Generation kämpfte für soziale und gesellschaftliche Reformen, eine sozialistische Revolution wie in Kuba. Diese progressiven Ideen standen, wie überall auf der Welt, im Widerspruch zu den reaktionären Vorstellungen der Mehrheit der Bevölkerung. Vor allem die Landbevölkerung fühlte sich zurückgelassen und von den Privilegien dieser neu entstandenen urbanen Elite ausgeschlossen.

Nach einer Hungersnot Anfang der Siebzigerjahre kam es 1978 zu einem Militärputsch mit sowjetischer Hilfe. Die neue sozialistische Regierung führte Frauenrechte ein und verkündete eine Bodenreform – das Land würde den Gutsbesitzern genommen und der Bevölkerung gegeben werden. Dabei stießen sie auf Widerstand. Um ihre Reformen durchzusetzen, setzten sie auf Gewalt. Die Opposition – auch die linke – wurde verboten, es kam zu Massenverhaftungen und Misshandlungen, Personen, die mit ihnen nicht einverstanden waren, wurden verschleppt und getötet. Dies war aber nur die erste Stufe der Eskalation: Weihnachten 1979 rollten sowjetische Panzer über die Grenze, um die Regierung zu unterstützen und einen Bürgerkrieg zu verhindern. Das war zu viel für die Menschen, überall im Land gab es Demonstrationen. Der Widerstand gegen die Besatzung vereinte die Landbevölkerung mit den urbanen Eliten des Landes. Die Revolte wurde von religiösen Autoritäten angeführt, die den Widerstand schon bald in einen Dschihad transformierten. Die Tapferkeit der Freiheitskämpfer oder »Mudschahidin« (übersetzt in etwa »Jemand, der Dschihad betreibt«) inspirierte, auch durch Filme wie »Rambo III«, Menschen auf der ganzen Welt. Aber sie waren sich nicht einig, nach Stämmen und Ethnien getrennt wetteiferten verschiedene Gruppen um Unterstützung aus dem Ausland, vor allem durch die USA. Die Russen sollten in Afghanistan ihr Vietnam erleben – das war wiederum das Ziel der US-Regierung. Die Mudschahidin waren von russischen Helikoptern niedergemäht worden, also statteten sie sie mit Stinger-Luftabwehr-Raketen aus und läuteten damit die Niederlage der Sowjets ein. Wie so viele andere zuvor war auch die Rote Armee am Widerstand der afghanischen Bevölkerung und den Bedingungen der unnachgiebigen Landschaft gescheitert.

Bei den Friedensverhandlungen zwischen den USA und der UDSSR saßen die Mudschahidin nicht am Tisch. Die Sowjets verließen schließlich das Land, hinterließen ein absolutes Chaos und Afghanistan wurde von der Welt vergessen – doch damit sollte alles noch schlimmer werden.

Die unterschiedlichen Gruppen schafften es nicht, sich zu einigen, es folgte der Kollaps der bisherigen Republik und anschließend ein unglaublich brutaler Bürgerkrieg: »*Alle haben sich gegenseitig umgebracht, Frauen wurden von den eigenen Nachbarn Nägel in den Kopf geschlagen!*«, erzählte Sebastian mir. Diese Bilder spielten für seinen Bezugsrahmen eine große Rolle. Seine Eltern hatten ihm viel davon berichtet. Inmitten dieser Unruhen entstand in Kandahar, der drittgrößten Stadt des Landes, eine neue Bewegung: die Taliban, die »Schüler des Islam«. Sie rekrutierten ihre Kämpfer aus den großen Flüchtlingslagern in Pakistan, eroberten einen Bezirk nach dem anderen und vertrieben die verschiedenen Mudschahidin-Gruppen. Zunächst wurden sie von den Menschen in Afghanistan bejubelt – endlich Frieden, Gerechtigkeit und Ordnung, dachten diese vermutlich. Die verschiedenen Stämme und Ethnien sollten abermals durch ihren starken Wunsch nach Unabhängigkeit und ihrem gemeinsamen Glauben vereint werden, so das Versprechen. Aber die Freude währte nur kurz, denn in jedem eroberten Bezirk begannen die Taliban ihre Vorstellung von der Scharia umzusetzen und die Bevölkerung zu unterdrücken.

Diese Bilder spielten für mich eine große Rolle, im Gegensatz zu Sebastian. Er hatte diese Zeit nicht mitbekommen, da er erst nach 2001 geboren wurde. In diesem Jahr marschierte die US-Armee mit ihren Verbündeten ein. Auch die US-Amerikaner wurden anfangs bejubelt – doch auch diese Freude währte nur kurz und exakt jene Zeit hatte Sebastian miterlebt. »*Bush wollte den Heiligen Krieg, obwohl die Taliban Osama Bin Laden ausliefern wollten, greifen sie trotzdem an und bombardieren Kinder!*«, meinte er und spielte damit auf eine Rede an, für die sich der damalige US-amerikanische Präsident wenig später entschuldigen musste.[21]

»*Okay, Sebastian, ich glaube, ich verstehe jetzt ein bisschen mehr, warum du sagst, dass die Taliban den Frieden gebracht haben. Aber was mich nun wirklich interessiert: Was wünscht du dir jetzt für dein Land? Wie würde Afghanistan ausschauen, wenn du bestimmen könntest?*« – »*Ich will gar nicht bestimmen*«, meinte Sebastian, »*aber ich glaube, die islamischen Regeln sind am besten. Aber nicht so wie Taliban, mit Burka und so, wie du wieder glaubst, Frauenrechte sind im Islam erlaubt. Und sie sollen zur Schule gehen und zur Uni, aber nicht so wie hier, sie müssen getrennt sein!*«

Ich unterdrückte das Bedürfnis, sofort dagegen zu argumentieren, und stellte stattdessen eine weitere Frage: »*Warum ist es dir wichtig, dass es islamische Regeln sind?*« – »*Weil ich an Allah glaube und ich glaube, wenn die Gesetze von Gott sind, müssen sie gerecht sein!*«, antwortete er. Er konnte seinen Bezugsrahmen noch nicht verlassen, daher mussten wir noch einen Schritt weiter zurückgehen. »*Okay, ich verstehe dich, glaub' ich. Aber vergiss' mal alles an Politik, das du kennst, vergiss' die Taliban, den IS, die US-Amerikaner und die Russen. Es gibt unterschiedliche Möglichkeiten, wie man eine Gesellschaft aufbaut, vergiss' mal für einen Moment unsere Diskussionen darüber, ob Demokratie oder Scharia besser ist. Was mich viel mehr interessiert: Was muss konkret passieren, damit es den Menschen in Afghanistan endlich gut geht?*« Gespannt sah ich Sebastian an. Er musste überhaupt nicht überlegen: »*Als Erstes müssen die Amerikaner und alle anderen das Land verlassen, zweitens Korruption und Armut beseitigen, und als Drittes Gerechtigkeit für all die Verbrechen, die am afghanischen Volk begangen wurden! Nur dann kann es Frieden geben*«, antwortete er wie aus der Pistole geschossen. Ich grinste bis über beide Ohren und reichte ihm die Hand. Wir hatten es endlich geschafft, einen Common Ground, einen gemeinsamen Bezugspunkt, zu finden.

Scharia oder demokratischer Rechtsstaat, was ist besser? Die Antwort auf diese Frage hängt vor allem von unseren jeweiligen Rahmen, unseren transkulturellen Automatismen ab. Diese werden geprägt von unserer politischen Sozialisation, den Werten, die uns über Familie, Schule, Freunde und Medien vermittelt werden. Aber auch Traditionen, Religionen, das kulturelle Umfeld sowie geografische, klimatische und vor allem politische Umstände sind entscheidend für unseren jeweiligen Rahmen, nach dem wir Ereignisse filtern und mit Bedeutung befüllen.[22]

Auf den ersten Blick hatten Sebastian und ich nicht viel gemeinsam, im Gegenteil: Wir hatten vollkommen andere Bezugsrahmen, wodurch wir die erwähnten Begriffe mit vollkommen unterschiedlicher Bedeutung befüllten. Transkulturelle Automatismen bestimmen zwar unser Bild auf die Welt, aber sie sind nicht statisch, ganz im Gegenteil. Sie befinden sich in ständigen dynamischen Austausch mit der Umgebung und somit in ständiger Veränderung. Sie sind immer im Wandel, mit jedem Buch, das wir lesen, mit jedem YouTube-Video, das wir schauen, und mit jedem Gespräch, das wir führen. Allerdings braucht es dafür eine Voraussetzung: Wir müssen zuhören, verstehen können – und natürlich auch verstehen wollen.

Sebastian und ich verharrten in unseren jeweiligen Rahmen, nach denen wir die Begriffe Scharia und Rechtsstaat einordneten. Um unsere Verteidigungshaltung verlassen und ein »Window of Opportunity« für alternative Sichtweisen öffnen zu können, mussten wir den Rahmen für unsere Diskussion verschieben. Dieser Transformationsprozess wird »Reframing« oder Umdeutung genannt.[23] Dabei kommen vor allem alternative, inklusive Fragen und bewusste Wechsel von Perspektiven zum Einsatz. Anstatt darüber zu streiten, ob Scharia oder Rechtsstaat besser ist, gelang es uns so, das Gemeinsame über das Trennende zu stellen und einen Common Ground zu finden.

Verändern wir den Rahmen, so verändern wir die Bedeutung. Aber ganz so einfach funktioniert das nicht, auch Sebastian fiel immer wieder auf seinen Bezugsrahmen zurück, nachdem er Ereignisse einordnete. Die Gründe dafür lagen nicht in Quran und Sunna, es war vor allem der politische Kontext, der seine transkulturellen Automatismen entscheidend geprägt hatte und auch weiterhin prägte: Der sogenannte Krieg gegen den Terror. Viele der Kriegsverbrechen, die in dieser Zeit begangen wurden, werden uns noch lange Zeit beschäftigen. Damit meine ich leider nicht Politik und Medien, Sicherheitsbehörden oder Justiz, denn nach der Tötung von Osama Bin Laden im Jahr 2011 wurde das Land einmal mehr von der Welt vergessen.

»*Katstrophe*«, schrieb Sebastian unter den Link und schickte drei weinende Emojis nach. Ich sah mir das Video an. »*Fuck Alter bin geschockt*«, antwortete ich ihm mit einem wütenden Smiley. Mittlerweile tauschten wir regelmäßig Videos aus und diskutierten darüber. In diesem neuen Video ging es um die Tötung von mindestens 39 afghanischen Zivilist:innen durch australische Elitesoldaten.[24]

Mit dem »Doha Agreement« zwischen den USA und den Taliban begann am 29.02.2020 das unrühmliche Ende der Besatzung. Nach über hundert Jahren Krieg, dem Einmarsch der Briten, der Sowjetunion und der NATO war Sebastians Land komplett zerstört, aber niemand hatte es geschafft, Afghanistan einzunehmen und über eine längere Zeit hinweg zu beherrschen. Nach über zwanzig Jahren mussten auch die NATO-Truppen im August 2021 abziehen und hinterließen das Land abermals dem Chaos. Im Gegensatz zum von den Sowjets eingesetzten Präsidenten, der sich nach deren Abzug noch drei Jahre lang im Amt halten konnte, floh der von den USA gestützte Präsident Ghani noch während des Abzugs der Truppen. Die soziale Ungleichheit war noch größer geworden, vor allem auf dem Land. Die Bevölkerung dort war abermals zurückgelassen und von den Privilegien der urbanen Elite ausgeschlossen worden, wohl auch deshalb war es der Taliban so schnell gelungen, weite Teile des Landes in wenigen Monaten zurückzuerobern. Für die Menschen auf dem Land spielte es wohl keine Rolle, ob die US-Amerikaner oder Taliban sie in der Nacht überfielen, letztere sprachen zumindest ihre Sprache und setzten keine Drohnen ein.

»Ich werde mich nicht unterdrücken lassen und mich keinen Regeln unterordnen, die nicht meine eigenen sind«, das hatte Sebastian daraus gelernt. Seine eigene Tauhīd-Version war alles, das ihm geblieben war. Er konnte nur lachen, wenn ich ihm von demokratischen Werten wie Freiheit, Gleichheit oder Geschwisterlichkeit erzählte, denn er verknüpfte sie mit der Korruption und der daraus entstandenen noch größeren sozialen Ungleichheit sowie mit der Gewalt und dem Terror, den die US-Truppen und ihre Verbündeten über sein Land gebracht hatten. Zum Beispiel die australischen Elitesoldaten: Die Vorwürfe reichten hier von der Tötung eines sechsjährigen Kindes während einer Hausdurchsuchung bis hin zur Tötung eines Gefangenen (um Platz in einem Hubschrauber zu schaffen wurde er einfach rausgeworfen) – eindeutig keine tragischen Unfälle.

»*So ist es, wenn die Gesetze von Menschen sind! Das kannst du vergessen!*«, schrieb er. Ich überlegte ein paar Minuten, dann begann ich zu tippen: »*Naja, ich glaube ja, dass es nicht unbedingt daran liegt, dass die Gesetze von Menschen gemacht werden, ich glaube eher, es liegt daran, wie die Macht in unserer Welt verteilt ist. Die Soldaten haben eindeutig Gesetze gebrochen, aber ich fürchte, sie werden dafür nicht die Verantwortung übernehmen müssen. Die Situation in Afghanistan ist echt furchtbar, hoffentlich wird es bald besser.*« – »*Ohne Scharia kann es nicht besser werden*«, antwortete Sebastian direkt und schickte einen lachenden Smiley mit. »*Naja schau, wenn du sagst, dass es an den Menschen liegt, haben wir doch eigentlich das gleiche Problem. Die Scharia muss ja auch von Menschen umgesetzt werden und sieh dir an, was die Taliban 1995 alles gemacht haben*«, antwortete ich ihm. »*Oder schau nach Saudi-Arabien*«, schickte ich nach, dazu einen Zwinkersmiley. »*Auch dort haben die Mächtigen das Sagen und die Armen haben zu folgen, oder?*«

Mit dieser Frage wollte ich den Rahmen unserer Diskussion ein weiteres Mal verschieben. Und das ist auch in der Diskussion über »Scharia oder Rechtsstaat« dringend notwendig, denn wenn man einen anderen Blickwinkel einnimmt und die eigenen Bilder und Erfahrungen hintenanstellt, kann man tatsächlich einige Gemeinsamkeiten zwischen Scharia und Rechtssaat erkennen. Die Vorstellung, dass Gott die erste und letzte Ursache der Dinge ist, das ist die erste Säule im Islam. Auch wenn es den Jungs nicht wirklich von ihren

Eltern oder im Religionsunterricht vermittelt worden war, bedeutete diese Vorstellung vor allem eines: Vor Gott sind alle Menschen gleich. Egal ob Mohammed, seine Nachfolger oder Jugendliche wie Sebastian – sie alle müssen ihren eigenen Weg zu Gott finden und sich selbst für ihre guten und schlechten Taten verantworten. Und auch wenn sich die Bezugsrahmen von Rechtsstaat und Scharia deutlich voneinander unterscheiden, sind beide Konzepte ähnlich aufgebaut. Die zentralen Werte, wie das Prinzip der Diskussion und gegenseitigen Beratschlagung oder der Gleichheitsgrundsatz, auf denen sie aufbauen, gelten als unantastbar und universell gültig.[25]

In der Theorie. Denn nicht nur in Afghanistan, auch in Österreich und Deutschland hatte sich seit 2015 viel verändert. Das Gefühl von Solidarität, von einem neuen, anderen Europa währte nur kurz. Eine neue Generation von populistischen Politiker:innen hatte nach und nach die Macht übernommen. Ihre politische Botschaft lässt sich mit zwei Worten zusammenfassen: »Nie wieder!« Aber es war nicht »Nie wieder Krieg, nie wieder Faschismus«, einer der zentralen Bezugspunkte für die österreichische Verfassung und das deutsche Grundgesetz, vielmehr wurde der Ausdruck in einen völlig neuen Rahmen gesetzt: »Nie wieder 2015«. Die großen Fluchtbewegungen nach Europa dürften sich nicht wiederholen, meinten sie damit. Und das funktioniert bis heute, das Jahr 2015 wurde zum Negativmythos transformiert und zum kollektiven Trauma umgedeutet, auf dem sie drastische politische Maßnahmen aufbauten.

2017 plante die Regierung in Wien eine neue Gesetzesnovelle, das sogenannte »Burkaverbot«. Das wurde natürlich von zahlreichen neosalafistischen Seiten und Predigern aufgegriffen und war ein großes Thema bei den Jugendlichen. Es passte perfekt in die Erzählung von #NichtOhneMeinKopftuch, der wohl erfolgreichsten Social-Media-Kampagne der Hizb-ut-Tahrir-nahen Initiative »Generation Islam«.[26] Da das Gesetz dem Gleichheitsgrundsatz widersprach, wurde schließlich die Begrifflichkeit geändert und in ein Gesichtsverhüllungsverbot umgewandelt, aber Muslim:innen wussten genau: Dieses Gesetzt richtet sich gegen uns, gegen unseren Glauben und unsere Kultur, vor allem auch, weil es in Österreich Schätzungen zufolge keine Burkaträgerinnen gibt und auch der Niqab kaum getragen wird. Ein Jahr später folgte das Kopftuchverbot in Schulen für Mädchen unter vierzehn Jahren, das wenig später durch den Verfassungsgerichtshof wieder aufgehoben wurde, und schließlich beschloss die regierende Österreichische Volkspartei (ÖVP) auf ihrem Parteitag in einem Leitantrag ein »Scharia-Verbot«.[27]

»*Was ist für dich wichtiger, die Scharia oder unsere Gesetze?*«, wurde Sebastian bei einem weiteren Termin bei den Sicherheitsbehörden gefragt, zu dem ich ihn begleitete. Er antwortete offen, dass sich das für ihn bisher noch nicht widersprochen hatte –, und dass er noch kein Gesetz brechen musste, um die Scharia zu befolgen. Diese Position, das Verbinden mehrerer Bezugsrahmen, war das Ergebnis vieler intensiver Gesprächen. Ich grinste bis über beide Ohren, aber die Freude währte nur für diesen einen Augenblick. »*Okay, das heißt für mich, dass du die Scharia über den Rechtsstaat stellst*«, antwortete der Beamte im nächsten Moment und führte damit meine ganze Arbeit ad absurdum.

Man muss sich nicht entscheiden, ob man Muslim:in oder Europäer:in ist, denn Scharia und Demokratie schließen sich nicht aus, man kann sie miteinander verbinden – der Gleichheitsgrundsatz als alternatives Narrativ war für mich spätestens mit dieser Erfahrung verbrannt. Ich hätte schreien können. Egal ob Terroranschläge durch den IS oder Vergewaltigungen und sexuelle Übergriffe durch Geflüchtete, die populistischen Politiker:innen griffen auf und stellten viele wichtige Fragen. Das Problem dabei war abermals die Antwort. Mit voller Härte des Gesetzes, mit allen Möglichkeiten des Rechtsstaats solle man gegen vermeintliche »Parallelgesellschaften« vorgehen, um »unsere demokratischen Werte zu verteidigen«. Diese Vorstellung machte sich auch bei behördlichen Gefährdungseinschätzungen bemerkbar. In der Praxis hieß das, Grund- und Freiheitsrechte – wie das Recht auf Asyl oder die freie Religionsausübung – auszuhöhlen und nach und nach abzuschaffen. Und das ist ein Problem, denn beziehen sich gesetzliche Maßnahmen, aber auch pädagogische Interventionen im Bereich der Extremismusprävention auf Einstellungen und Werte, mitunter auch auf radikale Gesellschaftskritik, also einen Bereich, der nicht strafrechtlich relevant ist, sondern sogar von unserer Verfassung geschützt wird, kann das zu genau jenen Erfahrungen führen, die Jugendliche empfänglich für das »Demokratie-ist-Shirk«-Konzept machen.

Vor ein paar Jahren konnte man noch ganz gut mit dem Rechtsstaat argumentieren. Vor dem Gesetz sind alle gleich – bei Gesetzesvorschlägen wie dem sogenannten »Burkaverbot«, die sich nur auf eine Personengruppe, in dem Fall Muslim:innen, beziehen, funktionierte das nicht mehr. Aber ich hatte einen neuen Ansatz. Wie würde Sebastian auf meine Umdeutung von der Scharia mit dem Beispiel Saudi-Arabien reagieren? Ich starrte wie gebannt auf mein Handy. Nach zwei Minuten kam seine Antwort: »*Ja, wenn ich die Gesetze machen würde, dann wird es gut sein*«, diesmal schickte er kein Emoji mit. »*Welches Gesetz würdest du dem Parlament vorschlagen, wenn du gewählt werden würdest?*«, fragte ich ihn. Jetzt wurde es spannend. »*Das erste Gesetz wäre, dass wir uns dreimal die Woche treffen können*«, schrieb er. Ich antworte: »*Das wäre ein top Gesetz. Bin fix dafür. Ich würde dich sofort wählen!*«, und schickte ein lachendes Emoji mit. Dann wartete ich gespannt. Sebastian schickte drei lachende Emojis und einem Muskelsmiley, gefolgt von »*Bester Mann*«. Dann: »*Scheiß auf Shirk*«, dazu noch mal ein lachendes Emoji.

Ich grinste über beide Ohren und reichte Sebastian mit einem Handschlag-Emoji virtuell die Hand. Wir hatten einen neuen Common Ground gefunden. Denn Scharia und Rechtsstaat sind vor allem eines: menschliche Konstrukte. Die Form einer politischen Ordnung sagt nichts über ihren Inhalt aus. Und auch wenn sich unsere Bezugsrahmen voneinander unterschieden, waren wir beide der Meinung, dass sich einiges radikal verändern müsse in dieser Welt. Zurück zur Wurzel, zu den Werten und Prinzipien, für die Demokratie und Scharia eigentlich stehen sollten. Eine gerechte Gesellschaft lässt sich nur durch das Prinzip der Diskussion und gegenseitigen Beratschlagung, der Konsensorientierung und das Finden eines Common Grounds verwirklichen.

Die Ebene der Transformation

Sebastians Weltbild war noch nicht gefestigt. Egal ob Social-Media-Seiten oder Boulevardmedien, Sebastian wurde immer vermittelt, dass er sich entscheiden müsse. Scharia oder Rechtstaat zu befolgen, Muslim oder Österreicher zu sein. Seine Erfahrungen mit der Polizei hatten ihm ganz klar gezeigt, dass er nie »dazugehören« würde, egal wie sehr er sich auch anstrengen würde. Dieser Druck verengte sein Bild auf die Welt, er war ganz auf Verteidigung gepolt und zog sich dahin zurück, was ihm am nächsten war, was er von klein auf kannte. Um seinen Bezugsrahmen erweitern zu können, brauchte er Sicherheit. Die Sicherheit, auf dem Schulweg nicht erschossen oder von einer Bombe getroffen zu werden, die Sicherheit angenommen zu werden, das Gefühl, dass er okay war, so wie er war. Es war meine Aufgabe, ihm dieses Gefühl in unserem gemeinsamen intersubjektiven Raum zu geben. Das klingt zwar einfach, aber ich scheiterte immer wieder daran. Auch wenn ich Sebastian viel fragte, ich hatte zumeist nicht die Absicht, zu verstehen. Ich wollte bloß antworten.

Alles, was wir hören, hören wir gefiltert durch unsere Erfahrungen und Bilder. Im Kopf legen wir uns bereits Gegenargumente zurecht, während das Gegenüber noch spricht. Es gibt keinen Raum mehr für Gedanken, Ideen oder Gefühle, weil sie sofort bewertet werden. Besonders schwierig wird das, wenn Opfernarrative in diesen intersubjektiven Raum eingebracht werden. So wichtig viele der Fragen sind, die sich Jugendliche zu Polizeigewalt oder antimuslimischen Rassismus auch stellen, fällt es uns schwer zuzuhören, denn sie bedrohen unsere Bezugsrahmen, unseren eigenen Blick auf die Welt und unser Selbstbild. Auch wenn ich es nicht wahrhaben wollte, habe ich mehr mit den Polizisten, die Sebastian misshandelt haben, gemeinsam, als mir lieb ist: Unsere Bezugsrahmen sind mit rassistischen und sexistischen Vorstellungen befüllt. Das ist auch nicht weiter verwunderlich, leben wir doch in einer durch und durch rassistischen und sexistischen Welt. Wir alle haben Ideen der Ungleichwertigkeit in unser Weltbild übernommen, ob wir wollen oder nicht – das müssen wir akzeptieren. Nur dann können wir diese reflektieren und versuchen, nicht nach ihnen zu handeln. Lass dich nie von dem beeinflussen, was du glauben willst – das ist die große Herausforderung in der Arbeit mit Menschen wie Sebastian. Für die Hinterfragung des eigenen Weltbildes zugänglich zu bleiben heißt vor allem auch, offen zu sein für radikale Gesellschaftskritik von Jugendlichen.

In der Pädagogik der Wütenden geht es darum, Jugendlichen wie Sebastian alternative Bezugsrahmen zur Verfügung zu stellen. Dabei helfen vor allem Reframing-Ansätze, Perspektivenwechsel und die ständige Suche nach einem gemeinsamen Common Ground. Unsere Welt ist nicht gerecht, nicht alle Menschen haben die gleichen Chancen, weder durch die Scharia noch den Rechtsstaat. Aber das kann sich ändern, nichts ist statisch, ganz im Gegenteil – von diesem Bezugspunkt ausgehend können wir uns gemeinsam auf die Suche nach differenzierten Antworten auf die damit verbundenen Fragen machen und das funktioniert nur auf der Ebene der Transformation. Auch wenn es die Taliban möglicherweise anders sehen, sich an die geltenden Gesetze des Landes zu halten, in dem man lebt, ist auch Scharia – umgekehrt ist es in einem demokratischen Rechtsstaat nicht möglich, die Scharia und damit die freie Religionsausübung zu verbieten, auch wenn die ÖVP das möglicherweise anders sieht.

Ein Gesetzesbuch ist kein guter Bezugspunkt für Interventionen im Bereich der Extremismusprävention, denn auch in Deutschland und Österreich war Vergewaltigung in der Ehe noch bis vor zwanzig Jahren legal. Ebenso wurden der Holocaust, die Sklaverei und die meisten anderen Kolonialverbrechen zu ihrer Zeit nicht als gesetzeswidrig angesehen. Quran oder Gesetzesbuch? Solche Vereinfachungen bringen uns nicht weiter. Ich wüsste allerdings sofort, wie ich mich entscheiden würde. Nie im Leben würde ich persönlich ein Gesetzesbuch über Bücher wie *Die Pädagogik der Unterdrückten* von Paolo Freire stellen.

GEFANGENENHAU
BEIM LANDESGERICHT FÜR STR
HEN WI
GERECHTIGKEIT FÜR ALI!
NO JUSTICE NO PEACE
MIGRANTIFA WIEN

KAPITEL 6: Aslan

Kulturkampf im Klassenzimmer

16.10.2020. Es war ein stressiger Tag im Büro, gefolgt von einer zweistündigen Zugfahrt nach Linz für einen Vortrag am nächsten Tag. »Dschihadistische und/oder neo-salafistische Narrative – jugendsozialarbeiterische Präventionsansätze und Gegenstrategien«, oder so ähnlich. Den musste ich leider noch vorbereiten. Es war 23:46 Uhr, als mein Handy vibrierte. Der Vortrag war zwar noch nicht einmal bis zu Hälfte fertig, aber ich konnte der Versuchung nicht widerstehen und griff zum Handy. Eine Nachricht in einer WhatsApp-Gruppe mit Kolleg:innen aus Wissenschaft und Religionspädagogik sowie Jugendlichen, die ich bei ihrem Ausstieg aus der dschihadistischen Szene begleiten durfte.

Ich öffnete den Chat.

Die Nachricht war von meinem Kollegen Rami: Ein Bild von einem abgetrennten Kopf, der auf einem Gehsteig lag. »Nicht schon wieder«, schoss es mir durch den Kopf. Ich öffnete den Browser, und wenig später wurde klar, was ich mir schon gedacht hatte: Ein neuer dschihadistischer Anschlag. Der Schauplatz, so kolportierten die Medien bereits, war Conflans-Sainte-Honorine, ein Vorort von Paris. Der Lehrer Samuel Paty war auf offener Straße von einem Jugendlichen enthauptet worden. Der Auslöser für den Täter: Paty hatte seinen Schüler:innen im Rahmen einer Unterrichtsstunde über Meinungsfreiheit Mohammed-Karikaturen der Satirezeitschrift *Charlie Hebdo* gezeigt. Die Bilder des abgetrennten Kopfes waren zu diesem Zeitpunkt bereits viral. Geschockt begann ich eine Nachricht einzutippen.

Aslan, einer meiner Schützlinge, war schneller: »*Was liegt dieser scheiß Hundesohn* [damit meinte er den Kopf, Anm. d. Verf.] *da so rum? Das war ein scheiß achtzehnjähriges Kind, da gibt's eine fette Vorgeschichte! Also das kam nicht aus dem Nichts.*«

Ich musste schlucken und löschte die eingetippte Nachricht. Das war hart. Aslan kannte ich bereits seit mehreren Jahren, seit unserer ersten Begegnung 2013 auf der Donaupromenade. Auch die anderen Jungs in der WhatsApp-Gruppe kannte ich schon lange, von ihnen kam noch keine Reaktion. So unterschiedlich ihre Wege in die Szene waren, so unterschiedlich waren auch ihre jeweiligen Ausstiege, die mittlerweile schon mehrere Jahre zurücklagen. Was sie alle miteinander verband: Sie wollten sich aktiv gegen den IS positionieren und andere Jugendliche über die Geschichte vom Globalen Dschihad und die Propagandamechanismen aufklären. Und das machten wir gemeinsam.

Unser Ansatz: Man kann alle erreichen, man muss nur die richtigen Fragen stellen und die bessere Geschichte erzählen. Daher kombinierten wir die Erfahrungen der Jungs sowie unsere unterschiedlichen kulturellen Hintergründe und politische Positionen mit sozialarbeiterischen und religionspädagogischen Ansätzen und machten uns auf den Weg in die Kommentarspalten des Internets – dort gab es immer etwas zu tun. Unser Job: Alternative Erzählungen zu aktuellen Themen zu finden, bei denen in den Online-Lebenswelten der Jugendlichen Positionen aus der Geschichte vom Einen Islam dominieren, und diese dann in den Kommentarspalten sichtbar zu machen. Denn vorgeprägte Identitätsangebote sind in der heutigen Gesellschaft passé, vor allem Soziale Netzwerke ermöglichen es Jugendlichen, auf verschiedenste Facetten unterschiedlicher Identitätsentwürfe zuzugreifen, ihre eigenen Identitätscollage zu entwickeln und sie auf ihre Brauchbarkeit zu überprüfen.[1] Instagram-Accounts werden in diesem Hintergrund zu einer Spielwiese des Experimentierens, Rückmeldungen werden reflektiert, um die eigene Online-Identität zu festigen oder zu korrigieren.

Ich versuchte noch einmal, eine Nachricht zu formulieren. Zwanzig Minuten lang. Immer wieder tippte ich in mein Handy und löschte es wieder. Schließlich legte ich das Gerät weg. »Ich kann nicht mehr! Ich will nicht mehr!«, dachte ich mir. Aslan und ich hatten viel zusammen erlebt und in vielen Projekten zusammengearbeitet. Dafür brauchte es viel Vertrauen und das schien jetzt gebrochen zu sein. Konnte man wirklich alle erreichen? Mir kamen Zweifel.

Ich widmete mich wieder dem Vortrag, aber ich konnte mich nicht mehr konzentrieren. Ich dachte sofort an das Jahr 2015, an den Anschlag auf die Redaktion des französischen Satiremagazins *Charlie Hebdo*, bei dem fünfzehn Menschen ermordet worden waren. Ein hochsymbolisches Ziel, wie sich herausstellen sollte.

Die Zeitungen, die Medien, alles war voll mit Berichten über den Anschlag. Alle waren Charlie und beteten für Paris. Aber auf Social Media, in den Online-Lebenswelten der Jugendlichen, war es anders. Dort war scheinbar niemand »Charlie«. Dort waren alle »der bombardierte Irak«, »das abgeschlachtete Syrien«, »das besetzte Afghanistan« oder »das vergessene Guantanamo«. Ein Beitrag des Rappers SadiQ ging damals viral, es entstand eine Protestbewegung von jugendlichen Social-Media-Aktivist:innen. Statt »Je suis Charlie« statteten tausende Jugendliche in ganz Europa ihre Profilbilder mit ihren eigenen »Je suis«-Rahmen aus. »Je suis Chechnya« war der Rahmen von Aslans Online-Identität; in den ersten Wochen nach dem Anschlag war es in unserem gemeinsamen intersubjektiven Raum kaum möglich gewesen, das Gemeinsame über das Trennende zu stellen und ihn noch zu erreichen.

Uns erreichten damals viele Anfragen von Schulen. Wie die Politik reagierten auch sie damals mit Gedenkveranstaltungen und Schweigeminuten auf diesen Anschlag. Aber nicht alle machten mit, ganz im Gegenteil: Statt der Opfer zu gedenken, provozierten zahlreiche Schüler:innen und störten Schweigeminuten durch lautes Summen oder verkündeten offene Sympathie mit den Attentätern. In Frankreich gab es mehr als 200 solcher Vorfälle in Schulen, auch in Deutschland und Österreich kam es zu ähnlichen Situationen.[2]

An einem dieser Ereignisse war Aslan beteiligt. Auch in seiner Schule war es ein großes Thema. Aslan und einige seiner Freund:innen, darunter auch Nicht-Muslim:innen, entwickelten nach und nach eine Art »Anti-Haltung«. Sie verstanden nicht, warum es ausgerechnet dieses Mal Gedenkveranstaltungen und Schweigeminuten gab – und zu so vielen anderen schrecklichen Anlässen nicht.

Schließlich eskalierte die Situation. Bei einer Trauerfeier mit allen 1400 Schüler:innen seiner Schule weigerte sich Aslan, für die Schweigeminute aufzustehen. Stattdessen verließ er die Aula und ging aufs Klo. Als er wieder zurückkehrte, wurde er vom Direktor nach vorne gerufen und zur Rede gestellt, warum er so unverschämt sei und die Opfer verhöhne. Die Konfrontation vor der gesamten Schule erreichte aber nicht den gewünschten Effekt. Aslan nutzte die Bühne und hielt eine kleine Ansprache. »Ganz ehrlich, ich fühle nicht so ganz mit den Leuten, die da gestorben sind«, antwortete er, »in Syrien, Afghanistan oder im Irak sterben täglich Menschen durch Terroranschläge und da sagt niemand, dass wir für die beten sollen, da gibt's keine Schweigeminute. Die EU und die USA sind Heuchler, da sie genauso Terror und Gewalt bringen und andere für Öl ausbeuten!« Die Schüler:innen lachten und applaudierten, für ihn fühlte es sich so an, als sei der Großteil seiner Meinung gewesen, er genoss die Aufmerksamkeit.

Eine Bühne bekamen allerdings auch die vielen neuen »Terrorexpert:innen« und »Islamkritiker:innen«, die im Zuge dieses Anschlags Alarm schlugen. Ihr Verdacht: Immer mehr muslimische Schüler:innen hätten Verständnis für die Gräueltaten, die Sympathien für die Attentäter seien stärker als das Mitgefühl für die Opfer. Die Vorfälle in den Schulen wurden als ein »Kulturkampf« bezeichnet, der sich schon lange in unseren Klassenzimmern abspielen würde. Schüler:innen mit einem streng konservativen bis islamistischen Gedankengut würden in den Brennpunktschulen europäischer Großstädte mittlerweile die absolute Mehrheit bilden. Der Großteil dieser homogenen muslimischen Schüler:innenschaft würde kaum Deutsch sprechen und wolle eigentlich nichts lernen, sondern lieber stundenlang Playstation spielen. Dafür würden sie aber sehr schnell aggressiv und wütend, sobald etwas nicht mit dem Islam im Einklang zu sein schiene. Die Folgen wären vor allem im Biologieunterricht zu spüren, wissenschaftliche Erkenntnisse wie der Urknall oder die Evolutionstheorie würden abgelehnt, ein normaler Unterricht sei kaum mehr möglich. Das Wichtigste sei der Glaube, nicht die Vernunft oder die Selbstbestimmung als mündige Bürger:innen und andere Errungenschaften der Aufklärung, in deren Tradition sich die meisten dieser »Expert:innen« selbst wähnten.

Man verbiege sich aus einer falsch verstandenen Toleranz, schrieb zum Beispiel die Wiener Lehrerin Susanne Wiesinger in ihrem Buch *Kulturkampf im Klassenzimmer* und sprach damit aus, was sich sonst angeblich niemand zu sagen traute: Schuld an all diesen Problemen sei die Religion, die Ursache läge vor allem im Wesen des Islam – diese Position beherrschte den öffentlichen Diskurs. Aber nicht nur »der Islam«, die Jugendlichen und ihre Familien, auch die sozialistische Lehrer:innengewerkschaft, links-liberale politische Parteien sowie die Medien seien schuld, da sie die Probleme totschwiegen und tabuisierten.[3] Wiesingers Buch wurde, wie viele andere Werke selbsternannter »Terrorexpert:innen« und »Islamkritiker:innen«, ein Bestseller, es wurde sogar ein eigener Posten als Ombudsfrau für Kulturkonflikte im österreichischen Bildungsministerium und eine Kolumne in der *Kronen Zeitung*, dem auflagenstärksten Boulevardmedium des Landes, für sie eingerichtet. Ich kenne kein angeblich tabuisiertes Thema, über das in der Öffentlichkeit so viel diskutiert wird.

In Aslans Schule wurde nicht mehr diskutiert. Die Konsequenz für seine Ansprache war ein Klassenbucheintrag und eine Verwarnung. »Noch eine Kleinigkeit und du fliegst von der Schule«, meinte der Direktor zu Aslan, als er am nächsten Tag zu ihm gerufen wurde. Wie das mit der Meinungsfreiheit zusammenpasste, über die der Direktor bei der Gedenkveranstaltung gesprochen hatte, verstand Aslan nicht. Lehrer:innen und Schüler:innen leben in zwei völlig unterschiedlichen Welten, die nicht miteinander vereinbar sind – in diesem Punkt waren sich Aslan und Susanne Wiesinger damals einig. Ich hingegen war damals anderer Meinung.

Ich saß immer noch an meinem Vortrag. Mein Handy vibrierte wieder, mein Kollege Rami schaltete sich ein. »*Hatte der Junge psychische Probleme?*«, fragte er. »*Mehr oder weniger*«, antwortete Aslan, »*ein Dawla-Psycho ... aber der Hurensohn Lehrer hat es provoziert!*« – »*Nichts kann so provozieren, Bro, da kann der Lehrer noch so scheiße sein. So geht ein Muslim nicht mit anderen Menschen um. Und schau dir in den nächsten Wochen an, wie Muslime das wieder ausbaden werden müssen*«, antwortete Rami und bezog damit eine klare Position. Das war wichtig. Ich atmete aus und legte das Handy weg.

Was war wirklich passiert, was steckt hinter diesem neuen dschihadistischen Anschlag? Darüber konnte man zu diesem Zeitpunkt nur mutmaßen. Aber bei einer Sache war ich mir bereits sicher: Wie bei den Anschlägen auf *Charlie Hebdo* im Jahr 2015 spielte die Vorstellung eine Rolle, dass es für Muslim:innen eine religiöse Pflicht sei, diejenigen zu töten, die den Propheten beleidigen. Diese Vorstellung ist weit verbreitet, auch bei Jugendlichen, die den IS und die Geschichte vom Globalen Dschihad eigentlich ablehnen – aber sie ist falsch.

Ich löschte alle PowerPoint-Folien, die ich für den Vortrag vorbereitet hatte und begann noch einmal von Anfang an. Will man verstehen, welche ideologischen Motive einen jungen Mann in Frankreich antreiben, einen Lehrer zu ermorden, muss man sich zunächst mit der schriftlichen Ebene, dem »Bollwerk des dschihadistischen Gedankenguts«, befassen, so habe ich es von meinem Kollegen Nico gelernt. »Online-Dschihad« – auch den Titel meiner ersten Folie habe ich von ihm.

In den letzten Jahren hatte sich einiges geändert. Die großen Social-Media-Unternehmen schafften durch Algorithmen, Inhalte automatisiert zu löschen, doch der »Online-Dschihad« ging weiter: Der sogenannte Islamische Staat und al-Qaida haben zusammen mehr als 300 000 Seiten an Dokumenten erstellt.[4] Die Dokumente sind auf zahlreichen Onlineplattformen zu finden und werden durch die dschihadistischen Medienaktivist:innen veröffentlicht und laufend verbreitet. In Telegram-Gruppen sammeln sich aktive Mitglieder zu sogenannten »Social Media Operations«. In diesen Gruppen werden

Inhalte in unterschiedlichen Formaten aufbereitet und von dort aus durch unterschiedliche Accounts auf Social-Media-Plattformen hochgeladen und zum Download bereitgestellt. Auch wenn die Inhalte innerhalb von Stunden wieder gelöscht werden, wurden sie in der Zwischenzeit längst von aktiven Mitgliedern und passiven Sympathisant:innen heruntergeladen und weiter verbreitet.

Die Schriften sind vor allem auf Arabisch verfasst, wodurch sie von den meisten europäischen »Terrorexpert:innen« und »Islamkritiker:innen« weitestgehend ignoriert werden. Wie in den Propagandavideos »No Respite« oder »Tötet sie, wo immer ihr sie findet« werden in den schriftlichen Erklärungen und theologischen Traktaten als Beleg einzelne Verse aus dem Quran und den Hadithen verwendet und mit Schriften und Zitaten historischer Gelehrter vermengt. Aber al-Qaida wie auch der IS stellen nicht nur ihre eigenen Werke her, sie teilen und republizieren auch Werke und Schriften historischer Gelehrter, die im Westen oft als »Salafisten« bezeichnet werden. Werke, wie zum Beispiel die des bereits erwähnten Muhammad ibn 'Abd al-Wahhāb. Ebenso prominent ist Ibn Taymiya, ein Gelehrter aus dem 13. Jahrhundert, der das bedeutungsvolle Buch *Das scharfe Schwert gegenüber demjenigen, der den Gottesgesandten lästert* schrieb.

Dieses Werk kann als theologisches Handbuch verstanden werden, das erklärt, warum moderne dschihadistische Gruppen – oder eben Einzeltäter wie der Mörder von Samuel Paty – zur Tat schreiten, um den »Propheten zu rächen«. Ibn Taymiya liefert eine Grundlage, die von vielen als rechtlich bindend verstanden wird, nämlich »jeden, der den Propheten beleidigt, egal ob Muslim oder Ungläubiger, zu töten«.[5] Wer auch immer den Propheten beleidigt, so Ibn Taymiya weiter, »hat kein Recht auf Reue« – und auch nicht auf Vergebung. Für Muslim:innen sei es eine religiöse Pflicht, diejenigen zu töten, die den Propheten beleidigen – diese Vorstellung würden IS-Propagandist:innen in den nächsten Wochen in den Online-Lebenswelten der Jugendlichen verbreiten und das würde abermals richtig anstrengend werden. Aber so weit waren wir noch nicht. Erst musste ich Aslan und die anderen wieder erreichen. Aber wie sollte das funktionieren nach dieser heftigen Reaktion?

Ich nahm das Handy wieder zur Hand. Mittlerweile war es 01:45 Uhr, von den Jugendlichen kam keine Nachricht mehr, worüber ich zu diesem Zeitpunkt nicht unglücklich war. Ich formatierte die letzten Folien für den Vortrag und versuchte zu schlafen, aber keine Chance: Die Gedanken rotierten in meinem Kopf. Konnte man wirklich alle Jugendlichen erreichen? Samuel Paty war wohl auch dieser Meinung gewesen. Er unterrichtete in einer Banlieue, arbeitete mit Jugendlichen, die es nicht einfach hatten, und bezahlte dafür mit seinem Leben. Konnte mir das auch passieren?

Am nächsten Tag, noch vor dem Vortrag, versuchte ich Aslan wieder in unseren gemeinsamen intersubjektiven Raum reinzuholen. Ich öffnete den Einzelchat – das ist oft leichter, da die Bühnenfunktion wegfällt. »*Hej, wenn es dir in der Gruppe zu stressig ist, magst du mir hier ein bisschen was zur Vorgeschichte erzählen? Würde mich voll interessieren!*« – »*Grüß dich Fabian, ja mache ich gleich!*«, antwortet er sofort. Ein paar Stunden später kam die erste Nachricht:

»*Auf jeden Fall, seine Vorgeschichte war, dass er im Ghetto aufgewachsen ist, unter richtig dreckigen Umständen. Er hatte immer nur ältere Freunde, er hatte oft mit der Polizei zu tun. Er hat sein Leben lang nur diesen Rassismus im Ghetto erlebt, Beleidigungen bei Kontrollen und den ganzen Blödsinn. Und dann auch noch in der Schule, der Lehrer da, mit diesen Karikaturen und so!*« – »*War er ein Schüler von Samuel Paty?*«, fragte ich nach. »*Glaube, seine Freundin war in der Klasse des Lehrers und sie haben geredet und haben gesagt, bitte zeigen Sie das nicht her, warum muss das ein Thema sein in Geschichte? Sie haben gesagt, dass es sie stört und er wurde schon als rassistisch von den Schülern eingestuft, und dann hat er gesagt, die Schüler:innen müssen drei Karikaturen zeichnen und wer die nicht nachmachen kann, der wird durchfallen in dem Fach. Dann ist es eskaliert in der Klasse. Der Junge ist zu dem Lehrer gegangen, vier bis fünfmal, dass er damit aufhören soll (haben die mir gesagt) und er war erst 18, das heißt, der ist sein Leben lang nur mit Älteren gewesen, wo wird er sich wohl den Rat geholt haben? Nicht bei Mama und Papa, sondern bei diesen älteren Dawla-Leuten. Und dreimal darfst du raten, was sie ihm empfohlen haben?*«

Ich dachte sofort an Adam, dessen Bild von sich selbst ständig einzustürzen drohte. Auch er hatte eine Phase, in der sein Blickwinkel verengt war und es eigentlich nur um eine Sache ging: Rache. »*Verstehe, verdammte Dawla-Leute*«, schrieb ich zurück und fügte hinzu: »*Ja, von nichts kommt nichts, das ist klar, dass die Leute, die Anschläge machen, fast alle Scheiße erlebt haben, aber das rechtfertigt natürlich nicht, solche Anschläge zu begehen. Was mich interessiert, woher hast du die Informationen, darüber, was in der Schule passiert ist?*« – »*Von den Schülern in der Klasse*«, antwortete er. Daraufhin schrieb ich: »*Spannend, denn ich habe gehört, dass er den muslimischen Schüler:innen angeboten hatte, die Klasse zu verlassen, während er das Thema Karikaturen behandelt.*« Diese Information schien Aslan zu überraschen: »*Das ist mir ehrlich gesagt neu, aber jeder erzählt, wie er will.*« – »*Ja das ist meistens so bei diesen Sachen, leider! Am besten wir diskutieren erst dann darüber, wenn es gesicherte Informationen gibt, okay? Darf ich dir noch eine Frage stellen? Was war das Erste, was du dir gedacht hast, als du davon gehört hast?*« Kurze Pause. Dann: »*Naja, ich mein, was soll ich mir gedacht haben. Alter, was ist da passiert, und als ich den Schädel gesehen habe, war ich komplett schockiert, ich hab mir nur gedacht, hoffentlich ist der Täter kein Tschetschene, hoffentlich kein Muslim, und dann stellt sich raus, dass er beides ist!*«

»*Ich glaub', ich verstehe, was du meinst*«, antwortete ich, »*ist es vielleicht auch ein bisschen so, dass man es nicht glauben kann und auch nicht glauben will, wenn ein Glaubensbruder UND Landsmann so etwas Furchtbares macht?*«, hakte ich noch mal nach. »*Ja, safe, man denkt sich doch, wir sind hier in Europa, hier gibt es keinen Krieg etc. und überhaupt ist er erst achtzehn geworden.*« – »*Ja voll heftig*«, antwortete ich ihm. »*Wo ist der Unterschied für dich, wenn es ein Rechtsterrorist gewesen wäre, so vom Gefühl her? Bei einem Rechtsextremen hättest du sicher anders reagiert bzw. was anderes in die Gruppe geschrieben, oder?*« Erst ein paar Stunden später kam seine Antwort: »*Ja, das würde mich nicht so treffen, weil ich mich für einen Nazi nicht rechtfertigen müsste. Und das Schlimmste ist: ich kannte diesen Jungen persönlich, Fabian, ich habe ihn vor ein paar Jahren getroffen, als ich mit meiner Familie zu Besuch bei Verwandten in Paris war. Ich hätte mir nie im Leben gedacht, dass er so was tun könnte!*« – »*Fuck, das ist krass*«, antwortete ich ihm, »*ich glaube, jetzt verstehe ich, warum deine erste Reaktion so heftig war!«* – *»Ja, aber egal, wer der Täter ist, solche Taten verabscheue ich, egal, wer es war, das weißt du, oder?«* Ich antwortete mit einem Handschlag-Emoji. »Geschafft«, dachte ich mir, während ich im Zug zurück nach Wien fuhr. Wir hatten das Gemeinsame über das Trennende gestellt – mein Vertrauen war wieder da.

Was Aslan und viele andere Jugendliche, mit denen ich gearbeitet habe, mit Abdullah Ansorow, dem Täter, verband, waren ihre tschetschenischen Wurzeln. Fast vierzig Prozent der Menschen, die sich von Österreich aus dem sogenannten Islamischen Staat angeschlossen haben, stammen aus der Kaukasusregion. In Syrien und im Irak selbst kämpften während der Hochphase vier Kampfeinheiten, die sowohl von Tschetschenen angeführt wurden als auch hauptsächlich aus Tschetschenen bestanden.[6] Auch Aslan wollte sich dieser Einheit anschließen, aber seine Familie hatte ihn davon abgehalten und ihn in eine tschetschenische Moschee gebracht. Wie bei vielen anderen Jugendlichen, mit denen ich gearbeitet habe, waren Familie und Community entscheidend bei seinem Ausstieg aus der dschihadistischen Szene.

Die Diskussion über einen angeblichen Kulturkampf muss man unter anderem auch deshalb heftig zurückweisen. Abgesehen davon hat Religion nur für eine Minderheit der Muslim:innen in Europa im Alltag eine Bedeutung und nur eine absolute Minderheit dieser Gruppe vertritt Positionen aus der Geschichte vom Globalen Dschihad, das gilt für den deutschsprachigen Raum und genauso auch für Frankreich, wie die zweiteilige arte-Dokumentation »Wir sind Franzosen! Muslime in Frankreich« aus dem Jahr 2019 erhoben hat. Aber trotzdem bleibt die Frage, warum der dschihadistische Terrorismus gerade in Frankreich so sehr eskaliert? Der Anschlag auf den Lehrer Samuel Paty war dort nur eines von fünf Attentaten dieser Art, allein im Jahr 2020.

Macron vs. Erdoğan

»Der Islam befindet sich heute überall auf der Welt in einer tiefen Krise«, sagte der französische Ministerpräsident Emanuel Macron in einer Rede zwei Wochen nach der Ermordung des Französischlehrers Samuel Paty und verwies dabei auf den Aufstieg des islamischen Fundamentalismus als Ursache.[7] Auch wenn es Macron und den Jugendlichen nicht bewusst war, dieser Satz hatte etwas ausgelöst. Etwas Großes, das nur schwer wieder zu reparieren sein würde. Zwar betonte er, mit dem Kampf gegen Islamismus vor allem auch muslimische Communities in Frankreich vor gefährlichen politischen Strömungen und autoritären Strukturen aus dem Ausland schützen zu wollen – es half nichts. Der Schaden war bereits angerichtet. Wir waren wieder inmitten eines vermeintlichen »Kulturkampfes«, aber im Gegensatz zu 2015 verlief die Frontlinie nicht mehr nur durch die Klassenzimmer, sondern auf der globalen Ebene.

Auf der einen Seite Macron, der sich in französisch-traditioneller Manier als Verteidiger des Westens inszenierte, als Kämpfer für die Werte der Aufklärung, Vernunft, Meinungsfreiheit, Säkularismus und für die Freiheit von Religion. Ein starker Mann, der das aussprach, was sich aus falscher Toleranz sonst niemand zu sagen traute. Auf der anderen Seite Erdoğan, der sich als Verteidiger der Umma inszenierte, als Kämpfer gegen Rassismus und Islamfeindlichkeit. Ein starker Mann, der sich von westlichen Staatsoberhäuptern nicht mehr alles gefallen lassen wolle.

Auf Macrons Aussagen folgten Boykottaufrufe, persönliche Beleidigungen auf Twitter, vermischt mit der absichtlichen Verbreitung von Fake News. Die Kommentarspalten waren voll davon, um den Anschlag ging es schon lange nicht mehr.

»Der Westen« versus »die Umma«, Macron versus Erdoğan, Fabian versus Aslan: Die Frontlinie im angeblichen »Kampf der Kulturen« verlief mittlerweile auch durch unsere WhatsApp-Gruppe. »*Die Boykottaufrufe unterstütze ich zu 100 Prozent*«, schrieb Aslan unter einen Instagram-Beitrag der Hizb-ut-Tahrir-nahen Seite »Generation Islam«, den er in die Gruppe stellte, bei der dazu aufgerufen wurde, französische Marken nicht mehr zu kaufen. – »*Puh, ich weiß nicht, ob das so eine gute Idee ist, was soll das denn bringen? Vor allem: Was können die französischen Firmen und ihre Mitarbeiter:innen für die Karikaturen von Charlie Hebdo?*«, fragte ich nach. – »*Na das ist doch vollkommen klar, wenn wir jetzt Firmen boykottieren und die Firmen dadurch weniger Steuern zahlen können, ist das ein Minus für Macron und dann werden die Karikaturen aufhören! Das geht nicht gegen Franzosen, sondern gegen den Staat!*«

»Wir werden nicht auf Karikaturen und Zeichnungen verzichten, auch wenn andere zurückweichen.«[8] So reagierte Macron auf die Boykottaufrufe. Im ganzen Land wurden die Karikaturen des Satiremagazins *Charlie Hebdo* auf Regierungsgebäude projiziert. Damit wurde klargemacht, der französische Staat und die öffentliche Meinung stellten sich hinter die Karikaturen. So gesehen stimmte Aslans Argumentation.

»*Okay, ich verstehe schon, was du meinst, aber ich glaube nicht, dass Macron wegen ein paar Supermarktketten eine andere Politik machen wird*«, schrieb ich. Die Antwort kam sofort: »*Es geht nicht nur um ein paar Supermarktketten, das geht gerade um die ganze Welt, ganz Social Media ist voll davon! Nur beten reicht nicht, es wird Zeit, endlich mal aufzustehen und was gegen diesen Rassismus zu unternehmen!*«

Damit hatte er tatsächlich recht. »Frankreich erklärt dem Islam den Krieg« – unter diesem Titel ließen sich wohl die meisten Social-Media-Beiträge in den Online-Lebenswelten der Jugendlichen zusammenfassen. Was Aslan und viele andere Jugendliche dabei allerdings übersahen, war, dass die Boykottaufrufe diesmal keine Protestbewegung von jugendlichen Social-Media-Aktivist:innen war, sondern maßgeblich von Staaten wie Saudi-Arabien und der Türkei unterstützt wurden. Und die hatten natürlich eigene Interessen.

Und genau dort setzte auch Macron an. Mit einem Fünf-Punkte-Plan wollte er gegen den sogenannten »islamischen Separatismus«, gegen äußere kulturelle oder politische Einflüsse vorgehen.[9] Aslan und viele andere sahen dieses Vorhaben als Angriff auf die muslimische Zivilgesellschaft in Frankreich. Die Boykottaufrufe gingen weiter und fanden scheinbar immer breitere Unterstützung.

»*Was ist das Ziel dieser Boykottaufrufe? Was willst du damit erreichen?*«, fragte ich wieder. »*Die machen immer weiter mit diesem Karikaturen-Blödsinn und bevor wieder jemand irgendjemanden köpft, müssen wir was tun. Den Politikern ist eh alles egal, sobald es ums Geld geht, werden sie auf die Meinungsfreiheit scheißen! Ich schwöre bei Gott, wenn dieser Boykott tatsächlich durchgezogen wird, ich wette alles darauf, dann müssen diese Karikaturen einfach aufhören.*« – »*Puh, Aslan, diese Wette verlierst du, da bin ich mir sicher! Ich bin 100 Prozent davon überzeugt, dass das genau das Gegenteil bewirken und es noch mehr um die Karikaturen gehen wird.*«

In diesem Fall sollte ich recht behalten. Es hörte nicht auf, ganz im Gegenteil. Man »MÜSSE« die Karikaturen zeigen, das schien die öffentliche Meinung zu sein. Es wurden unter anderem Vorschläge gemacht, Broschüren mit den Karikaturen zu drucken und an Schulen zu verteilen oder die Karikaturen zum Pflichtgegenstand im Geschichtsunterricht zu machen.

Nicht nur Macron, auch andere europäische Politiker:innen griffen auf, was viele »Terrorexpert:innen« und »Islamkritiker:innen« schon seit Jahren forderten: Einen »Islam mit europäischer Prägung«, aufgebaut auf den Werten der Aufklärung, ohne kulturelle und politische Einflüsse aus dem Ausland – das sollte die Lösung sein, um dschihadistische Anschläge zu verhindern. Neben dem Verbot der Auslandsfinanzierung europäischer Moscheegemeinden sollte diese Idee durch eine stärkere Kontrolle von islamischen Einrichtungen und Vereinen und einer staatlichen Institutionalisierung von Lehre und Ausbildung der islamischen Theologie umgesetzt werden.

Bisher stand ich dieser Idee immer skeptisch gegenüber, ich hatte einen anderen Ansatz. Aber an diesem begann ich schon langsam zu zweifeln. Nicht nur zwischen Macron und Erdoğan, auch zwischen mir und Aslan ging es tagelang hin und her. »*Manchmal glaube ich, die ganze Arbeit der letzten Jahre war umsonst*«, schrieb ich meinem Kollegen Rami. Es war wie 2015, ich konnte Aslan und die anderen einfach nicht mehr erreichen. Zumindest schien es so.

Aber das Vertrauen, das wir uns jahrelang aufgebaut hatten, war stärker. Mein Handy vibrierte, eine Nachricht von Aslan. Diesmal war er in den Einzelchat gegangen und hatte mir allein – ohne Bühne – einen Beitrag von einer Instagram-Seite geschickt. Ich klickte sofort drauf.

Das Posting bestand aus einem kurzen Video, das einen Nachrichtenverlauf auf Instagram zeigte. Die erste Nachricht war ein Bild eines abgetrennten Kopfes – das gleiche Bild, das Rami ein paar Tage zuvor in die Gruppe gestellt hatte. Darauf eine Sprachnachricht: *»Ich bin der Verteidiger der Ehre des Propheten und das ist der Kopf von dem dreckigen Feind, der am Boden liegt.«* Die Sprachnachricht stammte von Abdullah, dem Mörder von Samuel Paty, selbst.

Auf die Sprachnachricht folgen zwei Textnachrichten. Es war der Administrator der Seite, der Abdullah antwortete. *»Allahu Akbar« und »Wa alaykum Salam«*, dann endet das Video. In der Beitragsbeschreibung heißt es nur kurz »Möge Allah deine Shahāda annehmen«: die »Shahid-Dua«, quasi ein Bittgebet: Der Täter habe durch den Mord seinen Glauben bezeugt und Gott möge ihn daher als Märtyrer empfangen. Durch diese Formel wird die Tat legitimiert und der Täter als Shahid gerahmt – eben jenes Narrativ, das auch bei Adam eine so große Rolle gespielt hatte.

»Oh wow, sehr spannend, danke fürs Schicken«, antwortete ich Aslan. *»Was ist das für eine Seite?« »Eine Anti-Kadyrov-Seite von irgendeinem Jungen aus den Niederlanden«*, antwortete Aslan. Meine Hände zitterten, als ich auf das Instagram-Profil wechselte. Das war mehr als spannend. Möglicherweise war es genau die Seite, die das Bild vom abgetrennten Kopf ein paar Tage zuvor als Erstes veröffentlicht hatte. Ich scrollte über die Seite. 13 000 Abonennt:innen, ungefähr 300 Beiträge. Die letzten zwei Einträge waren zum Mord in Paris, sie hatten auch eindeutig die meisten Kommentare. Es waren zu dem Zeitpunkt bereits über 500 und es wurden laufend mehr. Und das Interessanteste: Im Gegensatz zu den meisten ähnlichen Seiten auf Instagram oder den Propagandakanälen des IS auf Telegram war diese Seite öffentlich, man musste sie nicht einmal abonnieren, um Beiträge lesen und mitkommentieren zu können.

»*Wie ist denn die Stimmung in den Kommentarspalten?*«, fragte ich Aslan. »*Ziemlich durchgemischt, also pro, contra und neutral*«, antwortete er, »*gerade kommen einige Kommentare rein, die sich gegen die Tat positionieren und sagen, dass es falsch war, was der Junge getan hat.*« – »*Das klingt doch gut, oder?*«, fragte ich nach. »*Ja grundsätzlich schon, aber das Traurige ist, dass die Kommentare, die die Tat gutheißen, viel mehr sind*«, schrieb Aslan mit einem weinenden Emoji. – »*Mhm, die Contras trauen sich vielleicht aus Angst vor den Dawla-Leuten nicht*«, erwiderte ich. »*Ja wahrscheinlich*«, kam von Aslan, »*wollte eigentlich auch kommentieren, aber ich habe keine Lust, Tag und Nacht nur zu streiten.*« – »*Verstehe dich voll*«, antwortete ich, »*aber ich glaube, dass es gerade jetzt sehr wichtig wäre, da dagegen zu halten. Nur das ist nicht allein deine Aufgabe, das machen wir gemeinsam! Hast du morgen schon was vor?*«

Wir trafen uns im Büro, Aslan, ein Freund und ich. Es war Samstag, fast genau eine Woche nach dem Anschlag. Wir hatten einen Plan: Wir wollten alle Kommentare übersetzen, nach Themen ordnen und dann gemeinsam analysieren. Das Ziel: Argumente für unsere Online-Diskussionen zu finden, denn das Thema würde uns noch länger begleiten, da waren wir uns sicher. Gerade auf Instagram-Seiten wie dieser würden dschihadistische Medienaktivist:innen versuchen, die Vorstellung zu verbreiten, dass es eine religiöse Pflicht sei, »die Ehre des Propheten zu rächen«. Unter den beiden Beiträgen zu Abdullah fanden sich mittlerweile 655 Kommentare. Wir begannen mit denen unter dem ersten Beitrag: Die meisten waren einfache Zustimmungen zum Shahid-Narrativ. Die Aussage der Beitragsbeschreibung wurde entweder wiederholt, mit »Amin« (dem arabischen »Amen«) bestätigt, mit verschiedenen Glückwünschen verbunden, oder es wurde über verschiedene Emojis bekundet, dass man die Tat gutheiße. Als Nächstes widmeten wir uns den Kommentaren, in denen der Anschlag theologisch legitimiert wurde. Überraschenderweise fanden wir kaum Kommentare, die sich auf Quran und Sunna bezogen. Dafür einige, die sich direkt oder indirekt auf die Werke Ibn Taymiyas bezogen oder behaupteten, »das Beleidigen des Propheten [würde] mit dem Tode bestraft, sei der Beleidiger Muslim oder Kafir. Darüber sind sich alle Gelehrten einig.«

Wie bereits im vierten Kapitel erörtert, ist für das Shahid-Narrativ in der IS-Version neben der theologischen Legitimierung vor allem wesentlich, dass die Handlung zum Vorteil der Umma sei, der Vorstellung von einer muslimischen Weltgemeinschaft. Dazu fanden wir viele Kommentare. Die Muslim:innen seien »alle damit einverstanden, was dieser Junge getan hat«, er habe die »Tat im Namen der Umma« begangen. Jetzt wurde es spannend, wie wurde das begründet? Es dominierten hauptsächlich Kommentare, die die Tat mit Bezügen zu eigenen oder kollektiven rassistischen Erfahrungen und Assimilationsangst rechtfertigten. »Allah sagt ja im Quran, sie werden erst zufrieden sein, bis wir an das glauben, an das sie glauben!« – ähnliche Argumentationen kannten wir auch von den Kommentarspalten anderer Seiten in Deutschland und Österreich. Aber es gab einen entscheidenden Unterschied: Das zentrale Argument schien die Kolonialgeschichte Frankreichs zu sein. »Die Franzosen«, »der Westen«, »die Kreuzfahrer« oder auch »die Kolonialisten« hätten schon immer »Krieg gegen den Islam« geführt, seien »in unsere Länder einmarschiert und haben uns das genommen, was uns gehört!«.

Mit diesem Thema hatte ich mich bisher noch kaum beschäftigt. Auch wenn es im Diskurs über den angeblichen Kulturkampf und das Wesen des Islam ziemlich untergeht, die Geschichten vom Globalen Dschihad und vom Einen Islam sind sehr stark von Europa geprägt. Nach dem Ende des Ersten Weltkriegs war das Osmanische Reich endgültig geschlagen, Großbritannien und Frankreich hingegen am Höhepunkt ihrer kolonialen Ausdehnung und zogen die Grenzen in den eroberten Gebieten neu. Neben dem heutigen Syrien und Libanon besetzte Frankreich zu dieser Zeit vor allem Gebiete in Nord-, West- und Zentralafrika. Da ein Großteil der Bevölkerung in den Kolonien muslimisch war, bemühte sich Frankreich eine »puissance musulmane« zu werden und seine muslimischen Untertanen unter Kontrolle zu halten.

Der moderne europäische Kolonialismus gründete sich vor allem auf der technischen Überlegenheit, auf großkalibrigen Geschützen und Schnellfeuergewehren gegenüber einfachen, handwerklich gefertigten Waffen. Noch schmerzhafter als die Niederlage selbst war die Geschichte, mit der die Europäer:innen ihren Sieg über die islamische Welt erklärten. Die Überlegenheit europäischer Werte, auf Humanismus und Aufklärung basierend, hätten den technischen Fortschritt ermöglicht, der zum Sieg in diesem Kampf der Kulturen führte: Die Geschichte von der Überlegenheit der Weißen beherrschte damals die öffentliche Meinung in Europa.

Auf französischen Universitäten wurde beispielsweise gelehrt, dass »der Algerier« ein geborener Faulenzer, Lügner, Dieb – also ein geborener Verbrecher sei. Er würde häufig, mit einer erschreckenden Grausamkeit und aus meist nichtigem Anlass, töten. Er müsse die Wärme des Blutes spüren und sich im Blut seines Opfers baden, daher sei seine bevorzugte Waffe das Messer. Dieser Primitivismus beruhe nicht nur auf seiner Erziehung, er habe vor allem biologische Gründe. Im Gegensatz zu Europäer:innen hatte er keine Hirnrinde, das beherrschende Element sei vielmehr das Zwischenhirn, wie bei niederen Wirbeltieren.[10] Damit die Afrikaner:innen sich von ihrem mittelalterlichen Denken und archaischen Strukturen befreien könnten, damit sie sich nicht mehr wie »wilde Tiere« verhalten und nicht mehr nur ihre Triebe ihr Handeln bestimmen würden, so die These, müsse man den Kontinent kolonialisieren und ihnen die Werte der Aufklärung vermitteln – zur Not mit Gewalt. »In Afrika haben die Franzosen Massenköpfungen gegen die Afrikaner vorgenommen«, schrieb ein User unter einem Posting.

Bis zum Unabhängigkeitskrieg in den Fünfziger- und Sechzigerjahren blieb Algerien unter französischer Besatzung. Der Algerienkrieg ging als der erste »Dirty War« in die Geschichte ein. Die »Französische Doktrin«, eine Sammlung von Methoden, um Oppositionelle systematisch zu bekämpfen und die Zivilbevölkerung zu demoralisieren, legte den Grundstein für die Kriegsführung, wie wir sie heute auf der ganzen Welt erleben. Ähnlich wie Russland während des zweiten Tschetschenienkrieges oder die Türkei in den kurdischen Gebieten Syriens setzte Frankreich in diesem Krieg nicht die reguläre Armee, sondern vor allem Milizen sowie

Einheiten der Fremdenlegion für diese Verbrechen an der Zivilbevölkerung ein.

Die Doktrin umfasst unter anderem meist geheim ausgeführte Methoden wie massenhafte Verhaftung, illegale Tötung, sogenanntes »Verschwindenlassen« und systematische Folter von »verdächtigen Personen«. Letztere reichte von Injektionen von Wasser durch den Mund, dazu Spülungen mit Seifenlauge unter hohem Druck bis zu Elektroschocks. Verschiedene Formen der Unbeweglichkeitsfolter, Vergewaltigungen oder das Einführen von Flaschen und anderen Gegenständen in Vagina oder After waren gängige Methoden, um den antikolonialen Widerstand zu brechen, die Zivilbevölkerung zu demütigen und die Kämpfer:innen der sozialistischen FLN (»Front de Libération Nationale«, algerische Befreiungspartei, die die Revolution anführte) zu vernichten.[11] Genau darum ging es auch in den Kommentarspalten: In einem französischen Museum sollen heute noch »533 Skelette von algerischen Muslimen« hängen, behauptete ein User auf Instagram.

Ein klassisches Opfernarrativ, dachte ich mir, als ich diesen Kommentar las. Dann begann ich zu recherchieren und tatsächlich: Ein paar Monate zuvor, am 05.08.2020, dem algerischen Unabhängigkeitstag, wurden 24 von den Franzosen als Kriegstrophäen erbeutete Schädel im Rahmen mehrerer feierlicher Zeremonien begraben. Die Leichenteile waren im Pariser Museum des Menschen »gelagert« worden, ein algerischer Historiker hatte sie dort 2011 entdeckt. Seitdem hatten sich algerische Behörden um eine Rückführung bemüht, 2018 willigte Präsident Macron schließlich ein.[12] Dabei ging es aber nur um einen kleinen Teil aller menschlichen Überreste von Widerstandskämpfer:innen, die heute noch in französischen Museen und Archiven gelagert werden. Ihre wahre Zahl soll in die Hunderte reichen – ob es 533 sind, konnte ich nicht verifizieren, möglicherweise sind es sogar mehr.

Die französische Doktrin führte allerdings nicht zum gewünschten Erfolg, ganz im Gegenteil, der Widerstand wurde immer größer. Sieben Jahre dauerte der Krieg. Dem französischen Militär gelang es lange Zeit, militärisch die Oberhand zu behalten. 1962 wurde der

Krieg, vor allem aufgrund der zunehmenden französischen Kriegsverluste und der öffentlichen Proteste gegen die Verbrechen an der algerischen Zivilbevölkerung, von politischer Seite beendet. In der Folge kam es in Frankreich zu einem Putschversuch hoher Militärs, aber auch sie konnten die Unabhängigkeit Algeriens nicht mehr verhindern. Die Gewalt, mit der Frankreich 132 Jahre lang über Algerien geherrscht hatte, hatte die Richtung gewechselt. Für Frantz Fanon, einen französischen Psychiater, der im Angesicht der Kolonialverbrechen seines Landes nicht mehr zusehen konnte und sich der FNL angeschlossen hatte, war klar: »Wenn Afrika frei werden soll, dann dürfen wir nicht darum betteln, sondern wir müssen mit Gewalt an uns reißen, was uns gehört«[13] – oder wie es ein User in dem Kommentarspalten ausdrückte: »Frankreich hat den Islam in der Geschichte immer unterdrückt. Jetzt kommt alles zurück!«

Auch wenn ich einiges gewohnt war, die geballte Gewalt, die mir aus den Kommentarspalten entgegenkam, beunruhigte mich. Was mir am meisten Sorge machte: Das Shahid-Narrativ wurde mit verschiedenen Konzepten von Männlichkeit bzw. Ehre verknüpft, so entstand in den Kommentarspalten nach und nach ein Heldenbild, das ich schon sehr gut kannte. Der Junge sei »ein richtiger Mann«, »ein Löwe Allahs«, »habe Männlichkeit bewiesen« und »die Ehre der Muslime verteidigt« und wiederhergestellt. Der Täter sei »den richtigen Weg gegangen, der zu Allah führt, indem er die Ehre des Propheten verteidigt hat«, er sei ein »wahrer Diener Allahs, der dem Weg Macrons nicht folgt«. In Bezug auf die tschetschenischen Wurzeln des Täters wurde dieser auch immer wieder als »Konach« bezeichnet. Dabei handelt es sich um eine wichtige Figur in der tschetschenischen Ethik, an die auch Ehrkonzepte anknüpfen. »Konachs sind richtige Ehrenmänner bei uns«, erklärte mir Aslan.

»Auch das noch«, schoss es mir durch den Kopf. »Meine Ehre heißt Treue«, für mich ist der Ehrbegriff spätestens mit dem Leitspruch der SS verbrannt, lange Zeit verband ich damit ausschließlich archaische Gesellschaftsformen, Blutrache oder mittelalterliches Denken. Im Gegensatz dazu ist er heute für viele Jugendliche positiv besetzt, spielt er doch in Jugend- und Popkultur, auf Social Media, in

Hollywoodfilmen, im Kampfsport, aber auch in verschiedenen Herkunftsmilieus eine Rolle. Indem die IS-Version des Shahid-Narrativs mit dem Konzept des Konachs verbunden wurde, entstand das perfekte Angebot einer Negativ-Identitätscollage für junge Tschetschenen in Europa: »Der Weg des Konachs, die Verteidigung der Ehre des Propheten, der Rächer der Umma.«

Aslan erzählte mir etwas von der Deportation der Tschetschen:innen unter Stalin, aber ich konnte nicht mehr richtig zuhören. Nach über sechs Stunden Arbeit war ich zu müde für diese Diskussion. Das Ergebnis unserer Analyse war ernüchternd: Der allergrößte Teil der Kommentator:innen hieß die Tat gut, 457 von 655 Kommentaren. Ich verabschiedete mich von Aslan und seinem Freund und fuhr nach Hause. Es war bereits nach Mitternacht, aber an Schlaf war wieder nicht zu denken. Kommentare wie »Die töten uns täglich und wir sollten denen zeigen, dass wir das satt haben und wir das genauso können«, oder »Jetzt werden sie zumindest Angst vor uns haben!« kreisten durch meinen Kopf. Mir kamen wieder Zweifel. »Uns ist es egal, wie unser Ruf ist hier im schwulen Europa.« – Wie sollte man diese Menschen noch erreichen können?

Der Weg des Konach

> Du hast nicht das Recht, diesen Bruder zu verurteilen! Sprecht nicht darüber, dass seine Tat unseren Ruf in Europa beeinträchtigen wird. Macht euch keine Sorgen darüber, was die Ungläubigen über euch denken, viel wichtiger ist es, wie wir vor Allah stehen. Wir sollten stolz auf ihn sein. Allah sagt, die Juden und Christen werden niemals mit dir zufrieden sein, bis du an das glaubst, woran sie glauben. Der Weg Allahs ist ein gerader Weg. Wenn du ihren Wünschen folgst, wird Allah weder dein Schutzherr noch dein Helfer sein! Mach deswegen eine Dua für den Bruder.

Ich hatte nicht viel geschlafen und auch die zwei Dosen Red Bull, die mir Aslan mitgebracht hatte, schienen nicht zu wirken, aber plötzlich war ich hellwach. »*Sehr spannend, es scheint so, als ob dieser Beitrag eine Reaktion auf Kommentare ist, die die Tat verurteilen. Hier wird eigentlich nur das Narrativ des vorigen Beitrags wiederholt und versucht, jegliche Positionierung gegen die Tat zu delegitimieren, oder?«*, fragte ich in die Runde. Aslan, sein Freund und ich widmeten uns gerade den Kommentaren unter dem zweiten Beitrag zum Mord an Samuel Paty.

Welche Diskussion war dieser Reaktion vorausgegangen? Wir machten uns sofort auf die Suche und widmeten uns den Kommentaren, in denen dem Täter abgesprochen wurde, ein Shahid zu sein. »Möge Allah ihm verzeihen«, war der Abschluss vieler dieser Kommentare, denn «der Junge war im Unrecht«. Was uns sofort auffiel: Die Contra-Kommentare waren zwar bei Weitem in der Unterzahl, dafür waren sie viel länger und sie hatten eindeutig die aussagekräftigeren Argumente, vor allem theologisch. Im Gegensatz zu den Kommentaren, die die Tat guthießen, wurden die meisten Kommentare mit Quellen aus Quran und Sunna belegt. Überlieferungen, die sich auf das Leben des Propheten Mohammed, seine Barmherzigkeit gegenüber Feinden und seine Gelassenheit gegenüber Provokationen beziehen, wurden am häufigsten in die Diskussion eingebracht: »Islam ist die Religion der Freiheit und der Barmherzigkeit und nicht die Religion der Gewalt« und »der Prophet hat immer von Gewalt abgeraten« – so oder so ähnlich wurde in den meisten dieser Kommentare mit dem »Wesen des Islams« argumentiert. Eine weitere wichtige Argumentationsgrundlage war das Tötungsverbot im Islam: »Allah hat niemals erlaubt, dass jemand durch unsere Hände stirbt, dieses Recht steht nur Allah zu! Niemand hat das Recht, irgendjemandem das Leben zu nehmen außer Allah! Der Junge hat Selbstjustiz gemacht und das ist falsch!«

Aber nicht nur die theologische Delegitimierung der Tat fand sich in den Kommentaren, es wurde auch mehrmals betont, dass diese Tat nicht im Namen der Umma begangen worden sei. »Warum sprichst du im Namen aller Muslime? Wir sind nicht deiner Meinung. Du hast die Meinung der Extremisten«, kommentierte eine Userin den zweiten Beitrag über den Mord an Samuel Paty. Der Täter habe die Diaspora-Community in Frankreich und alle Muslim:innen weltweit verraten und sei ihnen »in den Rücken gefallen«, denn der

Großteil der Muslim:innen sei gegen diese Tat und »bezieht kritisch Stellung dazu.«

Diese Kommentare schienen besonders wirksam, wie man an den Reaktionen sehen konnten: User, die sich in dieser Form positionierten, wurden heftig attackiert, indem ihnen Wissen oder die Männlichkeit abgesprochen oder Assimilation vorgeworfen wurde. Besonders heftige Reaktionen lösten vor allem die Posts von zwei Mädchen aus, was Aslan und seinen Freund richtig amüsierte. Widerspruch von jungen Musliminnen, das packen diese altmodischen Dawla-Leute gar nicht, meinte er zu mir.

Aber die persönlichen Angriffe und sexistischen Attacken führten nicht zum gewünschten Erfolg, ganz im Gegenteil. Die zwei jungen Frauen ließen sich nicht einschüchtern und setzten zum Gegenangriff an: Sie kritisierten den Admin der Seite und andere User, die das Shahid-Narrativ vertraten, heftig und machten sie für dschihadistische Anschläge mitverantwortlich: »Wenn du jemanden als junger Mensch umbringst, bist du für die gefährlichen Leute ein Held. Wenn sich das dann andere junge Menschen anschauen, denken sie sich, wir wollen auch Helden werden«, schrieb eine der beiden, um ein paar Kommentare später die Diskussion mit »Wenn ich die Kommentare lese, bekomme ich Lust, mich köpfen zu lassen« zu beenden, was bei den Jungs und mir einen heftigen Lachkrampf auslöste.

Nach und nach wurden in den Kommentaren auch die unterschiedlichen, vielfältigen Zugänge zum Thema »Mohammed-Karikaturen« in der muslimischen Community sichtbarer. Ein User verteidigte den Lehrer und wiederholte mehrmals, dass er es richtig fand, dass der Lehrer die Karikaturen im Unterricht gezeigt hatte. Einige User schrieben, sie seien zwar nicht mit der Darstellung der Karikaturen einverstanden, aber gleichzeitig sprachen sie sich gegen den Mord aus. »Was der Lehrer getan hat, ist meiner Meinung nach falsch, aber das heißt nicht, dass wir leise sein sollen und nichts tun sollen, aber auch nicht, dass wir irgendwen köpfen oder umbringen müssen«, man solle »gerecht gegen die Karikaturen vorgehen«, appellierte ein anderer an die Vernunft der anderen Kommentator:innen.

Auch gegen das männlichkeitsbezogene Heldennarrativ wurde argumentiert. Der Junge »sei noch ein Kind« gewesen, das nicht gewusst habe, was es tat. Abdullah habe die Tat nicht aus eigenem Antrieb begangen, sondern hätte einen »schwachen Glauben gehabt«, wäre »von Älteren manipuliert« worden oder hätte »nicht nachgedacht«. Ein User knüpfte in einer Diskussion direkt an die Idee der »Verteidigung der Ehre der Religion« an und versuchte damit, den Rahmen der Diskussion zu verschieben: »Wir sollten die Ehre der Religion zwar verteidigen, aber nicht mit diesem Mittel. Wir könnten es tun, indem wir für die Menschen einstehen, denen in Lagern (China, Myanmar etc.) Leid angetan wird.« Mit diesem alternativen Narrativ hatten Aslan und ich schon viel gearbeitet.

Auch wenn sie in der Unterzahl waren, die User, die sich gegen die Tat aussprachen, gewannen die Diskussion in den Kommentarspalten, denn ein paar Tage später wurden beide Beiträge über den Anschlag von der Seite gelöscht. Möglicherweise war die Sichtbarkeit vielfältiger Positionen zu gefährlich für den Administrator der Seite: Sie brachen die Hegemonie der Vorstellung, dass die Tat im Namen der Umma, im Namen aller Muslim:innen begangen wurde – ein wesentlicher Aspekt für die Legitimierung des Täters als Märtyrer – und dekonstruierten damit die IS-Version des Shahid-Narrativs. Einige Tage später kam ein dritter Beitrag von dieser Seite, ein längeres Video, in dem Abdullah erneut als Shahid geframed und jegliche Kritik an dem Anschlag delegitimiert wurde. Dieses Video wurde allerdings nur über WhatsApp und Telegram verschickt, also ohne öffentliche Diskussion in den Kommentarspalten.

Erschöpft, aber motiviert verabschiedete ich mich von Aslan und seinem Freund. Auch an diesem Abend war an Schlaf nicht zu denken. Meine Gedanken kreisten vor allem um einen längeren Thread mit insgesamt sechsundsiebzig Kommentaren, in dem ein älterer User vehement der Bezeichnung von Abdullah als Konach widersprach. Ich begann zu recherchieren. Meine erste Anlaufstelle war die tschetschenisch-österreichischen Journalistin Maynat Kurbanova.

Die User hatten nicht die ganze Geschichte erzählt, denn »Konach« kann nicht nur als »Krieger«, sondern auch als »Bewahrer«

übersetzt werden. Ein Konach kann sich selbst das Gelöbnis abnehmen, alle Nachbarn, Kinder, Frauen und einsamen Alten zu verteidigen, einige legendäre Konachen übernahmen die Verantwortung für ganze Dörfer oder Taips (Klans). Das bedeutete, dass alle mit der Bitte um Hilfe zu ihnen kommen konnten. Und der Konach musste für sie einstehen, so wie er für seinen leiblichen Bruder einstehen würde. Die wichtigste Eigenschaft des Konach ist aber die Bescheidenheit. Du nimmst Verantwortung auf dich, aber stellst es nicht zur Schau.

Nach der tschetschenischen Ethik nehmen die »stärksten Konache« nicht nur die Verantwortung für alle um sich herum auf sich, sondern lehnen auch unnötige Gewalt ab. Ein Konach ist ein erbarmungsloser Kämpfer und furchtloser Märtyrer in Kriegszeiten, aber vor allem ein ehrenvoller Helfer und mutiger Retter in friedlichen Phasen. In den 76 Kommentaren ging es vor allem um die historische Figur des Abreks Zelimkhan und die Frage, ob er wie Abdullah gehandelt hätte oder nicht. Abreks werden als Volkshelden gesehen, die unter dem russischen Imperium und der Sowjetmacht bis zur Mitte des 20. Jahrhunderts in Tschetschenien Widerstand geleistet hatten, eine Art Robin Hoods gegen die Ungerechtigkeit und Willkür der russischen und prorussischen Machthaber. In den Überlieferungen wird behauptet, dass Zelimkhan keinen einzigen Zivilisten getötet hat, erzählte mir Maynat. Im Gegensatz zu Abdullah.

Weder Aslan noch mir war diese Bedeutung des Begriffs bis dahin bewusst. Ich denke, den meisten anderen jungen Tschetschen:innen geht es oft ähnlich, sie wissen sehr wenig über ihre eigene Geschichte. Ein großer Teil der tschetschenischen Bevölkerung lebt heute in der Diaspora, viele davon in Wien. Aber auch hier geht der Krieg weiter, nicht nur in den Köpfen. Der Arm des tschetschenischen Regimes reicht bis nach Deutschland und Österreich, erst 2020 wurde beispielsweise ein Oppositioneller in einem kleinen Ort in der Nähe Wiens erschossen.

Ähnlich wie es in den Kommentarspalten zu Abdullah sichtbar wurde, dominieren zur Geschichte Tschetscheniens Märtyrer-, Krieger- und Opfernarrative. Aber der Konach ist eben auch ein

Bewahrer – und genau daran wollten wir weiter ansetzen. Gemeinsam mit Aslans Eltern, die in einem tschetschenischen Kulturverein aktiv sind, und Maynat Kurbanova machten wir uns auf die Suche nach Menschen, die das Konzept des Konach mit alternativer Bedeutung füllen konnten, nach Menschenrechtsaktivist:innen, die in der tschetschenischen Community hoch angesehen, bei Jugendlichen allerdings kaum bekannt sind. Das wollten Aslan und ich ändern. Und wir fanden unglaubliche Geschichten.

Da war zum Beispiel Musa Itaev, ein Überlebender der Deportation durch das Stalinregime. 1944 fand eine groß angelegte Deportation von Menschen aus Tschetschenien und Inguschetien statt, mit dem Ziel, die tschetschenische Kultur auszulöschen und die widerständige Kaukasusregion zu sowjetisieren. Rund eine halbe Million Menschen verlor ihr Zuhause, ein Drittel überlebte die Deportation nicht. Musa war sieben Jahre alt, als er mit seiner Familie nach Kasachstan deportiert wurde. Heute engagiert er sich, damit dieser Völkermord niemals vergessen wird. »Es ist leicht zu leben, aber schwer ein Tschetschene zu sein«, denn »jemand, der für seine Familie, seine Freunde und sein Volk von Nutzen war, der war damals ein Held!« – Das wollte er Aslan und seinem Freund mitgeben.

Oder Khassan Baiev. Er arbeitete in beiden Tschetschenienkriegen als Arzt und rettete dabei unzähligen Menschen auf beiden Seiten das Leben. In einer Nacht wurden 3 000 Verletzte zu ihm gebracht, die auf einem Minenfeld verwundet worden waren. Als er die Menschen im Flur sah – verstümmelt und mit abgetrennten Körperteilen aufeinandergestapelt –, war er verzweifelt. Er hatte nicht die notwendigen medizinischen Geräte, wie sollte er diesen Menschen helfen? Aber die Leute aus den umliegenden Dörfern gingen ihm zur Hand. Sie sammelten Decken, Medikamente, Tücher und Messer. Die Verwundeten, wildfremde Menschen, zeigten sehr großen Respekt untereinander, sie stritten sich, weil sie sich gegenseitig den Vortritt lassen wollten. Für ihn war klar, dass er allen helfen würde, ohne jemanden auszuschließen, das war seine Ehre, sein Berufskodex. Sogar die russischen Söldner, deren Grausamkeit er am eigenen Leib erfahren hatte, operierte er. Heute engagiert er sich in einer Ärztevereinigung und versorgt ehrenamtlich Kinder und Kriegsverletzte auf der ganzen Welt. Mit einem Sturmgewehr herumlaufen kann jeder, wahre Stärke ist Wissen zu sammeln und den Verstand einzusetzen – das brachte er Aslan und seinem Freund gegenüber zum Ausdruck.

Oder auch Zara Murtazalieva. Mit zwanzig Jahren wurde sie, kurz nach dem Zweiten Tschetschenienkrieg, wegen der falschen Anschuldigung, eine Terroristin zu sein, verhaftet und saß achteinhalb Jahre im Gefängnis. Aber sie ließ sich nicht brechen. Um zu überleben und ihre Würde zu bewahren, machte sie sich jede Nacht Lockenwickler aus Papier und wickelte ihre Haare. Sie tat das nicht, um irgendjemandem zu gefallen, sie tat das nur für sich, damit sie sich wie eine Frau und nicht wie ein Monster fühlte, erklärte sie. Heute setzt sie sich für die Rechte politischer Gefangenen in Russland ein. Sich nicht unterdrücken zu lassen und sich unter allen Umständen die eigene Würde zu bewahren – das war ihre Botschaft an Aslan und seinen Freund.

Mit neuen Argumenten machten wir uns auf den Weg in die Kommentarspalten. Aus den gesammelten Kommentaren wurde die wissenschaftliche Social-Media-Analyse *Im Namen des Propheten*[14] und aus den Geschichten über alternative Held:innen entstanden Videos[15], die sich vor allem über WhatsApp und Telegram in der tschetschenischen Community in ganz Europa verbreiteten. Die Reaktionen waren überwältigend. »Jetzt kann ich meine Geschichte endlich meinen Freunden zeigen«, schrieb uns ein junger Tschetschene. Sogar der Instagram-Account, der zuvor die beiden Beiträge über den Mörder von Samuel Paty veröffentlicht hatte, teilte unsere Videos. Der Grund? Wir haben die bessere Geschichte über den Weg des Konach erzählt. Jugendliche lieben Geschichten über ehrenvolle Helfer und mutige Retter, über Ehrenmänner, wie Aslan es ausdrückte, vor allem, wenn es »ihre eigenen« sind.

Man kann alle erreichen, man muss nur die richtigen Fragen stellen und die besseren Geschichten erzählen – da war ich mir nun wieder sicher. Um zu verhindern, dass junge Menschen wie Abdullah sich mit der IS-Version des Shahid-Narrativs identifizieren und sich selbst zum »Rächer der Umma« transformieren, braucht es wie in Kapitel vier beschrieben eine Vielzahl von sozialarbeiterischen, psychosozialen und religionspädagogischen Angeboten. Das, was wir als Radikalisierung bezeichnen, ist immer ein individueller Prozess, es sind immer andere Erfahrungen und Bedürfnisse, die dahinterstehen. Egal ob Adam oder Abdullah, wir können alle erreichen, wir müssen nur den richtigen Ansatz finden. Aber die Vorstellung, dass es für Muslim:innen eine religiöse Pflicht sei, diejenigen zu töten, die den Propheten beleidigen, ist weit über die dschihadistische Jugendszene verbreitet, daher müssen wir auch auf der Ebene der Gesellschaft ansetzen.

Darum ging es auch in der öffentlichen Diskussion nach dem Mord an Samuel Paty: Die Religion nehme zu viel Platz in unserer Gesellschaft ein. Es müsse ein für alle Mal Schluss sein mit der falsch verstandenen Toleranz, man müsse die Werte der Aufklärung, vor allem Meinungsfreiheit, mit allen Mitteln verteidigen. Die vermeintliche Lösung sei ein staatlich institutionalisierter, aufgeklärter »Islam europäischer Prägung«, entkoppelt von kulturellen und politischen Einflüssen aus dem Ausland – da waren sich die meisten Politiker:innen, »Terrorexpert:innen« und »Islamkritiker_innen« weitestgehend einig. Aber sie lagen alle falsch.

Was verbindet Abdullah mit Aslan und tausend anderen Jugendlichen in Frankreich und ganz Europa miteinander? Für den französischen Politikwissenschafter Oliver Roy ist es vor allem der Verlust der kulturell verankerten Religion ihrer Eltern.[16] »Dekultierung« nennt man diesen Verlust der eigenen Herkunftskultur durch gesellschaftliche Transformationsprozesse, wie Flucht oder Migrationsbewegungen, Krieg oder Kolonialisierung.[17]

Das war ein paar Jahre zuvor auch bei Aslan ein Thema. Seine Eltern machten sich große Sorgen, er hatte Probleme mit der Polizei, trieb sich spätnachts in den Parks rum, hörte Gangsterrap und begann zu rauchen. Nach einem Gefängnisaufenthalt schien er sich gebessert zu haben, er hatte wieder zur Religion gefunden, meinte er. Seine Eltern waren erleichtert, aber das änderte sich schnell.

Mit dem Islam seiner Eltern hatten Aslans religiöse Vorstellungen nur wenig zu tun, ganz im Gegenteil. Dieser Transformationsprozess fand entkoppelt vom Elternhaus, der Moscheegemeinde der Eltern oder dem Religionsunterricht in der Schule statt. Wesentlich waren vor allem die Freunde und die sozialen Medien, mit deren Hilfe er auf verschiedenste Facetten unterschiedlicher Identitätsentwürfe zuzugreifen, seine eigenen Identitätscollage entwickeln und sie auf ihre Brauchbarkeit überprüfen konnte. Am Ende stand eine entwurzelte, vereinfachte Version seiner Religion, die die über Jahrhunderte gewachsenen kulturellen Prägungen und vielfältigen Interpretationen strikt ablehnte – auch die seiner Eltern, auf die er das Takfir-Konzept anwendete und sie zu Ungläubigen erklärte.

Diesen Generationenkonflikt gibt es auch in Frankreich. Im öffentlichen Diskurs rund um einen angeblichen »Kampf der Kulturen« ist es zwar in Vergessenheit geraten, aber für den Großteil der nordafrikanischen Einwanderer:innen, die nach der Unabhängigkeit Algeriens nach Frankreich kamen, spielte Religion im Alltag praktisch keine Rolle. Viele Freiheitskämpfer:innen der FLN, die die algerische Befreiungsrevolution angeführt hatten, bezeichneten sich zwar zum Teil als Mujahed, aber im Gegensatz zu den meisten afghanischen Mujahedgruppen ein paar Jahre später waren sie progressiv, oft sogar dezidiert sozialistisch eingestellt. Die Einwanderer:innen dieser Generation sahen sich nicht als Araber:innen, Nordafrikaner:innen oder Muslim:innen, sondern als Französ:innen – und das gaben sie an die nächste Generation weiter. Zu Hause wurde Französisch, nicht Arabisch, gesprochen. Als sie sich in den Siebzigerjahren zu landesweiten Massenprotesten versammelten, forderten sie keinen Respekt gegenüber dem Islam oder dem Propheten, sondern Anerkennung als französische Staatsbürger:innen, und die Überwindung von Rassismus und neokolonialer Strukturen.

Aber der Rassismus wurde nicht überwunden, ganz im Gegenteil: In den Jahren darauf wurde der rechtsextreme Front National von einer kleinen Sekte zu einer Großpartei, die den öffentlichen Diskurs dominierte. Angeführt wurde diese Partei von Jean-Marie Le Pen, einem Holocaustleugner, der Nordafrikaner:innen als »Primitive« bezeichnete, die die harte Hand des weißen Mannes brauchen würden, um sich nicht wie wilde Tiere zu verhalten, und der sich damit brüstete, im Krieg gegen Algerien Gefangene gefoltert zu haben. Und obwohl er nicht an die Macht kam, bestimmten seine Forderungen, wie zum Beispiel ein Kopftuchverbot auf öffentlichen Plätzen, den öffentlichen Diskurs in Frankreich und wurden mittlerweile zu einem großen Teil auch von gemäßigteren Politikern wie Macron übernommen und teilweise umgesetzt.

Ein Mensch kann sich nicht in eine Gesellschaft integrieren, die einen aufgrund seiner ethnischen Herkunft oder Religion niemals akzeptieren wird, das hat die neue Generation gelernt. Und sie sind wütend auf die Generation ihrer Eltern. Jugendliche wie Aslan konvertieren zu einem Islam des globalen Widerstandes und fordern auf diese Weise die Identität zurück, die in ihren Augen von ihren Eltern entwertet wurde.

Die Geschichte vom Globalen Dschihad ist vor allem ein Bruch mit einem Islam der vielfältigen Prägungen, ein Bruch mit den Diaspora-Communities, der muslimischen Zivilgesellschaft und den islamischen Institutionen und Organisationen.[18] Der sogenannte Islamische Staat tötet nicht nur Menschen, er versucht auch die islamische Geschichte zu vernichten und neu zu schreiben. Sie beziehen sich zwar auf die Kolonialzeit, knüpfen dabei allerdings nicht an den unterschiedlichen Geschichten des antikolonialen Widerstands an. Egal ob die Revolution der FLN oder der Widerstand gegen das Russische Imperium von Abrek Zelimkhan – der IS lehnt alle politischen Kämpfe vor ihm ab, denn er betrachtet sie als gescheitert.

So sah es auch Aslan. Sein Vater hatte es nicht geschafft, sein Land, seine Kultur oder seine Ehre vor der russischen Besatzung zu verteidigen und hatte ihn stattdessen in ein Land gebracht, in dem er ständigem Rassismus ausgeliefert war. Er interessierte sich nicht für die Traditionen seines Vaters, dessen Kampf gegen die russische Armee oder dessen Vorstellung vom Weg des Konach, denn sein Vater war in seinen Augen gescheitert. Aslan revoltierte dabei nicht gegen seine Eltern persönlich, er rebellierte gegen das, wofür sie standen. Der Islam seiner Eltern, ein tschetschenisch-österreichisch geprägter

Islam, war für ihn verbrannt, deshalb stellte er diesem Islam seine eigene Version entgegen. Seine Version war vor allem geprägt von den gesellschaftspolitischen Entwicklungen, mit denen Jugendliche in Europa konfrontiert sind, ein Produkt des Prozesses der Dekultierung, eines Generationenkonflikts und seines Wunsches nach einer globalen Revolte gegen die herrschende Weltordnung. Aslans Version vom Globalen Dschihad war deshalb, wie auch der Islam seiner Eltern, vor allem eines: ein »Islam europäischer Prägung«.

Für mich ist klar: Die endlosen Diskussionen über »das Wesen des Islam« bringen uns nicht weiter. Es gibt nicht »den Islam«. Wie alle anderen Religionen ist auch der Islam kein statisches, unveränderbares eigenständig wirkendes Konzept, sondern eine vielfältige Sammlung unterschiedlich kulturell geprägter Vorstellungen, aus denen so gut wie alles abgeleitet werden kann. Die Frage ist daher nicht: Was steht im Quran? Die Frage sollte lauten: Was sagen Muslim:innen darüber, was im Quran steht?

Der »Kampf der Kulturen«, von dem im öffentlichen Diskurs viel die Rede ist, findet statt, aber er ist vor allem ein Generationenkonflikt. Als Aslans Vater schließlich bemerkte, was wirklich los war, bekam Aslan richtig Ärger. Zwölf Stunden lang redete sein Vater auf ihn ein, ohne Erfolg. Schließlich trafen sie eine Vereinbarung: Aslan sollte zwei Wochen lang täglich eine tschetschenische Moschee besuchen, und wenn er danach immer noch überzeugt von der Geschichte vom Globalen Dschihad sei, würde sich der Vater nicht mehr einmischen. Der Plan ging auf, Aslan merkte schnell, dass die Geschichten des IS bis auf einige Begriffe und Symbole sehr wenig mit seiner Religion und seiner Kultur zu tun hatten. Für seinen Ausstieg aus der dschihadistischen Szene war vor allem die Beschäftigung mit seiner eigenen Geschichte und seiner Kultur – der Prozess der »Akkultierung« – entscheidend.

Und genau dort müssen wir ansetzen. Für die Akkultierung ist es unabdingbar, kulturell vielfältig geprägte islamische Institutionen und Organisationen, aber vor allem auch die muslimische Zivilgesellschaft und Diaspora-Communities zu fördern. Am Beispiel rund um das Konzept des Konach wurde sichtbar, wie wesentlich das

Wissen über kulturelle Kontexte ist, um zu verhindern, dass diese unwidersprochen falsch verbreitet werden können.

Aber das alleine reicht nicht, denn wie bereits erwähnt sind vorgeprägte Identitätsangebote in der heutigen Gesellschaft passé. Was Jugendliche vor allem brauchen, sind unterschiedliche, vielfältige Identitätsentwürfe, um ihre Version eigenständig zu ergründen und mit Hilfe ihrer Freund:innen und der sozialen Medien auf ihre Brauchbarkeit zu überprüfen. Dazu brauchen sie Geschichten von »Ehrenmenschen«, mit denen sie sich identifizieren können und die »ihre eigenen« sind.

Dafür ist es notwendig, verstärkt Social-Media-Initiativen und progressive junge Aktivist:innen zu fördern, denn bei vermeintlich belanglosen Diskussionen in Kommentarspalten auf Instagram lesen oft unzählige »stille« User mit, wodurch es sich dabei durchaus um Räume der politischen Meinungsbildung für Jugendliche und (junge) Erwachsene handelt.[19]

Nicht nur die zahlreichen »Terrorexpert:innen« und »Islamkritiker:innen« brauchen eine Bühne, sondern auch Jugendliche wie Aslan und seine Freunde, oder die zwei jungen Musliminnen in den Kommentarspalten. Um zukünftige dschihadistische Anschläge zu verhindern, sind wir auf genau solche Menschen angewiesen – nur sie können die IS-Version des Shahid-Narrativs, die Vorstellung, dass Terroranschläge im Namen der Umma, im Namen aller Muslim:innen begangen werden, glaubhaft dekonstruieren. Um es jungen Menschen zu ermöglichen, sich gegen den IS zu positionieren, braucht es also vor allem eines: Vertrauen.

Das Vertrauen zwischen Aslan und mir stand in dieser Zeit ein paar Mal auf der Kippe, aber es gelang uns immer wieder, das Gemeinsame über das Trennende und über diesen Diskurs zu stellen. Zum Beispiel unseren gemeinsamen Ärger über die unverantwortlichen populistischen Inszenierungen von Macron und Erdoğan. »Können sich die Wahnsinnigen auf beiden Seiten endlich ein bisschen beruhigen, damit wir nicht so viel arbeiten müssen?«, schrieb mir Aslan mit einem lachenden Smiley. Auch in den Onlinediskussionen konnten wir mit diesem pragmatischen Ansatz viele Jugendliche erreichen und einen »Common Ground« in den Kommentarspalten finden.

Um das Vertrauen wiederherzustellen, war es immer wieder notwendig, in den Einzelchat zu wechseln. Dort wurde es möglich, über die Hintergründe von Aslans erster, heftiger Reaktion auf den Mord an Samuel Paty zu sprechen. Dass er Abdullah persönlich kannte, spielte dabei eine große Rolle. Aber nicht nur seine, auch meine Reaktion auf die Boykottaufrufe war ungewöhnlich heftig gewesen. Mit Samuel Paty konnte ich mich identifizieren, einem Lehrer, der in den Banlieues unterrichtet hatte, ganz an den Rändern der Stadt. Ich nahm es persönlich. Der Terrorist hatte mir und meiner Lebensweise den Krieg erklärt, mich in meiner Ehre, meinem Berufskodex – dem Ansatz, dass man alle Jugendlichen erreichen kann – getroffen.

Wie Aslan damals nach dem Anschlag auf *Charlie Hebdo*. Auch wenn er die Tat nicht gut fand, warum sollte er um Menschen trauern, für sie aufstehen, die ihn beleidigt hatten, ihn in seiner Ehre verletzt hatten? So heftig seine Reaktion damals auch war, mittlerweile hat er eine andere Position. Gemeinsam zu schweigen ist ein starkes Zeichen, aber bevor man schweigt, sollte man miteinander reden. Nicht darüber, welches Opfer wie viel zählt, sondern über die Ursachen der Gewalt und was wir dagegen tun können. Vieles, was er damals bei der Trauerfeier gesagt hatte, würde er heute nicht mehr so sagen. Er würde warten, bis die Schweigeminute vorbei ist, um den Opfern seine Ehre zu erweisen. Dann würde er den Direktor fragen, ob er auch ein paar Worte sagen könnte.[20] Das ist sein Weg des Konach heute.

Die Ebene des Vertrauens

Die Idee der Aufklärung ist weltweit in der Krise, die Ursache dafür ist der Aufstieg des Populismus im Kontext der Geschichte der Überlegenheit der Weißen. Darüber müssen wir sprechen. Populistische Inszenierungen mögen für Erdoğan, Macron und andere Politiker:innen kurzfristig Vorteile bringen, zum Beispiel Wähler:innenstimmen oder die Durchsetzung unbeliebter sicherheitspolitischer Maßnahmen. Aber langfristig gesehen sind solche Reaktion unverantwortlich und unvernünftig, denn sie tragen nicht dazu bei, dschihadistische Anschläge zu verhindern. Mit jeder populistischen Inszenierung wird das Vertrauen zueinander zerstört und wir entfernen uns immer weiter von den vermeintlichen Ideen der Aufklärung, einer Welt, in der nicht Vorurteile, Mythen und Glaube, sondern Verstand und Vernunft den öffentlichen Diskurs dominieren sollten.

Auch aus diesem Kontext heraus fehlt mir mittlerweile jegliches Verständnis für die offizielle Haltung europäischer Staatsoberhäupter rund um die »Mohammed-Karikaturen«. In der Diskussion um den Mord an Samuel Paty setzte sich die Meinung durch, man müsse Muslim:innen in Europa quasi dazu »zwingen«, sich die Karikaturen anzuschauen. Was soll das Ziel dabei sein, was wollen wir damit erreichen? Die Karikaturen werden auf diese Weise zum reinen Selbstzweck. Für mich ist es eigentlich ganz einfach: Als Agnostiker kann ich noch so seltsam finden, dass Menschen wie Aslan sich beleidigt fühlen, aber es ist so, ich habe es hinzunehmen. Wenn ich mich entscheiden kann, ob ich jemanden absichtlich beleidige oder nicht, warum sollte ich ersteres tun? Wir leben gemeinsam auf dieser Welt – warum kann ich nicht versuchen, so wenig Gefühle wie möglich zu verletzen? Wir müssen die Karikaturen nicht zeigen, wir können sie zeigen, das wäre eine vernünftige Position. So hatte es auch Samuel Paty gesehen. Er hat den muslimischen Schüler:innen angeboten, die Klasse zu verlassen, er wollte sie eben gerade nicht dazu zwingen, sie anzusehen, er wollte mit ihnen darüber sprechen, diskutieren und sich austauschen.

Ob es uns gefällt oder nicht, die Geschichte vom Globalen Dschihad hängt unmittelbar mit Europa und der Kolonialzeit zusammen. Die französische Kolonialmacht wurde vor über einem halben Jahrhundert aus Algerien vertrieben, aber für die damalige Generation ist es, als wäre es gestern gewesen. Was ihnen die Französ:innen nahmen, kann ihnen niemand je wieder zurückgeben. Ihre Männlichkeit, ihre Weiblichkeit, ihre Ehre – sie können weder vergeben noch vergessen. Obwohl die meisten Eltern, wie auch Aslans Vater, nicht über ihre erlittenen Demütigungen sprechen, kollektive Traumata werden unbewusst an die Kinder weitergegeben. Daher, auch wenn es den Jugendlichen nicht bewusst war, aber Macrons Aussage, dass sich der Islam weltweit in der Krise befände und die Idee eines staatlich verordneten »Islams europäischer Prägung«, bedeuten eine Fortsetzung dieses kolonialen Denkens, dessen Überwindung viele Jugendliche – oftmals verpackt in reaktionäre oder extremistische Erzählungen – fordern. In der Pädagogik der Wütenden müssen wir darüber sprechen.

KAPITEL 7: »Wir« und »die Anderen«

Terror in Wien (Die Nacht II)

Dienstag, der 03.11.2020, der Tag nach dem Anschlag. Es war acht Uhr morgens, die Pressekonferenz des damaligen österreichischen Innenministers Karl Nehammer zur »Wiener Terrornacht« war bereits vorbei. Es war eine lange Nacht gewesen. Das Büro hatte ich erst gegen fünf Uhr in der Früh verlassen, ich war mit dem Taxi nach Hause gefahren und hatte versucht, wenigstens noch ein paar Stunden zu schlafen – vergeblich. Die Bilder des Anschlags kreisten in meinem Kopf. In dieser Nacht waren sie überall, Social Media war voll davon. Neben mir lag mein Handy, es blinkte, aber ich wagte nicht mehr, einen Blick darauf zu werfen. Wie würde Österreich auf den Anschlag reagieren?

Es war 20:22 Uhr gewesen, als ich die erste Nachricht von Aslan bekommen hatte. Aus dem Lokal in der Nähe des Schwedenplatzes, in das sie geflüchtet waren, als die Schüsse fielen, wurden sie von Polizist:innen in Richtung des zwanzigsten Bezirks geschickt. Sie sollten schnell nach Hause, lautete die Anweisung, denn zu dieser Zeit war noch nicht klar, ob es sich um einen Einzeltäter oder um ein koordiniertes Attentat wie bei den Terroranschlägen vom 13.11.2015 handelte, als mehrere Täter an verschiedenen Orten in Paris gleichzeitig zuschlugen und 131 Menschen ermordeten.

Was war los in Wien? Auf Social Media wurden inzwischen immer mehr Bilder des Anschlags geteilt. Auf mehreren Videos war ein Attentäter zu sehen, wie er mit gezogener Waffe durch die Innenstadt lief und wirr um sich schoss. Vom OE24-Liveticker wechselte ich zu Twitter. Der größte Hashtag war zu diesem Zeitpunkt #PrayforVienna, die Reaktionen standen in der Tradition früherer dschihadistischer Anschläge in Europa: Zahlreiche Profilbilder waren bereits mit einem #PrayforVienna-Design umgestaltet worden, die Gedanken und Gebete in den meisten Tweets waren bei den Opfern – es kursierten zahlreiche ähnlich klingende Solidaritätsbekundungen von allen möglichen Staatsoberhäuptern. Es wirkte fast so, als würde all das mittlerweile schon routineartig abgespult werden. Daher ahnte ich schon, was als Nächstes kommen würde.

Von Twitter wechselte ich zu Facebook. Fast alle großen Medien, von Spiegel bis OE24, berichteten auch auf dieser Plattform »live« vom Anschlag, in den Kommentarspalten unter diesen Beiträgen würde es also bald losgehen. Denn nicht nur IS-Medienaktivist:innen führen regelmäßige Social-Media-Operationen durch. Auch die »Neue Rechte« sammelt und koordiniert sich in geschlossenen Telegram-Gruppen, um von dort aus ihre Version der Geschichte von der Überlegenheit der Weißen zu verbreiten. Die Kommentarspalten füllten sich bereits, es war, als hätten sie nur auf diesen Anschlag gewartet.

In einer geschlossenen IS-Telegram-Gruppe fand ich schließlich das erste Bild des angeblichen Attentäters. Muskulös, bewaffnet mit Pistole, Machete und Kalaschnikow saß er an einem Tisch. Das Bild war ein Screenshot eines Beitrags von seiner Instagram-Seite, die zu diesem Zeitpunkt schon nicht mehr online war. In der Beitragsbeschreibung hieß es: *»Ich gebe die Bayah an Amir al-Muminin, Abu Ibrahim al-Hashimi al-Qurayshi«*, also der Treueschwur an den neuen Anführer des sogenannten Islamischen Staates. Im Laufe des Tages hatte er scheinbar mehrere ähnliche Bilder und Videos auf seiner Instagram-Seite veröffentlicht, in denen er die Tat ankündigte. So gab es für ihn kein Zurück mehr, denn das Ziel war klar: Er wollte durch seinen Tod in Verbindung mit der Tat von Gott als Shahid empfangen werden und die höchste Stufe im Paradies bekommen. Als Rächer der Umma sollte sein Leben durch seinen Tod noch eine Bedeutung bekommen – da war sie wieder, die IS-Version des Shahid-Narrativs.

Ich teilte das Bild in der WhatsApp-Gruppe mit den jugendlichen Aussteigern. Wenige Sekunden später läutete mein Telefon. Es war Aslan: »*Fabian, ich kenne den Typen von früher! Ich hätte mir das nie gedacht.*« – »*Wie meinst du das?*«, fragte ich nach, »*kannst du mir ein bisschen mehr erzählen?*« – »*Das war so ein jüngerer albanischer Junge, der wollte immer bei uns dabei sein. Ich schwöre dir, ich werde nie wieder jemanden unterschätzen!*«, sagte Aslan, »*ich hätte mir nie gedacht, dass er stark genug ist, um so was zu machen.*« Stark genug? Was meinte er damit? Es blieb erst mal keine Zeit, um dieser Frage nachzugehen.

Mittlerweile hatten mir alle Jugendlichen, mit denen ich zu der Zeit arbeitete, geschrieben. »*Fabian, bist du im Büro? Alles in Ordnung bei dir?*« Die meisten machten sich Sorgen, weil sie wussten, dass mein Büro in der Nähe des Anschlagsortes lag. Das war ein gutes Gefühl. Ich atmete aus. Es war also keiner von meinen Jugendlichen gewesen, der kurze Anflug von Panik war umsonst gewesen. Ich hatte nichts übersehen – zum Glück –, denn es hätte auch anders kommen können. Ich dachte sofort an Yasin, der kurz nach unserer ersten Begegnung nach Syrien ausgereist war, um sich dem sogenannten Islamischen Staat anzuschließen. Meine Gedanken kreisten jetzt vor allem um eine einzige Frage: Was steckte hinter dem Anschlag von Wien?

Ich suchte in den geschlossenen Gruppen auf Telegram nach Hinweisen. Dort gab es erstaunlich wenig Interaktion, nichts im Vergleich zu dem Anschlag in Paris ein paar Wochen zuvor. In ein paar Channels wurde »live« vom Anschlag berichtet, aber das war es dann schon. Ich wechselte auf Instagram, in die Online-Lebenswelten der Jugendlichen. Wie würden die neosalafistischen Seiten auf den Anschlag in Wien reagieren? Ihre gängige Strategie ist es, die Anschläge selbst nicht zu thematisieren, sondern sich ausschließlich auf die Reaktionen danach zu beziehen. Diesmal war es anders. Pierre Vogel hatte bereits um zwanzig Uhr, also noch während des Anschlags, einen zehnminütigen Livestream mit dem Titel »Statement zum Anschlag von Wien« veröffentlicht. Er hatte sich in der Vergangenheit als einer der wenigen immer wieder klar gegen Anschläge ausgesprochen, aber so eine schnelle, harte Positionierung war selbst für ihn ungewöhnlich.

Ich suchte weiter. Selbst auf einschlägigen Profilen fand ich keine Beiträge oder Kommentare, die den Anschlag guthießen oder den Täter als Shahid bezeichneten. Bis auf einen offensichtlichen Fake-Account auf Twitter fand ich nichts, sogar die Instagram-Seite, die ein paar Wochen zuvor die Beiträge über den Mörder von Samuel Paty veröffentlicht hatte, kommentierte den Anschlag in einer Story mit »*Ihr könnt schlafen gehen, es ist keiner von uns*«.

Ein offizielles Bekennerschreiben des sogenannten Islamischen Staates tauchte erst am nächsten Tag in zwei verschiedenen Versionen auf arabischsprachigen Telegramkanälen auf. Die Amaq-Agentur, ein etabliertes IS-Sprachrohr, verkündete:

> Dreißig tote und verletzte Christen vom Angriff eines unserer Soldaten in der Stadt Wien in Österreich. Mit Gottes Hilfe startete der Soldat Gottes (Möge Gott seine Shahāda annehmen) den Angriff bei den Orten, an denen sich Christen versammeln, und ist ihnen mit einem Sturmgewehr, einer Pistole und einem Messer entgegengekommen und hat 30 Christen getötet und verletzt, darunter Polizisten und einen Offizier.

Der IS reklamierte die Tat zwar für sich, schrieb das Geschehene aber merklich um. Was war der Hintergrund? Dazu müssen wir uns zuerst mit folgender Frage auseinandersetzen: Was ist die Strategie des IS? Was wollen dschihadistische Gruppen mit Anschlägen in Europa eigentlich erreichen? Auch wenn es nach zwanzig Jahren des sogenannten Krieg gegen den Terror vielleicht so wirken mag, als sei das alles hochmysteriös – die Antwort auf diese Frage ist kein Geheimnis. Wir finden sie zum Beispiel in der vierten Ausgabe des IS-Hochglanzmagazines *Dabiq*, das kurz nach den Anschlägen auf *Charlie Hebdo* veröffentlicht wurde: Es geht ihnen um die »Eliminierung der Grauzonen«, die erstmals mit den Anschlägen vom Elften September ins Wanken gebracht worden sein sollen. Gut und Böse, Schwarz und Weiß, »Wir« und »die Anderen« – es gibt nur zwei Seiten und sie befinden sich im Krieg, eine friedliche Koexistenz zwischen Muslim:innen und Nicht-Muslim:innen könne es also nicht geben.[1]

Ihr Problem dabei ist: Das ist keine gute Geschichte. Es widerstrebt Menschen grundsätzlich, andere als ungleichwertig zu sehen. Darum braucht es auch all die Mechanismen, die Rechtfertigungs- und Opfernarrative, die Bedrohungsszenarien, die Utopie des Kalifats, die schriftliche Ebene – das »Bollwerk des dschihadistischen Gedankenguts«, die Heldendarsteller und die wirkmächtigen Bilder aus den Propagandavideos. Aber all das reicht noch nicht, denn es ist nicht nur keine gute Geschichte, die Erzählung ist zudem auch falsch. Eine friedliche Koexistenz zwischen Muslim:innen und Nicht-Muslim:innen ist möglich, das sehen wir jeden Tag. Es gibt keine logische Begründung für die Geschichte vom Globalen Dschihad, daher wird sie mit Anschlägen überfiktionalisiert und perfide vorangetrieben.

Durch Terroranschläge soll eine Kriegssituation inszeniert und Rachegefühle geweckt werden. Auf Terror soll Terror folgen, bis es nurmehr darum geht, welche Religion oder Herkunft die Täter und die Opfer haben und was uns voneinander trennt. Dabei schwindet die Vernunft, der Affekt gewinnt die Oberhand und es verbreitet sich ein Gefühl, das dem Staat und seinen amtlichen Rächern freie Hand zu geben scheint. Die vermeintlichen Attentäter werden üblicherweise von der Polizei erschossen, sobald sie angetroffen werden. Es folgen Vergeltungsschläge und Drohnenangriffe auf mutmaßliche Drahtzieher, strengere Gesetze werden beschlossen und damit ganze Menschengruppen diskriminiert.[2]

Dieser »Gegenterror« wird dann wiederum propagandistisch benutzt und so geht die Strategie des sogenannten Islamischen Staates auf: »Die Kreuzfahrer« sollen dazu bewegt werden, ihr wahres Gesicht zu zeigen und vermeintlich westliche Werte, wie Demokratie, Rechtstaat und Menschenrechte, selbst zu zerstören. Die friedliche Koexistenz funktioniert, aber die Bilder, wie jene vom grausamen Mord an Samuel Paty, sind stärker. Eine negative Erfahrung hat einen größeren Einfluss auf uns als ein Berg voller guter Erfahrungen, so funktioniert leider unser Gehirn.[3] Die Geschichte vom Globalen Dschihad gewann mit jedem Anschlag an noch mehr Stärke, denn wir handeln genauso, wie es die Absicht der Terroristen ist, und helfen ihnen so ihre Ziele zu erreichen – und das wissen wir seit Jahren.

Doch in dieser Nacht war es anders. In dieser Nacht konnte sich die Geschichte vom »Wir« und »den Anderen« nicht durchsetzen. So groß die Wirkmächtigkeit der Bilder des Terroranschlags auch war, sie hatte keine Chance gegen die Geschichten, die sich in dieser Nacht in den Online-Lebenswelten der Jugendlichen verbreiteten.

Wie kam es dazu? Dazu müssen wir erneut ganz zurück an den Anfang dieser Nacht, zurück zu Aslan und seinem Freund. Es war 20:22 Uhr, als sie auf Anweisung der Polizei in Richtung des 20. Wiener Gemeindebezirks gingen. Auf dem Weg lud sie eine ältere Frau ein, bei ihr in der Wohnung bleiben zu können. Sie lehnten dankbar ab, sie wollten so schnell wie möglich zu ihren Eltern, die sich große Sorgen machten. »*Nie im Traum hätte ich damit gerechnet, dass eine alte, österreichische Frau uns das anbieten würde*«, schrieb mir Aslan, »*nicht mit meinem Bart*«, und schickte zwei lachende Smileys mit. Die Frau wollte ihnen sogar noch ein Taxi rufen und es auch zahlen, doch auch das lehnten sie dankbar ab, dafür waren sie zu stolz. »*Wallah das hat mich nur geflashed! Richtige Ehrenfrau!*«, meinte Aslan.

Er war nicht der Einzige, der an diesem Abend eine solche Erfahrung machte. Hunderte Menschen boten auf Social Media für diejenigen, die nicht nach Hause konnten, eine sichere Unterkunft in ihren Wohnungen an. Viele Restaurants, sogar Institutionen wie die Wiener Staatsoper und die Wiener Philharmoniker blieben die ganze Nacht offen. Es fanden sich unzählige solcher Geschichten. Eine davon sollte sich in dieser Nacht durchsetzen.

Es begann mit einer Instagram-Story: Zwei türkischstämmige Jungs hatten gemeinsam mit einem Jugendlichen mit palästinensischen Wurzeln einen verletzten Polizisten und eine ältere Frau aus der Schusslinie des Attentäters gebracht. Diese Geschichte ging schon kurze Zeit später viral – Solidarität von unerwarteter Seite –, das perfekte alternative Narrativ zur Geschichte vom Globalen Dschihad. »Wir und »die Anderen«, das zentrale Element extremistischer

Erzählungen, in dieser Nacht funktionierte es einfach nicht. Aus Trauer wurde nicht Rache, sondern Solidarität. Und das war noch nicht alles.

In einem Video, das sich auf Social Media unter #SchleididuOaschloch verbreitete, war zu hören, wie ein Mann dem Attentäter aus dem Fenster nachschrie. Wenn wir es ganz genau nehmen, hatte der Mann eigentlich »geh weg« und »Oaschloch« gerufen, das später berühmt gewordene »Schleich dich« haben zig Wiener:innen auf Social Media hinzugefügt und damit den Rahmen für die Diskussion über den Anschlag verschoben. »Wir lassen uns von extremistischen Erzählungen nicht spalten«, »Wien ist anders«, »Wir halten zusammen«. Der Hashtag #Schleichdiduoaschloch setzte sich in dieser Nacht auf Social Media durch. Wien gegen »Arschlöcher«, also Menschen, die Anschläge begehen, gutheißen oder für ihre jeweiligen Ungleichwertigkeitserzählungen instrumentalisieren. Dieses Narrativ war auch für meine Jungs anknüpfbar, sie konnten sich richtig gut damit identifizieren. »*Wallah, Wien ist einfach anders! Beste Stadt! Ehrenstadt!*« Es erleichterte ihnen eine klare Positionierung gegen die Tat. Im Gegensatz zu jener Zeit des Anschlags von Paris kurz zuvor war Instagram in dieser Wiener Nacht voll damit. Viele einschlägige Accounts und Seiten positionierten sich klar gegen den Anschlag und den damit verbundenen Versuch, Wien zu spalten.

Nach und nach wurde klar, dass es sich nicht um einen groß koordinierten Anschlag wie 2015 in Paris handelte, sondern um einen Einzeltäter. Was steckte also dahinter? Mit Bezug zur Gesamtbevölkerung hat Österreich die zweitmeisten Syrienausreiser:innen in Europa. Wien ist ein zentraler Ort für die dschihadistische Szene in Europa, nicht zuletzt wegen seiner geografischen Nähe zum Balkan.[4] Warum hatte es bisher noch keinen Anschlag in Wien gegeben? Darüber habe ich in den letzten Jahren viel mit den Jugendlichen diskutiert. Unsere Vermutung, warum Wien als gutes Ziel für dschihadistische Gruppen wie den IS oder al-Qaida ausschied: Österreich beteiligt sich nicht aktiv am »Krieg gegen den Terror«, es ist ein neutrales Land und kein Mitglied der NATO und auch in Zusammenhang mit den Kolonialverbrechen der Vergangenheit spielte das damalige Österreich keine vergleichbare Rolle. Nach allem, was ich von Aslan über den Attentäter gehört hatte, schien der einzige Grund für diesen Anschlag in Wien wohl der zu sein, dass der Täter selbst in der Stadt lebte.

Der IS galt in den letzten Jahren zwar immer wieder als militärisch besiegt, aber der Anschlag in Wien knüpfte an eine Reihe von Anschlägen in Europa an, die in seinem Namen verübt wurden. Viele »Islamkritiker:innen« sprachen von einer Rückkehr des Dschihads, von einer neuen dschihadistischen Bedrohung – aber war das so? Wie bei den Anschlägen zuvor hatte der Attentäter ein Ziel: töten und getötet werden. Um seinem Leben durch seinen Tod noch einen Sinn zu geben, identifizierte er sich mit der Erzählung vom sogenannten Islamischen Staat. Im Jenseits das Paradies, im Diesseits berühmt und berüchtigt. Für die einen ein Terrorist, ein Monster – für die anderen ein Held, ein Märtyrer, ein Shahid. An diesem Abend war ihm das nicht gelungen.

Der Attentäter hatte weder Offiziere oder Polizisten getötet, und unter den vier Personen, die in dieser Nacht sterben mussten, waren nicht nur »Christen«, wie der IS behauptete. Eines der Opfer war Muslim, seine Eltern stammen aus Nordmazedonien, so wie die Eltern des Terroristen. Allein das zeigt, wie absurd die Geschichte vom Globalen Dschihad eigentlich ist.

Der Attentäter hatte Wien den Krieg erklärt, aber Wien nahm die Kriegserklärung nicht an, ganz im Gegenteil. Solidarität von unerwarteter Seite – eine grandiose Wendung. Es gibt kein besseres Gefühl auf der Welt, als einem scheinbar übermächtigen Gegner gegenüberzustehen und dabei Solidarität zu erfahren, wie damals beim Spendenprojekt für die Menschen in Gaza, als uns Senior:innen alle Gläser selbstgemachter Marmelade abgekauft hatten. Die Jugendlichen auf Instagram und die Bevölkerung Wiens hatten verstanden, wie man auf Anschlägen reagieren muss. Das traute ich der Politik nicht unbedingt zu. Ich blickte wieder auf mein Handy. Mittlerweile war es 08:05 Uhr. Wie würde das »offizielle Österreich« auf den Anschlag antworten? Es kostete mich viel Überwindung, mein Handy in die Hand zu nehmen und damit die Pforten der Arbeitshölle zu öffnen. Aber es kam anders.

Nach den ersten Stellungnahmen vom damaligen Bundeskanzler Sebastian Kurz und seinem Innenminister Karl Nehammer – beide galten als rechter Flügel in der ÖVP – waren wir alle richtig überrascht. Es wurden weder einzelne Communities noch die Religion als Ganzes beschuldigt, ganz im Gegenteil. Sie erwähnten sogar die drei Jungs, die der Frau und dem Polizisten geholfen hatten. Genau so muss man es machen, um das zentrale Narrativ in der Geschichte vom Globalen Dschihad zu brechen, da waren wir uns alle einig. »*Sieht ganz so aus, als ob wir das Neuseeland Europas werden*«, schrieb ich in die WhatsApp-Gruppe und spielte dabei auf die Reaktionen der dortigen Premierministerin Jacinda Ardern auf den Terroranschlag von Christchurch an, bei dem ein Attentäter 51 Menschen in einer Moschee tötete. Er war befreundet mit führenden Mitgliedern der sogenannten »Neuen Rechten« auf der ganzen Welt, und auch in Österreich, und überzeugt von ihrer Version der Geschichte von der Überlegenheit der Weißen. Mit dem Anschlag wollte er diese Erzählung perfide vorantreiben, die Bevölkerung Neuseelands spalten und einen Bürger:innenkrieg zwischen den muslimischen und nichtmuslimischen Menschen in Neuseeland auslösen. Doch das gelang ihm nicht.

Würde das kleine, reaktionäre Österreich mit seiner hohen Zustimmung zu autoritären Einstellungen und den wohl härtesten Antiterrorgesetzen Europas das erste Land in Europa sein, das verstanden hatte, wie man auf dschihadistischen Terror reagiert? Würde es endlich möglich sein, eine öffentliche Diskussion über die Ursachen und Hintergründe des Anschlages zu führen? Eine Diskussion ohne Tabus, bei der es auch möglich sein würde, die Herkunft des Täters zu nennen? Denn im Gegensatz zu vielen Kolleg:innen bin ich der Meinung, dass das sehr wohl eine Rolle spielt.

1995–1995 steht auf dem weißen, schlichten Grabstein direkt vor mir. Um ihn herum stehen andere Grabsteine. Hunderte. Tausende. In diesem Ort gibt es mehr Gräber als Menschen. Das Srebrenica Memorial wurde in Gedenken an die Opfer des Völkermordes aus dem Jahr 1995 errichtet. Fatima Hajrudin Muhić war eine davon. Ihre Überreste wurden in der Nähe, in einem Massengrab in der Batteriefabrik von Potočari, einem Vorort von Srebrenica, gefunden. Fatimas Mutter Hava Muhić brachte Fatima im Juli 1995 im Hauptquartier der niederländischen UNO-Soldat:innen zur Welt, direkt gegenüber dem Memorial Center. Hava Muhić ahnte bereits, was passieren würde, und bat darum, ihrem Kind einen Namen geben zu dürfen, damit ein Name auf ihren Grabstein geschrieben werden konnte. Sie nannte sie Fatima. Sie war erst zwei Tage alt, als sie hier ermordet wurde.

Es war 5:32 Uhr an diesem kalten Februarmorgen im Jahr 2020, als ich die Inschrift von Fatimas Grabstein zum ersten Mal las. Trotz zweier langer Unterhosen hatte sich die Kälte in meinen Knochen festgesetzt. Vor fast genau 25 Jahren ereignete sich an diesem Ort eines der größten Verbrechen gegen die Menschlichkeit. Die ganze Welt sah zu, niemand hat geholfen. Das Schweigen war ohrenbetäubend. Die Hilfeschreie der Menschen verhallten in den Wäldern rund um Srebrenica. 8372 Menschen wurden hier erschossen. Wie konnte dieses Verbrechen geschehen?

Das wollte ich mit meinen Kollegen Džemal und Camil (alias Calimaat)[3] am Ort des Verbrechens herausfinden. Fatima war eines der Opfer. Wie versteinert blickte ich weiter auf den Grabstein. Ich konnte mich kaum bewegen, aber meine Gedanken rasten im Kreis. Ich versuchte meine Gefühle zu benennen, zu verstehen, was gerade in mir vorging. Unsicher versuchte ich, die Blicke von Džemal und Camil zu finden. Ob es ihnen ähnlich ging? Ich konnte es nicht erkennen, aber bei einer Sache war ich mir ganz sicher. Das, was sie

3 Der übrigens die wunderbaren Illustrationen für dieses Buch angefertigt hat.

fühlen, kann ich nicht fühlen. Sie haben Wurzeln in Bosnien-Herzegowina und im Sandžak, sie haben beide Verwandte in den Jugoslawienkriegen verloren, die ihr Leben für immer verändert haben.

Nicht nur ihr Leben. Rund 600 000 Menschen mit Wurzeln im ehemaligen Jugoslawien leben in Österreich, viele von ihnen sind während dieser Kriege hierher geflüchtet. Es war ähnlich wie 2015, auch damals standen hunderttausende Menschen, darunter auch meine Eltern, für ein neues, anderes Europa auf und halfen den Geflüchteten. Ich war noch zu jung, um zu verstehen, was wirklich passierte, und auch in der Schule hatte ich nichts darüber gelernt. Erst Jahre später habe ich Bilder des Völkermordes von Srebrenica bewusst wahrgenommen – bei meiner ersten Begegnung mit den Jungs auf der Donaupromenade, dort zeigte mir Yasin Bilder auf YouTube.

Die Kälte war kaum mehr zu ertragen. Während Camil einige Nahaufnahmen machte, gingen Džemal und ich ein paar Schritte, um uns etwas aufzuwärmen. Neben Fatimas Grabstein stand ein weiterer Stein. Er war etwas höher als die Übrigen. Wir blieben kurz stehen. »REIS-UL-ULEMA, Srebrenica Prayer, Potočari, Juli 11, 2001« stand dort geschrieben. Und:

> Im Namen Gottes des Barmherzigen des Allerbarmers beten wir zum allmächtigen Gott, möge aus Zorn Hoffnung werden, möge aus Rache Gerechtigkeit werden, mögen die Tränen der Mütter zu Gebeten werden, sodass Srebrenica nie wieder passiert – niemandem und nirgendwo!

Diese Worte waren mir sehr vertraut. »Nie wieder Krieg, nie wieder Faschismus« – dieses Versprechen hatte sich die Welt nach dem Zweiten Weltkrieg gegeben. Damit konnte ich mich identifizieren, deshalb bin ich Antifaschist und Sozialarbeiter geworden. Im Gegensatz zum Völkermord von Srebrenica hatte ich mich mit den Verbrechen der Nationalsozialisten schon lange beschäftigt. Wie kann aus Rache Gerechtigkeit werden? Diese Frage beschäftigte die Alliierten schon in den letzten Tagen des Krieges, bei der Suche nach den Schuldigen. Sie waren sich einig: Im Angesicht zweier Weltkriege, den Kriegsverbrechen und des Holocausts konnte man nicht zur

Tagesordnung übergehen. Es musste sich etwas ändern und zwar radikal.

Die Nürnberger Prozesse, die zwischen November 1945 und Oktober 1946 stattfanden, waren ein erster Schritt. Erstmals wurde »Verbrechen gegen die Menschlichkeit« als eigener Straftatbestand gegen 21 Hauptangeklagte des NS-Regimes angewandt. Wenige Jahre später wurde die allgemeine Erklärung der Menschenrechte als Grundlage für die internationale Staatengemeinschaft festgeschrieben. Im Angesicht des Bösen war man überzeugt davon, Institutionen entwerfen zu müssen, um das Böse in Schach halten zu können. Die Vereinten Nationen (UNO) wurden gegründet und sollten über die Sicherung des Weltfriedens und die Einhaltung der Menschenrechte wachen. So sollte es gelingen, eine Schicht Zivilisation über unsere düsteren Instinkte zu legen.

In Srebrenica und in weiten Teilen Bosnien-Herzegowinas hatten die Weltgemeinschaft und die Vereinten Nationen versagt.[5] Nicht zum ersten Mal. Vor den Augen der UNO-Soldaten wurden die schutzsuchenden Menschen in Busse verladen und abtransportiert. Die Jungen und Männer wurden in die Wälder gebracht und erschossen. Wirklich beschäftigt hatte ich mich damit erst seit ein paar Monaten. Ich hatte einige Bücher gelesen, Dokumentationen gesehen, Interviews geführt und mit Džemal, Camil und einigen jugendlichen Aussteigern diskutiert. Wir wollten dabei der Frage nachgehen, welche Mechanismen und Manipulationen diesen und viele andere Völkermorde ermöglicht hatten. Dafür wählten wir einen phänomenübergreifenden Ansatz: Rechtsextremismus und Neosalafismus, Neonazismus und Dschihadismus, die Geschichte von der Überlegenheit der Weißen und die Geschichte vom Globalen Dschihad – zwei Seiten derselben Medaille, wie es beispielsweise die österreichische Extremismus- und Terrorismusforscherin Julia Ebner analysiert.[6] Und tatsächlich, beim Holocaust, in Srebrenica oder beim Völkermord an den Jesid:innen im Irak: Trotz der Unvergleichbarkeit dieser Verbrechen – es waren immer ähnliche Mechanismen und Manipulationen, die Völkermorde ermöglicht haben, nämlich das Einteilen von Menschen in Gruppen, in »Wir« und »die Anderen«, das Verbreiten von Bedrohungsszenarien, autoritäre Strukturen, blinder Gehorsam und Entmenschlichung: So wurde auch die Ermordung der zwei Tage alten Fatima gerechtfertigt.

Unsicher versuchte ich die Blicke meiner Kollegen zu finden. Das, was Džemal und Camil in diesem Moment gefühlt haben, werde ich nie fühlen können, das war mir klar. Wären sie 25 Jahre zuvor an diesem Ort gewesen, wären sie beide Opfer dieses Verbrechens geworden. Bei mir war es anders: Wäre ich vor achtzig Jahren geboren worden, wäre ich mit hoher statistischer Wahrscheinlichkeit potenzieller Täter des NS-Regimes gewesen. Vielleicht wäre ich Soldat der Wehrmacht geworden, vielleicht Mitglied einer Miliz ähnlich dem Polizeibatallion 101 und hätte dann den Befehl bekommen, Zivilist:innen zu erschießen. Wie hätte ich in so einer Situation gehandelt? Wäre ich wie mein Großvater desertiert oder hätte ich mich an den Erschießungen beteiligt? Unzählige Male hatte ich mir diese Frage bereits gestellt, aber auch jetzt hatte ich keine Antwort darauf. Ich hoffe nicht, aber ich kann es nicht sagen.

Es dauerte lange, bis diese Fragen im öffentlichen Diskurs über den Nationalsozialismus in Österreich und Deutschland eine Rolle spielten. Widerstandskämpfer:innen wie die Mitglieder der Weißen Rose wurden bis in die »Baseballschlägerjahre« hinein zu archetypischen Held:innen stilisiert, um sich nicht der eigenen Verantwortung stellen zu müssen. Die pogromartigen Gewaltexplosionen in Rostock-Lichtenhagen, Cottbus-Sachsendorf oder Hoyerswerda zeigten sehr deutlich, dass eine tiefergehende Aufarbeitung der NS-Zeit notwendig war und ist. Zuletzt hat sich – spät aber doch – in Österreich und Deutschland eine Erinnerungskultur zum Holocaust entwickelt und etabliert, ständig bedroht durch Geschichtsrevisionist:innen, aktuell beispielsweise durch Teile der sogenannten Neuen Rechten, die gerne von einem »Schuldkult« sprechen. Und damit waren sie in den letzten Jahren durchaus erfolgreich.

Mit den Anschlägen vom Elften September haben der öffentliche Diskurs und das kollektive Gedächtnis eine andere Richtung eingeschlagen. Denn während der Holocaust, das größte Verbrechen gegen die Menschlichkeit, und die beiden Weltkriege von

Europa ausgingen, denken die meisten Menschen in Österreich oder Deutschland bei Menschenrechtsverletzungen heute nicht an »westliche Länder«, sondern an Länder, die Europa im Rahmen der Kolonialherrschaft »zivilisiert« hat, Länder, in denen der sogenannte »Krieg gegen den Terror« die meisten Opfer fordert, Länder, in denen Jugendliche wie Dzamal, Outis, Adam, Sebastian, Aslan oder Yasin ihre Wurzeln haben.[7]

Bilder von dschihadistischen Anschlägen in Europa dominieren den Diskurs rund um das Thema »Islam und Terror«. Die Attentäter werden im öffentlichen Diskurs zumeist als Randerscheinung betrachtet, als »bildungsfern«, »sozial schwach« oder »integrationsunwillig« – als »die Anderen«, die von der allgemeinen Norm, unserer gut organisierten und gerechten westlichen Gesellschaft, der Wiege der »Zivilisation«, abweichen. Ich dachte zurück an meine erste Begegnung mit den Jungs von der Donaupromenade – laut, unangepasst, wild, potenziell gefährlich? Auch in meinem Kopf tauchten diese Bilder an diesem Abend auf. Adam und die Anderen brauchen unbedingt eine Struktur, irgendeine Form der pädagogischen Betreuung, jemanden, der einen positiven Einfluss auf sie hat, habe ich mir damals gedacht. Ich sah sie schon als Gewalttäter oder als Terroristen enden.

Meine pädagogischen Vorstellungen waren geprägt von Geschichten wie William Goldings *Der Herr der Fliegen*. Im Kontext der Nachkriegszeit, den Verbrechen gegen die Menschlichkeit, schaffte es der Autor, auch unsere Vorstellung vom Bösen im Menschen zu wecken. Wie viele andere habe ich das Buch verschlungen. Das Spannendste an der Geschichte ist aber, dass sie frei erfunden ist. Sie könnte gar nicht weiter weg vom »realen« Herr der Fliegen sein. Rutger Bregman hat diese Geschichte 2010 gefunden und erzählt.[8] Die Story im Schnelldurchlauf:

Es ist die wahre Geschichte von Sione, Stephen, Kolo, David, Luke und Mano – allesamt Schüler in einem strengen katholischen Internat in Nuku'alofa auf der Insel Tonga. Der älteste war sechzehn, der jüngste dreizehn Jahre alt, und sie haben vor allem eines gemeinsam: Sie langweilen sich zu Tode. Also schmieden sie einen

Plan: Sie wollen abhauen und Abenteuer erleben. Das Ziel sind die 500 Meilen entfernten Fidschis oder sogar Neuseeland, dabei sind sie sich nicht ganz sicher. Es gibt nur ein Hindernis. Keiner von ihnen besitzt ein Boot, also beschließen sie, sich eines von einem Fischer zu »leihen«, den sie alle nicht mögen. Die Jungen nehmen sich wenig Zeit, um sich auf die Reise vorzubereiten. Zwei Säcke mit Bananen, ein paar Kokosnüsse und ein kleiner Gasbrenner sind alles, was sie einpacken. Keiner von ihnen kommt auf die Idee, eine Karte mitzunehmen, geschweige denn einen Kompass, denn bei einer Sache waren sie sich sicher: Sie waren die Richtigen für diesen Job.

In der ersten Nacht machen die Jungen allerdings einen schweren Fehler. Sie schlafen ein. Als sie aufwachen, sind sie mitten in einen Seesturm geraten. Nach acht Tagen auf hoher See entdecken sie wie durch ein Wunder eine kleine Insel am Horizont. Die Insel war einst bewohnt gewesen, bis zu einem dunklen Tag im Jahr 1863, als ein Sklavenschiff am Horizont erschien und alle Bewohner:innen der Insel gefangen, verschleppt und als Sklav:innen verkauft wurden. Seitdem ist diese Insel menschenleer – verflucht und vergessen.

Zu Beginn läuft alles gut, wie im Traum: keine Eltern, keine Schule, und vor allem keine Mädchen. Sie überleben zunächst von Fischen, Kokosnüssen und Vögeln. Da es auf der Insel kein Trinkwasser gibt, essen sie nicht nur das Fleisch, sondern trinken auch das Blut. Die Kinder einigen sich auf Gruppenregeln: Sie wollen in Zweierteams arbeiten und erstellen einen strikten Dienstplan für Garten-, Küchen- und Wachdienst – jeder muss seinen Teil zum Gemeinwohl beitragen.

Doch eines Tages droht aus dem Traum ein Albtraum zu werden: Einer der Jungs rutscht aus, fällt einer Klippe hinunter und bricht sich das Bein. Die anderen Jungen kämpfen sich zu ihm hinunter und helfen ihm dann wieder hinauf. Sein Bein ist gebrochen, sie verarzten ihn mit Stöcken und Blättern, aber arbeiten kann er nicht mehr. Damit sind auch die Gruppenregeln, die sie zusammengehalten hatten, nicht mehr umsetzbar. Aber entstehen deshalb in der Gruppe Missgunst und Neid? Könnte man meinen, aber es kommt ganz anders: »Mach dir keine Sorgen«, scherzen die Jungs. »Wir machen deine Arbeit, während du da liegst wie ein König!«

Nach und nach errichten die Jungen eine kleine Kommune mit einem Gemüsegarten, ausgehöhlten Baumstämmen zur Speicherung von Regenwasser, einen Sportplatz mit kuriosen Gewichten, einem Badmintonplatz, Hühnerställen und einem permanenten Feuer, alles durch Handarbeit und viel Entschlossenheit. Ihre Tage beginnen und enden mit Gesang und Gebet. Während sich die Jungen in *Der Herr der Fliegen* wegen des Feuers streiten, pflegen die Jungen in dieser realen Version ihre Flamme so, dass sie nie erlischt – und das über ein Jahr lang. Manchmal streiten sie sich, aber wann immer das passiert, lösen sie es, indem sie sich ein paar Stunden Auszeit voneinander verordneten.

Die Jungs haben das Gemeinsame über das Trennende gestellt und eine neue, gerechte Welt geschaffen, eine Welt, in der niemand zurückgelassen wird. Erst nach fünfzehn Monaten wurden sie gefunden. Sie verließen ihre neue Welt und fuhren nach Hause. Zurück in unsere Welt, zurück in die Zivilisation. Und was ist dann passiert? Sie wurden ins Gefängnis gesteckt, weil sie sich das Boot »geliehen« hatten. Ich kann es bis heute nicht fassen. Glücklicherweise kam ihnen der Seefahrer, der sie auf der Insel entdeckt hatte, zu Hilfe und konnte sie bald wieder auf freien Fuß setzen.

Wie können Menschen wie der Attentäter von Wien dazu gebracht werden, ihren inneren Widerstand gegen das Töten anderer Menschen zu brechen? Die letzten zehn Jahre durfte ich viele Jugendliche auf ihrem Weg begleiten. Ich habe viel von ihnen gelernt, gemeinsam haben wir Antworten auf die Fragen rund um den Diskurs zu »Islam und Terror« gesucht und gefunden. Es war bei allen unterschiedlich, es waren immer individuelle Erfahrungen, Themen und Bedürfnisse, die damals eine Rolle spielten, als sie die Erzählung vom Globalen Dschihad in ihr Weltbild übernommen haben. Aber neben den Themen auf der Ebene der Gesellschaft gibt es auch auf der individuellen Ebene eine Sache, die alle Geschichten miteinander verbindet, eine Sache, die ich von ihnen allen gelernt habe: Das Böse resultiert nicht aus der menschlichen Natur, aus unseren inneren, düsteren Instinkten, die nur durch eine Schicht Zivilisation, Demokratie und deren zahlreiche Institutionen wie das Schulwesen oder die Jugendarbeit in Schach gehalten werden. Ganz im Gegenteil. Den Weg in den Globalen Dschihad haben Aslan, Dzamal, Yasin, Adam und Outis vor allem aus Verbundenheit zueinander eingeschlagen. Sie wurden angetrieben vom Besten der menschlichen Natur – Freundschaft, Loyalität, Zusammenhalt. All das haben die Jungs damals auf der Donaupromenade gefunden. All das hätte fast dazu geführt, ihren inneren Widerstand, andere Menschen zu töten, zu brechen.

Ein »Bund von Brüdern«, eine Gruppe von Freunden, die gemeinsam aufgewachsen sind, sich im Gefängnis oder in der dschihadistischen Szene kennengelernt haben.[9] Die meisten terroristischen Zellen sind im Grunde ähnlich strukturiert: So war es beim Anschlag auf *Charlie Hebdo* und bei den Anschlägen in Paris. Auch beim Elften September waren drei Brüderpaare beteiligt. Die Geschichte vom Globalen Dschihad spielte eher eine untergeordnete Rolle, Attentäter töten vor allem füreinander, sie töten aus Freundschaft. Aber nicht nur das. Sie stellen sich selbst als schuldlose Opfer dar, die durch äußere Umstände dazu gezwungen wurden, sich mit allen Mitteln zu verteidigen, und wollen, dass ihre Umwelt diese Taten für richtig und notwendig hält.[10] Denn wenn es eine Sache gibt, für die Terroristen empfänglich sind, ist es die Meinung anderer.[11]

Wie der Attentäter von Wien. Mit unserer Welt und dem gesellschaftlich akzeptierten Weg zu Erfolg, Macht und Reichtum hatte er wohl abgeschlossen, aber er strebte immer noch nach Anerkennung. Wir sollten ihn fürchten, ihn als eine Bedrohung wahrnehmen, denn er hatte sich selbst zum Rächer der Umma erhoben und wollte so zum »negativen Helden« werden.[12] Durch das Attentat wollte er seinem Leben noch einen Sinn geben und in die Geschichte eingehen – in die Geschichte vom Globalen Dschihad. Er erklärte uns den Krieg, aber die Jugendlichen auf Instagram und die Wiener Bevölkerung nahmen die Kriegserklärung nicht an. Sie ließen sich nicht spalten, trotz der Gewalt und der Bilder auf Social Media wurde das Gemeinsame über das Trennende gestellt und damit die IS-Version des Shahid-Narrativs dekonstruiert. In dieser Nacht bekam der Attentäter keine (negative) Anerkennung – er war kein Held, aber auch kein Monster.

Die Pädagogik der Wütenden

»*What the hell? Das ist doch Spaß, oder? Das kann doch niemals in Europa, vor allem in Österreich geschehen, oder?*«, schrieb Aslan unter einen Instagram-Post, den er in unsere WhatsApp-Gruppe gestellt hatte, vom Account der »Zeit im Bild«, der wichtigsten österreichischen Abend-Nachrichtensendung: »Regierung kündigt Anti-Terror-Maßnahmenpaket«, einen »Maßnahmenvollzug für Gefährder« sowie einen »Straftatbestand für Politischen Islam, die Ideologie, die die Grundlage für den Terror bildet«, an. »*Das ist so bitter!*«, antwortete ich – und ich meinte es so.

Ungefähr eine Woche nach dem Terroranschlag in Wien kam, was kommen musste. Bis dahin war ich überzeugt davon gewesen, dass Österreich das erste Land in Europa sein könnte, das endlich verstanden hatte, wie man am besten auf Terroranschläge reagierte. Ich hatte tatsächlich geglaubt, dass wir das in Österreich auch schaffen könnten. Vielleicht wollte ich es auch einfach glauben, denn wenige Tage nach dem Anschlag verkündete Österreichs ehemaliger Innenminister und jetziger Bundeskanzler Karl Nehammer in einer Pressekonferenz die erfolgreich durchgeführte »Operation Luxor«. Bei einer großangelegten Hausdurchsuchung sei ein Schlag gegen den sogenannten »politischen Islam« in Österreich gelungen, hieß es. Rund 70 Personen wurden als Beschuldigte geführt und über 21000 Stunden lang observiert.[13]

Der Vorwurf? Mitgliedschaft in einer terroristischen Organisation – aber es ging dabei nicht um den sogenannten Islamischen Staat oder al-Qaida, es ging um die Muslimbruderschaft und die Hamas, ihren Ableger in Gaza, also Gruppen, die noch nie einen Terroranschlag in Europa durchgeführt hatten. Beide Gruppen sind keine Akteure des transnationalen Dschihadismus und, wie der österreichische Innenminister selbst betonte, es gab keinen Zusammenhang zur Wiener Terrornacht, daher war die Verwunderung groß.

Ich versuchte erst mal die Jungs zu beruhigen. »*Schauen wir mal lieber, was das konkret bedeutet*«, schrieb ich in die Gruppe, »*vielleicht haben sie es sich noch gar nicht wirklich überlegt, denn nur eineinhalb Wochen nach dem Anschlag kann man noch keinen wirklichen Gesetzesentwurf haben, oder? Hat wer einen Link?*« Aslan schickte mir ein YouTube-Video zu der Pressekonferenz vom damaligen Bundeskanzler Sebastian Kurz:

> Das bedeutet in Zukunft Unterbringung terroristischer Straftäter im Maßnahmenvollzug, auch wenn sie ihre Haftstrafe verbüßt haben, solange sie nicht deradikalisiert sind, das bedeutet, dass wir wie bei geistig abnormen Rechtsbrechern auch in Zukunft die Möglichkeit schaffen werden, diese Menschen wegzusperren und somit die Bevölkerung vor ihnen zu schützen.[14]

In mir schrillten sämtliche Alarmglocken, ein Maßnahmenvollzug für angebliche Gefährder, das war brandgefährlich. Trotzdem versuchte ich ruhig zu bleiben und zu differenzieren: »*So, wie ich das verstanden habe, gilt das dann auch für Neonazis, oder?*«, fragte ich in der Gruppe nach. Ich wollte es immer noch nicht ganz glauben. Im Gegensatz zu Aslan: »*Kein Unterschied, ehrlich, das ist meiner Meinung nach einfach menschenrechtsunwürdig. Und wie wollen sie das überhaupt bewerten, das mit politischem Islam? Macht das der Verfassungsschutz, der dich fragt, ob du die fünf Gebete machst, um zu schauen, ob du radikal bist oder nicht?*«, schrieb er und schickte ein lachendes Emoji mit. Trotzdem meinte er es todernst. Er hatte diese Frage tatsächlich bereits bei einer Gefährderansprache durch den österreichischen Verfassungsschutz gestellt bekommen, bei der ich ihn begleitet hatte.

Aber nicht nur die praktische Umsetzung machte mir große Sorgen. Der Vorschlag eines eigenen Strafbestandes für »politischen Islam« widersprach meiner Meinung nach dem Gleichheitsgrundsatz, auf dem der österreichische Rechtsstaat aufgebaut ist, und musste damit verfassungswidrig sein. Ich konnte die Postings der neosalafistischen Seiten schon vor meinen Augen sehen: »Integration ist eine Lüge, sie werden erst zufrieden sein, wenn ihr euren Glauben ablegt und euch assimiliert« – das Maßnahmenpaket passte perfekt in diese Erzählung.

»*Alter, das tut so weh ... So stolz gewesen und auf einmal das! Wallah deshalb vertraue ich keinen Politikern. Ich werde langsam überlegen, wen und ob ich überhaupt wähle!*«, schieb Aslan, obwohl er aufgrund seines grauen Passes gar nicht wählen durfte. »*Ja heftig, aber ich kann mir nicht vorstellen, dass das durchgeht, wir leben immer noch in einem Rechtsstaat, glaube ich, Alhamdullilah haben wir eine Verfassung!*«, antwortete ich ihm, »*wir überlegen uns was Gutes, okay?*« – »*Ja safe! Müssen uns wehren und nicht immer alles fressen!*«

Ich zuckte innerlich zusammen und dachte sofort an die Zeit nach dem Mord von Samuel Paty in Paris. War das jetzt der große Bruch, der Verlust unseres Common Grounds, den wir uns die letzten Wochen in unserem gemeinsamen intersubjektiven Raum so hart erarbeitet hatten? Hatte das zentrale Narrativ in der Geschichte vom Globalen Dschihad, die Erzählung von »Wir« und »die Anderen« nach all dieser Zeit doch noch gewonnen?

Eine Sache war zu diesem Zeitpunkt bereits klar: Durch das »Anti-Terror-Maßnahmenpaket« der Regierung hatte der Tod des Attentäters doch noch eine Bedeutung bekommen. Wir waren wieder inmitten des sogenannten Kriegs gegen den Terror. Es hörte gar nicht mehr auf mit den Pressekonferenzen, den Diskussionsrunden, den Schweigeminuten und den Fahnen auf Halbmast. Für verwirrte Geister ist das ein extrem verlockendes Angebot. Wie in den letzten Kapiteln beschrieben, ist der IS militärisch und ideologisch stark geschwächt, aber er hat noch einen Trumpf in der Hand, nämlich unsere Reaktionen. Es wird wieder passieren, denn es ist zu leicht. Wenn man auf die Titelseite will, reicht es, den rechten Zeigefinger zu heben und Allahu Akbar zu rufen.

Mein Handy vibrierte, eine neue Nachricht von Aslan. »*Ich sags nochmal, Politiker sind einfach Heuchler, Alter. Tun nur das was gerade am besten für sie ist und nicht für die Bürger. Wir müssen ihnen zeigen, was die Demokratie wirklich ausmacht! Jungs, Demos sind angesagt und zwar haufenweise!*« Dazu schickte er drei Muskelsmileys mit. Ich atmete auf. Meine Idee war zwar, eine Verfassungsjuristin anzurufen und eine Stellungnahme für die Gutachtensphase des Gesetzesentwurfes vorzubereiten, aber Demos sind auch okay. Fest steht, es muss sich etwas ändern. Und zwar radikal.

In diesem Buch haben wir das Konzept »der Pädagogik der Wütenden« beschrieben, einen Ansatz für die Arbeit mit Jugendlichen, die Vorstellungen aus der Geschichte vom Einen Islam oder der Geschichte vom Globalen Dschihad in ihr Weltbild übernommen haben. Dieses Konzept ist nicht in Universitäten oder Hochschulen, in politischen Thinktanks oder Instituten entstanden, sondern auf der Straße, aus konkreten Situationen, aus gemeinsamen Erfahrungen mit Jugendlichen. Reflektiertes Begleiten, der ständige Austausch in unserem gemeinsamen intersubjektiven Raum, darum geht es in der Pädagogik der Wütenden. In diesem Raum darf es keine Kultur des Wegschauens geben, denn ein Unrecht kann kein anderes Unrecht rechtfertigen. Es ist wichtig, Position gegen Ideen der Ungleichwertigkeit und autoritäre Vorstellungen zu beziehen, um im nächsten Schritt durch narrativ-biografische Ansätze herauszufinden, welche Erfahrungen, Bedürfnisse und Themen zu diesen Vorstellungen geführt haben.

Und darum funktioniert der phänomenübergreifende Ansatz nicht ganz. Die Geschichte von der Überlegenheit der Weißen und die Geschichte vom Globalen Dschihad – bei allen Gemeinsamkeiten gibt es vor allem einen entscheidenden Unterschied. Die Geschichte vom Globalen Dschihad ist als eine Reaktion auf die Geschichte von der Überlegenheit der Weißen entstanden und entwickelt sich auch in diesem Kontext immer weiter. Dabei spielte die Aufklärung eine entscheidende Rolle. In diesem Zeitalter wurden Vorurteile, Mythen und Glaube nicht mehr einfach hingenommen, sondern mussten erklärt und begründet werden. Infolgedessen wurden Rassismus und Kolonialismus, die bereits davor existiert hatten, durch wissenschaftliche »Rassetheorien« gerechtfertigt und die Menschen in Gruppen eingeteilt, in »Wir« und »die Anderen«. Dieses Konzept fand nach dem Ersten Weltkrieg und dem Niedergang des Osmanischen Reiches in Zusammenhang mit kapitalistischen Strukturen seinen Höhepunkt.[15]

All das, was wir heute unter Begriffen wie »Politischer Islam« oder »Islamismus« zusammenfassen, geht auf diese Zeit zurück.[16]

Im Gegensatz zu den Verbrechen des Zweiten Weltkrieges gibt es zu den Verbrechen der europäischen Kolonialherrschaft wenig bis gar keine Aufarbeitung, Erinnerungskultur, Reparationszahlungen oder andere Formen der Widergutmachung. Ganz im Gegenteil: neokoloniale Strukturen, die Zweiteilung der Welt in »Wir« und »die Anderen« setzten sich, mit anderen Rechtfertigungsnarrativen begründet, bis heute fort.

Und daran müssen wir ansetzen. Die Pädagogik der Wütenden macht die Wut und ihre Ursachen zum Gegenstand der gemeinsamen Reflexion. Indem Pädagog:innen die Lebenssituation der Jugendlichen problematisieren, werden sie notwendigerweise zu den Schüler:innen der Jugendlichen. Die Wahrnehmung der eigenen Lebenssituation als Problem ist der erste Schritt in der Pädagogik der Wütenden. Angelehnt an Paolo Freire geht es im nächsten Schritt um die Lösung des Problems in Aktion und Reflexion.[17] Gemeinsam kann man alternative Angebote finden, um die Bedürfnisse, die hinter der Übernahme dschihadistischer Erzählungen stehen, zu befriedigen. Wut war schon immer ein Antrieb, um die Welt zu verbessern, alles hat eine gute und eine schlechte Seite, denn die Welt ist nicht nur schwarz-weiß. Die Frage ist: Welche Seite wollen wir stärken? Mein Ziel ist immer, in die Grauzonen zu gehen und die progressive Seite zu fördern. Dafür braucht es vor allem eines: Zeit und Geduld. Es geht darum, da zu sein, die Jugendlichen zu unterstützen und immer wieder zu beweisen, dass Geschichten über ein vermeintliches »Wir« und »die Anderen« falsch sind. Es geht darum, sie zu mögen und ihnen immer wieder zu vermitteln, dass sie okay sind, so wie sie sind. Es ist okay, dass sie Muslim:innen sind, es ist okay, dass sie tschetschenische, afghanische oder bosnische Wurzeln haben. Gemeinsam müssen wir innere und äußere Gegenkräfte gegen Ungleichwertigkeitserzählungen finden. Die Menschen sind nicht gleich, aber gleichwertig, das müssen wir Jugendlichen immer wieder vermitteln. Wir müssen sie dabei unterstützen, eine innere Autonomie, ein Denken und Handeln geleitet nach eigenen Werten, zu entwickeln, und darauf vertrauen, dass sie im richtigen Moment die richtige Entscheidung treffen, denn was wir voneinander annehmen, ist das, was wir hervorrufen.

Als Paolo Freire von der Eliteuniversität Harvard eingeladen wurde, um die neuerrichtete Abteilung für Bildungsfragen zu beraten, schrieb er gleich als Vorwarnung: »Sie müssen wissen, dass ich mich entschieden habe. Meine Sache ist die Sache der Armen auf der Erde. Sie müssen wissen, dass ich mich für die Revolution entschieden habe.«

Die Jugendlich sind wütend. Ihre Wut ist berechtigt, bei all der Ungerechtigkeit, die es in der Welt gibt. Sie sind nicht verantwortlich für ihre Wut, aber sie sind dafür verantwortlich, was sie daraus machen. Sie brauchen unsere Anerkennung für ihre Opfererfahrungen und ihr Ungerechtigkeitsempfinden, aber sie müssen sich an die Goldene Regel halten, wie wir alle. Deshalb geht es bei der Pädagogik der Wütenden auch darum, selbst Verantwortung zu übernehmen. Reflektiertes Begleiten bedeutet auch für die Hinterfragung des eigenen Weltbildes, das pädagogische Denken und Handeln, zugänglich zu sein, die eigenen transkulturellen Automatismen immer wieder zu transformieren und die eigenen Privilegien zu nutzen. Denn aus der gemeinsamen Reflexion über die Wut und ihre Ursachen entsteht notwendigerweise das Bedürfnis, die Welt zu verändern, im Kleinen wie im Großen.

Wo marginalisierte Gruppen sind, ist immer nach den Strukturen zu fragen, die sie marginalisieren, und nur über die Veränderung dieser Strukturen durch die Marginalisierten selbst ist dem Phänomen beizukommen. Wir können sie nicht in eine Welt zurückholen, in der sie niemals akzeptiert werden, es ist nicht mein Ziel, sie in die gesellschaftlichen Strukturen, die zu ihrer Wut geführt hat, zu integrieren, sondern diese Strukturen gemeinsam zu verändern. Die stärkste Waffe dabei, das beste Mittel gegen die Anziehungskraft vom »Wir« und »die Anderen« sind Geschichten, die zeigen, wie es anders geht. Wir brauchen neue Geschichten über die Solidarität von unerwarteter Seite, wie jene aus der Wiener Terrornacht. Denn neue Geschichten funktionieren nur dann, wenn sie von den Jugendlichen selbst kommen. Das Gute daran: Sie sind da, wir müssen sie nur finden und erzählen. Wie die Geschichten von Dzamal, Outis, Adam, Sebastian, Aslan und Yasin in diesem Buch.

Dzamal wollte etwas tun. Er brauchte Beschäftigung, einen ständigen kreativen Austausch. Aus seiner Idee, ein Buch zu schreiben, entstanden mehrere Social-Media-Kampagnen mit insgesamt 48 Videos. Was Recht und Unrecht ist, das ist in seiner Welt noch immer nicht ganz klar und das Gefängnis ist auch nicht der richtige Ort, um das zu lernen. Aber er hat eine neue Heldin gefunden. Shirin war achtzehn Jahre alt, als der IS im August 2014 ihr Dorf im Sindschar-Gebirge überfallen hatte und die kurz vor dem Abitur stehenden Jesid:innen entführte. Auch wenn er mir damals nicht geglaubt hatte, als ich ihm vom Völkermord an den Jesid:innen erzählt hatte, mittlerweile hat er ihr Buch – *Ich bleibe eine Tochter des Lichts* – mehrmals gelesen. Gemeinsam mit Anja schreiben wir weiterhin Texte, und bald soll sein erstes eigenes Buch erscheinen.

Outis wurde abgeschoben, obwohl seine Verurteilung als »IS-Terrorist« für ihn in Tschetschenien den Tod bedeuten könnte. Die österreichischen Behörden hatten ihm zugesichert, diese Informationen nicht weiterzugeben, aber das Gegenteil war der Fall. Bereits am Flughafen in Moskau wartete der russische Geheimdienst auf ihn. Mehrere Stunden wurde er verhört. Sie wussten von seiner Verurteilung, allerdings gingen sie davon aus, dass er versucht hatte, nach Syrien auszureisen. Ein weiterer »tragischer Irrtum«, der ihm das Leben hätte kosten können. Doch nicht nur der Geheimdienst wartete auf ihn, auch Vertreterinnen einer russischen Menschenrechtsorganisation, zu der wir im Vorfeld Kontakt aufgenommen hatten. Ihnen ist es zu verdanken, dass er nicht »verschwand«, sondern weiterreisen durfte. Seitdem lebt er im Untergrund, zu groß ist die Gefahr durch das Kadyrow-Regime. Von dort aus hat er mir auch geholfen, das Buch zu schreiben. »*Eh gut, hab paar Rechtschreibfehler gefunden, an deiner Grammatik müssen wir noch arbeiten Fabian*«, war sein zwinkerndes Feedback zu seinem Kapitel.

Adam hat sich selbst verhaften lassen. Er hatte eine ziemlich schlimme Zeit im Gefängnis. Als es ihm besser ging, besuchte ich ihn mit einem der zwei jüngeren Freunde, die damals vor dem McDonalds, am Handelskai mit ihm unterwegs gewesen waren. Er war sich mittlerweile sicher, dass der IS nicht gerecht war, und wollte mithelfen. Alle sollten es wissen. Er selbst wird wohl keine dritte Chance bekommen. Nach seiner Haft wird er abgeschoben werden, dann beginnt eine neue Phase in seinem Leben, auf die er sich gerade vorbereitet, wie er mir in seinem letzten Brief schrieb.

Sebastian hat gerade eine Lehre begonnen. Gemeinsam verfolgen wir die Situation in seinem Heimatland Afghanistan. Der Verrat der NATO-Truppen an den Verbündeten im Land durch den übereilten Truppenabzug hat das Land erneut dem Chaos überlassen. Die Intervention der USA und ihrer Verbündeten ist damit gescheitert und hat es innerhalb von zwanzig Jahren lediglich geschafft, die Taliban durch die Taliban zu ersetzen. Wir schicken uns weiterhin Videos und diskutieren darüber, zum Beispiel über die neue arte-Doku »Afghanistan – Opfer im Namen des Friedens«.[18] Darin werden Archivaufnahmen aus dem Jahr 2001 gezeigt, die belegen, dass die NATO ihre Intervention in Afghanistan mit dem Kampf gegen den Terrorismus, aber auch mit dem Kampf für die Menschenrechte begründete. In CIA-Dokumenten wurde damals empfohlen, Frauenrechte in den Vordergrund zu stellen, um die öffentliche Meinung im Westen zugunsten der Intervention zu beeinflussen. Im »Doha-Abkommen« zwischen den USA und den Taliban finden sich weder die Frauenrechte, die damals als Rechtfertigungsnarrativ herhalten mussten, noch werden Menschenrechte in irgendeiner Form erwähnt. Auch wenn Sebastian und ich nach wie vor viele Dinge anders sehen, vor allem bei einer Sache haben wir einen Common Ground: Um zu verhindern, dass sich die Taliban wie in der Zeit zwischen 1995 und 2001 weiter radikalisieren, dürfen wir das Land nicht erneut vergessen. Wir müssen im Gespräch bleiben, es gibt keine andere Möglichkeit.

Aslan ist politischer Aktivist. Er engagiert sich im tschetschenischen Kulturverein seiner Eltern und in einer kleinen progressiven politischen Partei in der Brigittenau, dem für mich schönsten Bezirk Wiens. Gemeinsam haben wir Social-Media-Kampagnen zum Völkermord von Srebrenica, aber auch über die Situation der Uigur:innen geplant und durchgeführt.[19] Über eine Million Menschen dieser muslimischen Minderheit werden in chinesischen »Umerziehungslagern« festgehalten, eigentlich ein Grund für tägliche Demonstrationen auf den Straßen aller demokratischen Länder.

Eine Woche nach der Verkündung des Maßnahmenpaketes trafen wir uns in meinem Büro, um einen Workshop zu planen. Endlich hatte ich Zeit, um ihn auf seine Reaktion anzusprechen, als ich ihm einen Screenshot vom Attentäter in der Tatnacht geschickt hatte. Aslan konnte es immer noch nicht glauben, dass der Junge, den er zuvor gekannt hatte, zu so etwas fähig sein konnte. Er hatte ihn für einen Verlierer gehalten, nie hätte er sich gedacht, dass er stark genug sei, um so eine Tat durchzuziehen. Das passte nicht in sein Bild von einem Attentäter. Denn auch wenn er solche Taten ablehnte, blieb die Vorstellung, dass nur ein »echter Mann« dazu fähig sein könnte.

»*Wie hast du das damals gemeint, mit dem Unterschätzen?*«, fragte ich ihn. »*Naja, das war so ein Loser, ein Außenseiter, der Typ, den wir immer zum Eisteekaufen geschickt haben! Ich habe ihn fast nicht wieder erkannt, der wog damals vielleicht fünfzig Kilo und auf dem Bild war er Arnold Schwarzenegger 2.0!*« – »*Was man so hört, hat er im letzten halben Jahr ziemlich viel Testosteron genommen!*«, antwortete ich, »*Aber ehrlich gesagt verstehe ich nicht ganz, dass dich das so wundert, Aslan, ich persönlich finde, es zeugt nicht von sonderlicher Stärke, einfach die Wut rauszulassen, den Abzug zu drücken und unschuldige Menschen zu erschießen. Ist das nicht eher ein Zeichen der Schwäche?*«, fragte ich ihn.

Freundschaft, Loyalität, Zusammenhalt. All das haben Aslan, Dzamal, Yasin, Adam, Outis und die anderen auf der Donaupromenade gefunden. Aber es war eine bestimmte Form der Freundschaft, der eine toxische Männlichkeitskonstruktion zugrunde liegt. Bedingungslose Loyalität zu den Brüdern, Freunden, zur jeweiligen

»Wir«-Konstruktion. Es gilt das Recht des Stärkeren; nachzugeben und Kompromisse einzugehen, auf vermeintlich Schwächere Rücksicht zu nehmen, eigene Fehler einzugestehen oder sich selbst zu hinterfragen wäre in dieser Konstruktion ein Zeichen von Schwäche. Aber auch wenn diese Vorstellung von Stärke und davon, was es heißt, ein echter Mann zu sein, tief in der Gesellschaft verankert ist, sie ist falsch.

»Welches Bild kommt dir als Erstes in den Kopf, wenn du an einen ›wahren Helden‹, an einen ›echten Mann‹ denkst?«, fragte ich Aslan weiter. Er schwieg. Ich wusste, er dachte an seinen Freund Yasin.

Und das bringt uns wieder zurück zum Anfang, zur Geschichte vom mutigen, kleinen Jungen, der seine Welt verlassen muss. Er ist, wie wir alle, auf der Suche nach Erfolg und Anerkennung. Erfolg bedeutet in einem kapitalistischen System vor allem Geld, Macht und Einfluss. Der gesellschaftlich anerkannte Weg dorthin ist für den Jungen aber unerreichbar, das merkt er ziemlich schnell und das macht ihn wütend. So sehr er sich auch bemüht – andere, die sich weniger anstrengen, werden ihm vorgezogen. Auf der Suche nach Gerechtigkeit schlägt er deshalb einen anderen Weg ein. Den Weg in den Globalen Dschihad, um ein »Rächer der Umma« zu werden. Auch wenn dieser Weg möglicherweise mit guten Absichten gepflastert ist, Gerechtigkeit kann der kleine Junge auf diesem Weg nicht finden, ganz im Gegenteil, auf diesem Weg wird aus Gerechtigkeit Rache.

Yasin wollte zum IS. Gemeinsam mit einem Freund machte er sich auf den Weg, um ein Held zu werden. In Syrien wurde er von einer anderen Gruppe aufgehalten. Sie standen al-Qaida nahe. »Kehrt um«, sagten die Männer, »wir brauchen hier keine Kinder. Der Krieg ist nichts für euch, geht zurück nach Europa!« Aber Yasin ließ sich nicht aufhalten, er wollte gegen den syrischen Diktator Assad kämpfen – und er war davon überzeugt, dass er der Richtige für den Job war.

Der IS bildete ihn ein paar Wochen aus. Er war noch zu jung, um zu kämpfen, daher wurde er für ein Selbstmordattentat bestimmt. Er bereitete sich darauf vor, im Kampf gegen Assad als Shahid zu sterben, doch dann wurde ihm gesagt, dass sein Ziel eine andere dschihadistische Gruppe war, ebenjene Männer, die ihn und seinen Freund bei ihrer Ankunft aufgehalten hatten. Er weigerte sich, denn er war nicht nach Syrien gekommen, um andere Muslim:innen zu töten, sondern um sie vor Assad zu verteidigen. Der IS stellte ihn vor die Wahl: entweder er führte den Auftrag aus oder er würde selbst erschossen werden.

»*Wahllah kommt nicht her, das hier ist ganz anders als ihr euch vorstellt. Sie wollen, dass ich Muslime töte. Sie kämpfen nicht für eine gerechte Sache*«, so begann seine letzte Nachricht. Kurz danach drückte er den Zünder und sprengte sich in die Luft. Allerdings nicht im Lager der anderen Gruppe, sondern in der Wüste. Er starb alleine, weit weg von allen Menschen, weit weg von unserer Welt. Der innere Widerstand in ihm, zu töten, war stärker. Er wurde nicht zum Mörder.

»Die auf den ersten Blick einfachste Betrachtungsweise der Deradikalisierung ist die als Umkehrung des Prozesses, durch den eine Person zum Extremisten wurde.«[20] Aber was heißt das eigentlich? Und wie soll das gehen, kann man Jugendliche überhaupt deradikalisieren? In den letzten Jahren habe ich mit vielen Jugendlichen gearbeitet. Den Prozess, »durch den sie zu Extremisten wurden«, habe ich dabei nicht umgedreht. Das geht auch gar nicht. Wir können Jugendliche nicht »reparieren« oder deradikalisieren. Wir können sie nicht retten, das können sie nur selbst.

Yasin hat Aslan und vielen anderen das Leben gerettet. Er hat wahrscheinlich mehr Jugendliche aus Wien davor bewahrt, nach Syrien zu gehen und sich dem IS anzuschließen, als alle Sozialarbeiter:innen, Pädagog:innen, Deradikalisierungsexpert:innen und Sicherheitsbehörden zusammen. Er war ein echter Freund, denn auch wenn es Mut braucht zu widersprechen, ein echter Freund sagt einem auch, wenn man dabei ist, einen großen Fehler zu begehen. Die Attentäter aus Wien, Paris, Nizza und Dresden hatten leider keine Freunde wie Yasin. Noch schwerer ist es, sich selbst einzugestehen, dass man auf dem falschen Weg ist. Yasin, Aslan, Sebastian, Adam, Outis, Dzamal, der ehemalige IS-Posterboy und mittlerweile -Aussteiger Oliver und viele andere haben das gemacht, und das macht sie für mich zu wahren Helden. Von Yasin habe ich gelernt, was es heißt, ein echter Mann zu sein: einen Fehler einzugestehen und Verantwortung dafür zu übernehmen, das ist wahre Stärke.

Die Ebene der Verantwortung

Es werde »keine Reue« oder »Entschuldigung« für die Kolonialisierung Algeriens geben, man solle sich »von der Vergangenheit lösen und in die Zukunft blicken«, sagte Macron am 22.01.2021.[21] In den Online-Lebenswelten wurde er dafür als Heuchler bezeichnet, denn die Leugnung des türkischen Völkermordes an den Armenier:innen hat er in Frankreich unter Strafe gestellt. Es erscheint mir wirklich billig, auch die Jugendlichen durchschauen es sofort, genauso wie den »Krieg gegen den Terror«. Zwanzig Jahre dauert dieser Krieg nun an. Er hat unsere Welt verändert, aber nichts ist besser geworden, ganz im Gegenteil. Egal ob Afghanistan, Irak, Syrien oder Libyen, westliche Interventionen laufen eigentlich immer nach demselben Schema ab: Es sind zumeist Diktatoren im Nahen Osten, die vormals vom Westen unterstützt wurden und jetzt, angesichts von Toten in Europa, fallen gelassen werden. Ihnen wird der Krieg erklärt. Da westliche Demokratien von Rechts wegen eigentlich gegen Rachegelüste immun sein müssten und Krieg als Mittel zur Lösung von Konflikten verboten ist, braucht es andere Rechtfertigungsnarrative. Bedrohungsszenarien werden kombiniert mit Opfernarrativen, wie Menschrechtsverletzungen und der Unterdrückung von Frauen. Dann beginnt der Krieg. In ein Land einmarschieren und einen Krieg gewinnen, das kann jeder, selbst der IS und die Taliban. Aber was macht man dann?

Diese Frage haben sich die beteiligten westlichen Staatsoberhäupter offensichtlich nicht gestellt. Mit dem Abzug aus Afghanistan hat der Westen zwanzig Jahre nach Beginn des »Krieges gegen Terror« das Rechtfertigungsnarrativ von einem Krieg im Namen von Demokratie und Menschenrechten selbst dekonstruiert. Werden wir die nächsten zwanzig Jahre weiterhin in dieser Endlosschleife aus Gewalt und Rache gefangen sein? Das muss nicht so sein, es geht auch anders, wir können diesen Krieg noch gewinnen, aber es gibt nur einen Weg. Wir können es nur schaffen, wenn wir diesen Krieg beenden, unsere Fehler eingestehen und Verantwortung dafür übernehmen.

Karl Nehammer zum Beispiel könnte zeigen, was wahre Stärke ist, und Verantwortung für den Terroranschlag vom 02.11.2020 übernehmen. Wie ein neuer Untersuchungsbericht feststellte, ergab eine Gefahrenbewertung des späteren Attentäters ein »hohes Risiko«, unter anderem aufgrund eines versuchten Waffenkaufs kurz nach seiner bedingten Haftentlassung. Eine sogenannte Gefährderansprache durch den Verfassungsschutz, die für den 21. Oktober geplant gewesen war, wurde aufgrund »mangelnder Ressourcen« – wohl wegen der intensiven Vorbereitungen auf die »Operation Luxor« im Milieu der »Muslimbruderschaft« – auf die Zeit »nach dem 3. November« verschoben.[22] Ein Großteil der bei dieser Operation durchgeführten Hausdurchsuchungen, die eineinhalb Jahre vorbereitet worden war, ist mittlerweile vom Oberlandesgericht Graz für rechtswidrig erklärt worden, da die Muslimbruderschaft im Gegensatz zum IS keine homogene Bewegung darstelle und somit nicht als »Terrororganisation« eingestuft werden könne. Die ihr zuzurechnende palästinensische Hamas wird international als solche gewertet, gleichzeitig sitzt aber etwa eine zur Muslimbruderschaft zählende Fraktion in der aktuellen israelischen Regierung.[23]

Wolfgang Fellner, der Gründer und Manager des österreichischen Boulevardsenders OE24, könnte zeigen, worin wahre Stärke besteht, und Verantwortung für das Verbreiten der Propaganda des sogenannten Islamischen Staates seines Mediums übernehmen. Die »Interviews« mit Firas und Oliver haben mit Sicherheit mehr Jugendliche erreicht als das selbstgemachte »Facebook-Freundschaftsvideo« von Outis, der dafür zu zwei Jahren und zehn Monaten Haft verurteilt und abgeschoben wurde.

Die Vereinten Nationen könnten zeigen, was wahre Stärke ist, und Verantwortung für den Völkermord in Srebrenica übernehmen.

Nicht nur die Durchführung, auch unterlassene Hilfeleistung oder Beihilfe zum Völkermord stellen ein Verbrechen gegen die Menschlichkeit dar. Im nächsten Schritt könnte die internationale Staatengemeinschaft ein Tribunal für die letzten zwanzig Jahre »Krieg gegen den Terror« einrichten und den ehemaligen US-Präsidenten George W. Bush und sein Kabinett zur Verantwortung ziehen.

Und auch Macron könnte zeigen, was wahre Stärke ist, sich für die Verbrechen der französischen Kolonialherrschaft entschuldigen. Der europäische Kolonialismus wie auch neokoloniale Strukturen sind, bei allen unterschiedlichen Ausprägungen, durch eine Zweiteilung in ein »Wir« und »die Anderen« gekennzeichnet, die sie der Welt aufgezwungen haben.[24] Es geht nicht um Schuld, es geht um die Übernahme von Verantwortung: Gemeinsam mit den Opfern und ihren Nachkommen könnte man dann anfangen zu überlegen, welche Formen der Aufarbeitung, Erinnerungskultur und Wiedergutmachung, auch in Form von Reparationszahlungen, angemessen sind.

Und das ist nur der Anfang einer sehr langen Liste.

Es wäre so einfach, die Geschichte vom Globalen Dschihad zu dekonstruieren, aber ich fürchte, all das wird nicht passieren. Patriarchale Strukturen und toxische Männlichkeitskonstruktionen sind tief in unserer Gesellschaft verwurzelt, die Mächtigen dieser Welt glauben, dass eigene Fehler einzugestehen oder sich selbst zu hinterfragen ein Zeichen von Schwäche sei. Sie werden einfach so weitermachen. Werden sie damit durchkommen? Das bleibt abzuwarten. Die neue Generation hat ein politisches Bewusstsein entwickelt. Sie wissen Bescheid über Rassismus, Sexismus, Kapitalismus, viel mehr als ich in ihrem Alter. Und sie lassen sich nicht mehr alles gefallen. Sie haben ein anderes Verständnis von Autoritäten. Wir müssen uns ihren Respekt verdienen, man bekommt ihn nicht einfach nur deshalb, weil man älter ist oder eine Uniform trägt. Diese Generation widerspricht. Das nervt manchmal, ich weiß. Aber eigentlich kann uns nichts Besseres passieren.

»*Ich verstehe das nicht, wir haben alles richtig gemacht, genau wie die Erwachsenen. Warum hat es nicht funktioniert?*«, fragt einer der Jungs am Ende von *Der Herr der Fliegen.* Mittlerweile bin ich mir sicher, dass genau das der Fehler war, den die Kinder im Buch gemacht haben. Sie machten es so wie die Erwachsenen, doch so funktioniert es nicht. Ich habe mich entschieden. Meine Sache ist die Sache der Menschen auf der Straße, deren Stimmen viel zu wenig gehört werden. Erst wenn wir die Zweiteilung der Welt in »Wir« und »die Anderen« aufgehoben haben, kann die Gewalt enden. Die neue Generation muss es anders machen und wir können sie dabei begleiten. Gemeinsam können wir einen neuen, alternativen Weg finden. Einen Weg, auf dem aus Rache endlich Gerechtigkeit werden kann.

Dank

Danke an Dzamal, Outis, Adam, Sebastian, Aslan, Yasin und alle anderen Jugendlichen, die an diesem Buch beteiligt waren.

Besonderer Dank geht an unseren Lektor Emil Fadel, Richard Reicher, Christine Neumayer, Almir Ibrić, Verena Fabris, Manuela (Mella) Synek, Maynat Kurbanova, Robert Misik, Džemal Šibljaković, Rami Ali, Adrian Stuiber, Philipp Leeb, Lena Rest, Alina Strmljan, Thomas Schmidinger, Andreas Peham, Stefan Kühne, Esim Karakuyu, Jonathan Kufner, Martin Dworak, Rüdiger Lohlker, Nico Prucha, Hans Breuer, Aleksandra Tulej, Birgit Sekanina und alle anderen Freund:innen und Kolleg:innen.

U ime Boga Milostivog,
Samilosnog
Molimo Te Bože
Svemogući,
Neka tuga postane
nada!
Neka osveta bude
pravda!
Neka majčina suza
Bude molitva:
Da se nikome nikad
Ne ponovi Srebrenica!
Reisu-l-ulema
Srebrenička molitva
Potočari
11. juli, 2001

Anmerkungen

PROLOG: Die Nacht

1 Neumann, Peter: »Radikalisierung, Deradikalisierung und Extremismus«. In: *Aus Politik und Zeitgeschichte*. Berlin 2013, online unter: https://www.bpb.de/apuz/164918/radikalisierung-deradikalisierung-und-extremismus?p=0, abgerufen am 13.09.2021

2 Vgl. Connel, Robert: *Der gemachte Mann. Konstruktion und Krise von Männlichkeiten*. Wiesbaden 2015.

KAPITEL 1: Die Jungs von der Donaupromenade

1 bOJA – bundes Netzwerk Offene Jugendarbeit (Hg.): *Offene Jugendarbeit in Österreich. Ein Handbuch*. Wien 2021, S. 11-12.

2 Vgl. dazu: Wild, Gabriele: »Straße und Akzeptanz.« In: *Aktuelle Leitbegriffe der Sozialen Arbeit. Ein kritisches Handbuch*. Band 2. Wien 2013, S. 224-235.

3 Vgl. Haindorff, Götz: *Die Jungs von nebenan. Das magische Land der jungen männlichen Psyche*. Göttingen 2003, S. 22-30.

4 Vgl. Heinz, Wolfgang: *Kriminalität in Deutschland unter besonderer Berücksichtigung der Jugend- und Gewaltkriminalität*. Konstanz 2007.

5 Vgl. Haindorff, Götz: *Die Jungs von nebenan. Das magische Land der jungen männlichen Psyche*. Göttingen 2003, S. 88-90.

6 Vgl. Freire, Paulo: *Pädagogik der Unterdrückten*. Stuttgart 1972, S. 9-13.

7 Vgl. Lohlker, Rüdiger: *Dschihadismus. Materialien*. Wien 2009, S. 63-64.

8 Vgl. ders.: *Theologie der Gewalt. Das Beispiel IS*. Wien 2016, S. 104-105.

9 Vgl. Honneth, Axel: *Kampf um Anerkennung. Zur moralischen Grammatik sozialer Konflikte*. Frankfurt am Main 2014.

KAPITEL 2: Dzamal

1 Khorchide, Mouhanad: *Islam ist Barmherzigkeit. Grundzüge einer modernen Religion*. Freiburg im Breisgau 2012, S. 85-87.

2 Schmidinger, Thomas: *Jihadismus. Ideologie, Prävention und Deradikalisierung*. Wien 2015, S. 79-83.

3 Vgl. Lohlker, Rüdiger: *Dschihadismus. Materialien*. Wien 2009, S. 23.

4 Vgl. Roy, Oliver: *Ihr liebt das Leben, wir lieben den Tod. Der Dschihad und die Wurzeln des Terrors*. München 2017, S. 26.

5 Kunz, Yvonne: *Jihad Rap. An den Rändern muslimischer Subkulturen*. Mainz 2016, S. 70-74.

6 https://www.oe24.at/oesterreich/chronik/wien/isis-krieger-firas-h-droht-jetzt-oesterreich/156294052, abgerufen am 13.09.2021.

7 https://www.oe24.at/welt/oesterreicher-an-der-isis-front/163732497, abgerufen am 13.09.2021.

8 https://www.oe24.at/oesterreich/chronik/firas-h-ist-tod-schwindel/176738839, abgerufen am 13.09.2021.

9 Vgl. Gebhard, Miriam: *Die Weiße Rose. Wie aus ganz normalen Deutschen Widerstandskämpfer wurden*. München 2017, S. 11-19.

10 Vgl. Roy, Oliver: *Ihr liebt das Leben, wir lieben den Tod. Der Dschihad und die Wurzeln des Terrors*. München 2017, S. 74-78.

11 Vgl. Lohlker, Rüdiger: *Dschihadismus. Materialien*. Wien 2009, S. 36-41.

12 Vgl. Seidensticker, Tilman: *Islamismus. Geschichte, Vordenker, Organisationen*. München 2014, S. 111.

13 Schmidbauer, Wolfgang: *Der Mensch als Bombe. Eine Psychologie des neuen Terrorismus*. Hamburg 2003, S. 37-38.

14 Salazar, Philippe-Joseph: *Die Sprache des Terrors. Warum wir die Propaganda des IS verstehen müssen, um ihn bekämpfen zu können*. München 2016, S. 83-85.

15 Vgl. Lohlker, Rüdiger: *Dschihadismus. Materialien*. Wien 2009, S. 57.

16 Vgl. Schmidinger, Thomas: *Jihadismus. Ideologie, Prävention und Deradikalisierung*. Wien 2017, S. 80.

17 Vgl. Haindorff, Götz: *Jungs von nebenan. Das magische Land der jungen männlichen Psyche*. Göttingen 2003, S. 35-36.

18 Vgl. ebd., S 190.

19 Vgl. United States Holocaust Memorial Museum, Washington, DC: »Abdol Hossein Sardari (1895-1981)«, online unter: https://encyclopedia.ushmm.org/content/en/article/abdol-hossein-sardari-1895-1981, abgerufen am 13.09.2020.

20 Vgl dazu etwa: https://www.dw.com/en/no-charges-over-palestinian-children-killed-in-gaza-beach-bombing/a-18512602, abgerufen am 13.09.2021.

21 https://www.spiegel.de/panorama/film-der-jg-stadtmitte-nsu-trio-kam-aus-jena-a-861676.html, abgerufen am 13.09.2021.

22 Vgl. Gebhard, Miriam: *Die Weiße Rose. Wie aus ganz normalen Deutschen Widerstandskämpfer wurden*. München 2017, S. 328-330.

23 Vgl. Browning, Christopher R.: *Ganz normale Männer. Das Reserve-Polizeibataillon 101 und die »Endlösung« in Polen*. Hamburg 2016, S.220-224.

24 Vgl. Neumann, Peter: *Die neuen Dschihadisten. IS, Europa und die nächste Welle des Terrorismus.* Berlin 2015, S. 113-116.
25 Vgl. Schmidtbauer, Wolfgang: *Der Mensch als Bombe. Eine Psychologie des neuen Terrorismus.* Hamburg 2003, S. 36-38.
26 Freire, Paulo: *Pädagogik der Unterdrückten.* Stuttgart 1972, S. 143-160.
27 Vgl. unter anderem: https://www.dw.com/en/george-w-bush-afghanistan-troop-withdrawal-a-mistake/a-58261709, abgerufen am 13.09.2021.
28 https://wasns.org/-oase-des-friedens, abgerufen am 13.09.2021.
29 Vgl. Lippe, Felix; Reidinger, Veronika: *Jamal al-Khatib – mein Weg! Abschlussbericht der begleitenden Praxisforschung.* Wien 2020, S. 23-25.
30 Vgl. Gebhard, Miriam: *Die Weiße Rose. Wie aus ganz normalen Deutschen Widerstandskämpfer wurden.* München 2017, S. 61-65.

KAPITEL 3: Outis

1 Vgl. Lohlker, Rüdiger: *Theologie der Gewalt. Das Beispiel IS.* Wien 2016, S. 125-127.
2 Vgl. ebd., S. 127-130.
3 Vgl. Neumann, Peter: *Die Neuen Dschihadisten. IS, Europa und die nächste Welle des Terrorismus.* Berlin 2015, S. 111.
4 Vgl. Salazar, Philippe-Joseph: *Die Sprache des Terrors. Warum wir die Propaganda des IS verstehen müssen, um ihn bekämpfen zu können.* München 2016, S. 155-165.
5 Vgl. McDearis, Kathryn: »ISIS rhetoric: A war of online videos«, online unter: https://commons.lib.jmu.edu/cgi/viewcontent.cgi?referer=https://www.google.com/&httpsredir=1&article=1138&context=master201019, abgerufen am 13.09.2021.
6 Vgl. Kleeberg-Niepage, Andrea: »Zur Entstehung von Rechtsextremismus im Jugendalter – oder: Lässt sich richtiges politisches Denken lernen?« In: *Journal für Psychologie* 2012/2, S. 1-30.
7 Vgl. Haindorff, Götz: *Die Jungs von nebenan. Das magische Land der jungen männlichen Psyche.* Göttingen 2003, S. 127-131.
8 Vgl. Salazar, Philippe-Joseph: *Die Sprache des Terrors. Warum wir die Propaganda des IS verstehen müssen, um ihn zu bekämpfen.* München 2016, S. 61-76.
9 Vgl. Kleeberg-Niepage, Andrea: »Zur Entstehung von Rechtsextremismus im Jugendalter – oder: Lässt sich richtiges politisches Denken lernen?« In: *Journal für Psychologie* 2012/2, S. 13-14.
10 Neumann, Peter: »Radikalisierung, Deradikalisierung und Extremismus«. In: *Aus Politik und Zeitgeschichte.* Berlin 2013, online unter: https://www.bpb.de/apuz/164918/radikalisierung-deradikalisierung-und-extremismus?p=0, abgerufen am 13.09.2021.

11 Vgl. Bettinger, Frank: »Auftrag und Mandat.« In: *Aktuelle Leitbegriffe der Sozialen Arbeit. Ein kritisches Handbuch.* Band 1. Wien 2013, S. 27-38.

12 Vgl. Rowhani-Wimmer, Karin: »Menschenrechte und Gerechtigkeit.« In: *Aktuelle Leitbegriffe der Sozialen Arbeit. Ein kritisches Handbuch.* Band 3. Wien 2016, S. 120-131.

13 Fritzsche, K. Peter: *Menschenrechte. Eine Einführung mit Dokumenten.* Paderborn 2009, S. 231.

14 Neumann, Peter: »Radikalisierung, Deradikalisierung und Extremismus.« In: *Aus Politik und Zeitgeschichte.* Berlin 2013, online unter: https://www.bpb.de/apuz/164918/radikalisierung-deradikalisierung-und-extremismus?p=0, abgerufen am 13.09.2021.

15 Vgl. Alma, Jamila, Lara-Luna: *Wie wir Schule machen. Lernen wie es uns gefällt.* München 2014.

16 Vgl. Kleeberg-Niepage, Andrea: »Zur Entstehung von Rechtsextremismus im Jugendalter – oder: Lässt sich richtiges politisches Denken lernen?« In: *Journal für Psychologie* 2012/2, S. 23-24.

17 Vgl. Bandura, Albert: *Sozial-kognitive Lerntheorie.* Stuttgart 1991.

18 Vgl. Gebhard, Miriam: *Die Weiße Rose. Wie aus ganz normalen Deutschen Widerstandskämpfer wurden.* München 2017, S. 20.

19 Vgl. Weilnböck, Harald: *The Narrative Principle: Good Practice in Anti-Hate Crime Interventions within the Radicalisation Awareness Network.* 2013, S. 379-408.

20 Vgl. Peham, Andreas: »Radikalisierung, Ideologie und Gewalt – Zum Vergleich extremistischer Strömungen«. Vortrag in Wien am 15.10.2015.

21 Vgl. Gebhard, Miriam: *Die Weiße Rose. Wie aus ganz normalen Deutschen Widerstandskämpfer wurden.* München 2017, S. 61-68.

22 Vgl. ebd., S. 67.

23 Vgl. ebd., S. 65-68.

24 Vgl. ebd., S. 328-336.

25 Vgl. Schiedel, Heribert: *Der rechte Rand. Extremistische Gesinnungen in unserer Gesellschaft.* Wien 2007, S. 11-14.

26 Vgl. https://www.derstandard.at/story/2000056141075/studie-43-prozent-wuenschen-sich-einen-starken-mann, abgerufen am 13.09.2021.

27 Vgl. Reicher, Fabian: »Deradikalisierung von Jugendlichen. Eine Kritik aus sozialarbeiterischer Perspektive«. In: FIPU (Hg.): *Rechtsextremismus. Band 2: Prävention und politische Bildung.* Wien 2015, S. 237-238.

KAPITEL 4: Adam

1 Haindorff, Götz: *Die Jungs von nebenan. Das magische Land der jungen männlichen Psyche.* Göttingen 2003, S. 233.

2 Fabris, Verena: »Jung, radikal, extrem? Radikalisierungsprozesse bei Jugendlichen aus der Perspektive der Beratungsstelle Extremismus«. In: Thomas Krobath, Doris Lindner und Edith Petschnigg (Hg.): *Nun sag, wie hast du's mit der religiösen Vielfalt? Zwischen Konflikt und Kompetenz in Kindergärten*. Schulen und Jugendarbeit. Wien 2019.

3 Vgl. https://www.destatis.de/DE/Themen/Gesellschaft-Umwelt/Gesundheit/Todesursachen/Tabellen/suizide.html, abgerufen am 13.09.2021.

4 Vgl. Schmidtbauer, Wolfgang: *Der Mensch als Bombe. Eine Psychologie des neuen Terrorismus*. Hamburg 2003, S. 146-151.

5 Vgl. ebd., S. 191.

6 Berger, Lutz: *Islamische Theologie*. Wien 2010, S. 183-189.

7 Lohlker, Rüdiger: *Dschihadismus. Materialien*. Wien 2009, S. 50-52.

8 Altier, Mary Beth: »Turning away from terrorism. Lessons from psychology, sociology, and criminology«. In: *Journal of Peace Research* 51/5, 2014, S. 648-661.

9 Lohlker, Rüdiger: *Theologie der Gewalt. Das Beispiel IS*. Wien 2016, S. 121-124.

10 Vgl. Berger, Lutz: *Islamische Theologie*. Wien 2010, S. 171-172.

11 http://madrasah.de/leseecke/islam-allgemein/offener-brief-al-baghdadi-und-isis, abgerufen am 13.09.2021.

12 Vgl. Zywietz, Bernd: »Ästhetisierung zwischen schockhafter Provokation und ethisch-moralischer Notwendigkeit – Zur Analyse der visuellen Botschaften des ›Islamischen Staats‹ als Propaganda und als Gegenstand der Berichterstattung«. In: Clemens Schwender, Cornelia Brantner, Camilla Graubner und Joachim von Gottberg (Hg.): *Zeigen / andeuten / verstecken. Bilder zwischen Verantwortung und Provokation*. Köln 2019, S. 198-216.

13 Vgl. Lohlker, Rüdiger: *Dschihadismus. Materialien*. Wien 2009, S. 52-55.

14 Vgl. Schmidtbauer, Wolfgang: »Auge um Auge, Zahn um Zahn. Wie Rache entsteht, und was man dagegen tun kann.« In: *Geo Wissen* 35/2005, S. 90-98.

15 Vgl. Browning, Christopher R.: *Ganz normale Männer. Das Reserve-Polizeibataillon 101 und die »Endlösung« in Polen*. Hamburg 2016, S. 211.

16 Vgl. Schmidtbauer, Wolfgang: *Der Mensch als Bombe. Eine Psychologie des neuen Terrorismus*. Hamburg 2003, S. 188-192.

17 Vgl. Theweleit, Klaus: *Das Lachen der Täter: Breivik u. a. Psychogramm der Tötungslust*. St. Pölten 2015.

18 https://snowdragons.at/uber-uns/, abgerufen am 13.09.2021.

19 Vgl. Schmidtbauer, Wolfgang: *Der Mensch als Bombe. Eine Psychologie des neuen Terrorismus*. Hamburg 2003, S. 56-57.

20 Vgl. ebd., S. 257.

Kapitel 5: Sebastian

1 Vgl. Khosrokhavar, Farhad: *Radikalisierung*. Hamburg 2016, S. 115-136.

2 Vgl. Fabris, Verena: »Jung, radikal, extrem? Radikalisierungsprozesse bei Jugendlichen aus der Perspektive der Beratungsstelle Extremismus«. In: Thomas Krobath, Doris Lindner und Edith Petschnigg (Hg.): *Nun sag, wie hast du's mit der religiösen Vielfalt? Zwischen Konflikt und Kompetenz in Kindergärten, Schulen und Jugendarbeit*. Wien 2019.

3 Vgl. Lohlker Rüdiger: *Dschihadismus. Materialien*. Wien 2009, S. 65-66.

4 Vgl. Mustafa, Imad: *Der Politische Islam. Zwischen Muslimbrüdern, Hamas und Hizbollah*. Wien 2014, S. 97-98.

5 Vgl. Lohlker Rüdiger (2009): *Dschihadismus. Materialien*. Wien 2009, S. 65-66.

6 Vgl. Reicher, Fabian: *Deradikalisierung von Jugendlichen. Eine Kritik aus sozialarbeiterischer Perspektive*. Wien 2016, S. 221-224.

7 Vgl. Dantschke, Claudia: »Da habe ich etwas gesehen, was mir einen Sinn gibt. – Was macht Salafismus attraktiv und wie kann man diesem entgegenwirken?« In: Behnam T. Said (Hg.): *Salafismus. Auf der Suche nach dem wahren Islam*. Freiburg 2014, S. 484-487.

8 Vgl. https://www.bpb.de/apuz/antirassismus-2020/316766/rassismus-und-polizei-zum-stand-der-forschung, abgerufen am 13.09.2021.

9 Vgl. Baaken, Till; Hartwig, Friedhelm und Meyer, Matthias: »Die Peripherie des Extremismus auf YouTube«. In: *Modus insight*. Berlin 2019, online unter: https://modus-zad.de/wp-content/uploads/2020/03/modus_insight_Die_Peripherie_Des_Extremismus_auf_YouTube2020.pdf, abgerufen am 13.09.2021.

10 Vgl. Lohlker, Rüdiger: *Die Salafisten. Der Aufstand der Frommen, Saudi-Arabien und der Islam*. München 2017, S. 115-116.

11 Vgl. ebd., S. 12.

12 Vgl. Reicher, Fabian: *Deradikalisierung von Jugendlichen. Eine Kritik aus sozialarbeiterischer Perspektive*. Wien 2016, S. 221-224.

13 Vgl. Lohlker, Rüdiger: *Die Salafisten. Der Aufstand der Frommen. Saudi-Arabien und der Islam*. München 2017, S. 86-90.

14 Khorchide, Mouhanad: *Scharia – Der missverstandene Gott. Der Weg zu einer modernen islamischen Ethik*. Freiburg im Breisgau 2013, S. 73-79.

15 Mustafa, Imad: *Der politische Islam. Zwischen Muslimbrüdern, Hamas und Hizbollah*. Wien 2014, S. 96.

16 Khorchide, Mouhanad: *Islam ist Barmherzigkeit. Grundzüge einer modernen Religion*. Freiburg im Breisgau 2012, S. 31-40.

17 Vgl. https://www.welt.de/politik/deutschland/article233351267/Deutsche-Muslime-sehen-Demokratie-positiver-als-Gesamtbevoelkerung.html, abgerufen am 13.09.2021.

18 Vgl. https://www.derstandard.at/story/2000128139002/polizeigewalt-gegen-tschetschenen-sechs-wiener-beamte-verurteilt, abgerufen am 13.09.2021.

19 Godfrey, Erin B.; Burson, Esther und Santos, Carlos E.: »For Better or Worse? System-Justifying Beliefs in Sixth-Grade Predict Trajectories of Self-Esteem and Behavoir Across Early Adolescence«. In: *Child Development*, 90/2019, S. 180-195.

20 Online unter: https://www.arte.tv/de/videos/081554-001-A/afghanistan-das-verwundete-land/, abgerufen am 13.09.2021.

21 Vgl. https://www.zeit.de/zeit-geschichte/2016/02/naher-osten-usa-intervention-terrorismus-arabischer-fruehling/seite-2, abgerufen am 13.09.2021.

22 Ibric, Almir: *Transkulturelle Automatismen. Philosophie – Kompetenz – Methoden*. Wien 2020, S. 15-24.

23 Böhnisch, Lothar: *Abweichendes Verhalten. Eine pädagogisch-soziologische Einführung*. Weinheim 2017, S. 225-228.

24 Feroz, Emran: *Der Längste Krieg. 20 Jahre War On Terror*. Frankfurt am Main 2021, S. 91-95.

25 Mustafa, Imad: *Der Politische Islam. Zwischen Muslimbrüdern, Hamas und Hizbollah*. Wien 2013, S. 98.

26 Vgl. Schmitt B., Josephine: Antimuslimischer Rassismus als islamistisches Mobilisierungsthema. 2019, online unter: https://www.bpb.de/politik/extremismus/radikalisierungspraevention/295951/antimuslimischer-rassismus-als-islamistisches-mobilisierungsthema, abgerufen am 13.09.2021.

27 Vgl. https://www.derstandard.at/story/2000129287799/wie-koennte-ein-scharia-verbot-in-oesterreich-aussehen, abgerufen am 13.09.2021.

KAPITEL 6: Aslan

1 Vgl. Rösch, Elke: *Jugendarbeit in einem mediatisierten Umfeld. Impulse für ein theoretisches Konzept*. Basel 2019, S. 53.

2 Vgl. https://www.spiegel.de/lebenundlernen/schule/charlie-hebdo-anschlaege-schueler-in-frankreich-stoeren-gedenkminuten-a-1013015.html, abgerufen am 13.09.2021.

3 Vgl. Wiesinger, Susanne: *Kulturkampf im Klassenzimmer. Wie der Islam die Schulen verändert. Bericht einer Lehrerin*. Wien 2018, S. 23-33.

4 Vgl. Prucha, Nico: «Why we focus on Arabic – Stating the Obvious for the Oblivious«. In: *Onlinejihad* 2020, online unter: https://onlinejihad.net/2020/05/31/why-we-focus-on-arabic-stating-the-obvious-for-the-oblivious/, abgerufen am 13.09.2021.

5 Ibn Taymiya, al-Sarim al-maslul'ala shatim al-rasul li-shaykh al-Islam Taqiy al-Din Ahmad bin 'Abd al-Halim Ibn Taymiya al-Harrani, Shubra al-Khayma: Alexandria/Medina, 2008.

6 Vgl. Pisoiu, Daniela; Lippe, Felix: »*Jihadistische Netzwerke und die Diaspora*. Wien 2018.
7 https://www.dw.com/de/streit-um-islam-und-macron-setzt-arabiens-herrscher-unter-zugzwang/a-55408710, abgerufen am 13.09.2021.
8 Vgl. https://www.kleinezeitung.at/politik/aussenpolitik/5889728/Terror-Corona-Karikaturen_Die-Krisen-von-Emmanuel-Macron, abgerufen am 13.09.2021.
9 Vgl. https://www.sueddeutsche.de/politik/frankreich-macron-gesetzentwurf-islamisierung-terror-1.5053064, abgerufen am 13.09.2021.
10 Vgl. Fanon, Frantz: *Die Verdammten dieser Erde*. Frankfurt am Main 2020, S. 245-259.
11 Vgl. ebd., S. 235-237.
12 Vgl. https://de.euronews.com/2020/07/05/nach-170-jahren-24-widerstandskampfer-am-unabhangigkeitstag-beigesetzt, abgerufen am 13.09.2021.
13 Vgl. https://www.youtube.com/watch?v=nrHrdUqZgK8&t=277s, abgerufen am 01.11.2021.
14 Vgl. Reicher, Fabian; Prucha, Nico; Fabris, Verena und Lippe, Felix: *Im Namen des Propheten. Kontextualisierung und Social Media Analyse zu den jüngsten dschihadistischen Anschlägen in Europa*. Online unter: https://www.beratungsstelleextremismus.at/wp-content/uploads/2020/12/Beratungsstelle_Extremismus_Kontextualisierung_Social-Media_Analyse_dschihadistische_Anschlaege_Europa.pdf, abgerufen am 13.09.2021.
15 Vgl. https://www.youtube.com/watch?v=yItlyMjOMTk&list=PLmgjyXI0BWIGr8hf-ZEFqz_U1btqlEbdG, abgerufen am 13.09.2021.
16 Roy, Oliver: *Es gibt zu wenig Religion*. Online unter: https://www.republik.ch/2020/11/17/es-gibt-zu-wenig-raum-fuer-religiositaet-das-foerdert-die-gewalt, abgerufen am 13.09.2021.
17 Vgl. ders.: *Ihr liebt das Leben, wir lieben den Tod. Der Dschihad und die Wurzeln des Terrors*. Hamburg 2017, S. 99-104.
18 Ebd., S. 45-50
19 Neuburg, Florian; Kühne, Stefan und Reicher, Fabian: »Soziale Netzwerke und Virtuelle Räume: Aufsuchendes Arbeiten zwischen analogen und digitalen Welten«. In: Marc Diebäcker und Gabriele Wild (Hg.): *Streetwork und Aufsuchende Soziale Arbeit im öffentlichen Raum*. Wiesbaden 2020, S. 167-181.
20 Vgl. https://www.youtube.com/watch?v=jsmTAOEemuo, abgerufen am 13.09.2021.

KAPITEL 7: »Wir« und »die Anderen«

1 Lohlker, Rüdiger: *Theologie der Gewalt. Das Beispiel IS*. Wien 2016, S. 97-104.
2 Vgl. Badiou, Alain: *Wider den Globalen Kapitalismus. Für ein neues Denken in der Politik nach den Morden von Paris*. Berlin 2016, S. 7-17.

3 Vgl. Bregman, Rutger: *Im Grunde gut. Eine neue Geschichte der Menschheit.* Hamburg 2021, S. 392.
4 Vgl. Pisoiu, Daniela; Lippe, Felix: *Jihadistische Netzwerke und die Diaspora.* Wien 2018.
5 Rohde, David: *Endgame. The Betrayal And Fall Of Srebrenica: Europe's Worst Massacre Since World War II.* New York 1997.
6 Ebner, Julia: *Wut. Was Islamisten und Rechtsextreme mit uns machen.* Darmstadt 2018, S. 189-198.
7 Vgl. Varela, Maria do Mar Castro; Dhawan, Nikita: »Die Universalität der Menschenrechte überdenken«. In: *Aus Politik und Zeitgeschichte.* Berlin 2020, online unter: https://www.bpb.de/apuz/309087/die-universalitaet-der-menschenrechte-ueberdenken, aufgerufen am 13.09.2021.
8 Bregman, Rutger: *Im Grunde gut. Eine neue Geschichte der Menschheit.* Hamburg 2020, S. 39-59.
9 Roy, Oliver: *Ihr liebt das Leben, wir lieben den Tod. Der Dschihad und die Wurzeln des Terrors.* Hamburg 2017, S. 45-50.
10 Schmidtbauer, Wolfgang: *Der Mensch als Bombe. Eine Psychologie des neuen Terrorismus.* Hamburg 2003, S.34-37.
11 Bregman, Rutger: *Im Grunde gut. Eine neue Geschichte der Menschheit.* Hamburg 2020, S. 233-235.
12 Khosrokhavar, Fahrhad: *Radikalisierung.* Bonn 2016, S. 144-153.
13 Vgl. Zarinfard, Sahel: »Die Schläfer.« In: *Dossier* 10/2021, S. 77.
14 Vgl. https://www.youtube.com/watch?v=5Q8YEToySZQ, abgerufen am 13.09.2021.
15 El-Mafaalani, Aladin: *Wozu Rassismus? Von der Erfindung der Menschenrassen bis zum rassismuskritischen Widerstand.* Köln 2021, S. 25-37.
16 Vgl. Mustafa, Imad: *Der politische Islam. Zwischen Muslimbrüdern, Hamas und Hizbollah.* Wien 2014, S. 201.
17 Vgl. Freire, Paulo: *Pädagogik der Unterdrückten.* Stuttgart 1972.
18 Vgl. https://www.youtube.com/watch?v=gb_ua51XZkg, abgerufen am 13.09.2021.
19 Vgl. https://www.youtube.com/watch?v=aff7VdkJAzY&list=PLmgjyXI0BWIFKfVadiqBtR32QwJpg9SCb sowie https://www.youtube.com/watch?v=zSVQXwt9elY&list=PLmgjyXI0BWIEznZdmElhkcljGiOd_NjUI, beide abgerufen am 13.09.2021.
20 Neumann, Peter: »Radikalisierung, Deradikalisierung und Extremismus«. In: *Aus Politik und Zeitgeschichte.* Berlin 2013, online unter: https://www.bpb.de/apuz/164918/radikalisierung-deradikalisierung-und-extremismus?p=0, abgerufen am 13.09.2021
21 Vgl. https://parstoday.com/de/news/world-i55416, abgerufen am 13.09.2021.
22 Vgl. Zarinfard, Sahel: »Der Anschlag«. In: *Dossier,* 10/2021, S. 65.

23 Vgl. https://www.diepresse.com/6016465/operation-luxor-razzia-laut-olg-graz-rechtswidrig, abgerufen am 13.09.2021.

24 Vgl. Varela, Maria do Mar Castro; Dhawan, Nikita: »Die Universalität der Menschenrechte überdenken«. In: *Aus Politik und Zeitgeschichte*. Berlin 2020, online unter: https://www.bpb.de/apuz/309087/die-universalitaet-der-menschenrechte-ueberdenken, abgerufen am 13.09.2021.

ISBN: 978-3-86489-328-5
224 Seiten, 18 Euro

Auch als eBook erhältlich

Nichts ist gut am Hindukusch

Mit der Operation Enduring Freedom begann am 7. Oktober 2001 der »Krieg gegen den Terror« in Afghanistan, der bis heute zum längsten Krieg der USA und ihrer Verbündeten geworden ist, mit Tausenden Toten und Verletzen, auch unter den deutschen Soldaten. Nun ziehen die westlichen Truppen ab, doch der Krieg bleibt, denn der neokoloniale »Kreuzzug« hat Wunden hinterlassen, die womöglich niemals heilen werden. Emran Feroz beschreibt zum 20. Jahrestag diesen Krieg nun erstmals aus afghanischer Perspektive. Er hat mit vielen Menschen vor Ort gesprochen: Von Hamid Karzai über Taliban-Offizielle bis zu betroffenen Bürgern, die unter diesem Krieg leiden. Ein Buch über die Gräuel eines verbrecherischen Krieges, das gleichzeitig einen völlig neuen Blick auf ein Land und seine Menschen ermöglicht, die uns weitaus weniger fremd sind, als wir annehmen.